『老子』經典化過程の研究

谷中信一著

汲古書院

楚簡『老子』（荊門市博物館編・文物出版社刊『郭店楚墓竹簡』より）

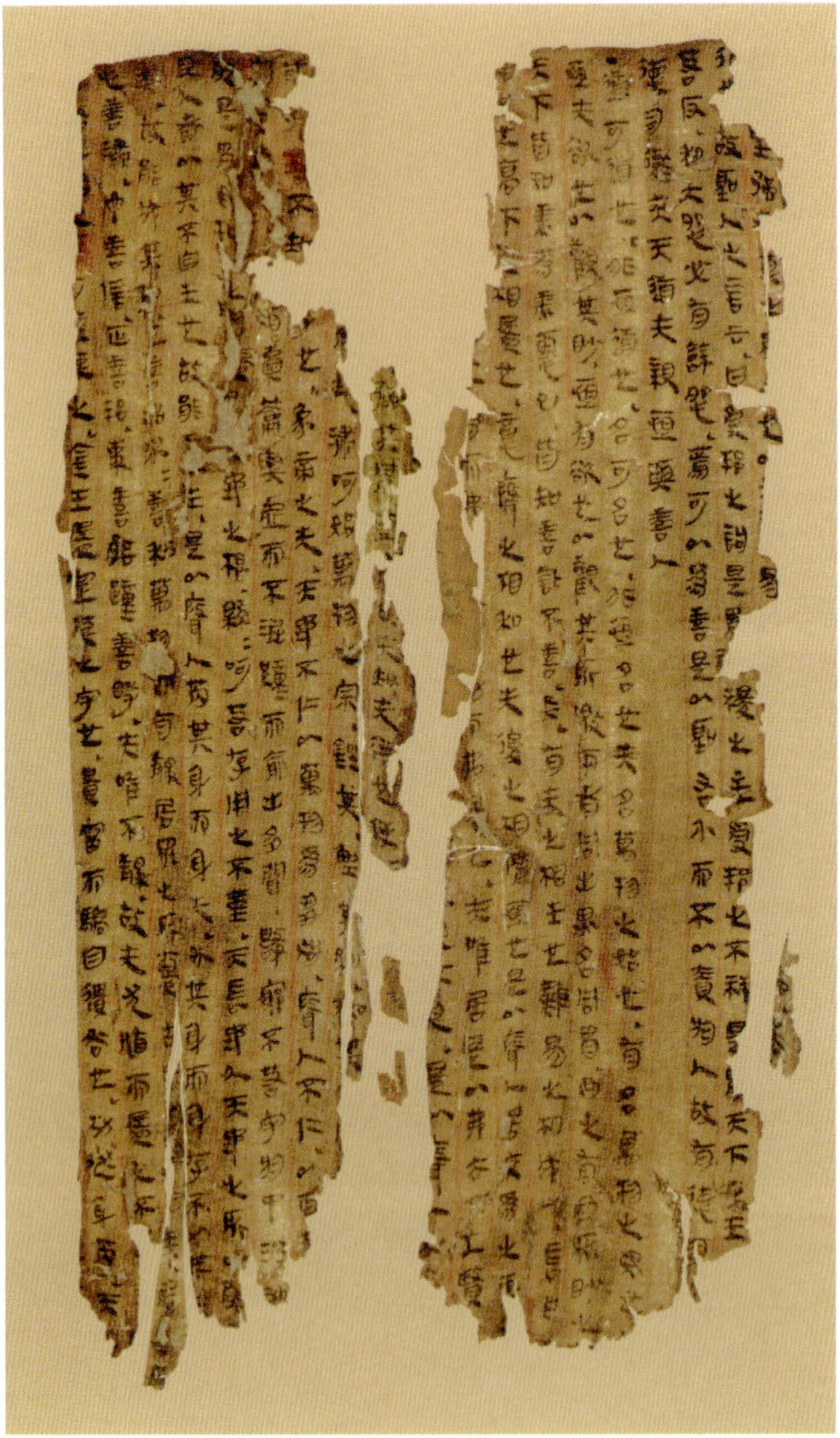

帛書『老子』甲本部分（湖南省博物館・復旦大學出土文獻與古文字研究中心編纂、裘錫圭主編・中華書局刊『長沙馬王堆漢墓簡帛集成』第一冊より

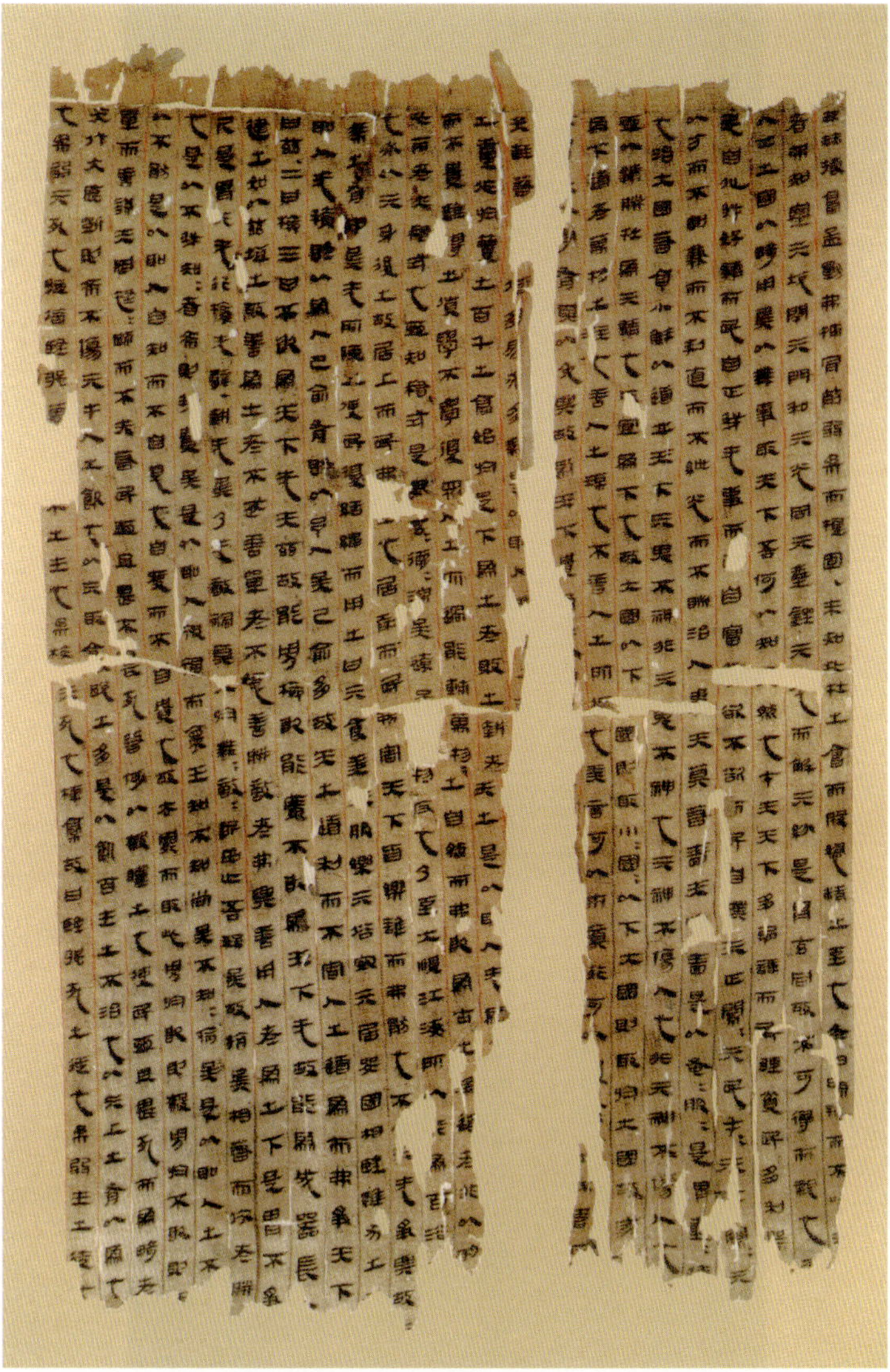

帛書『老子』乙本部分（同）

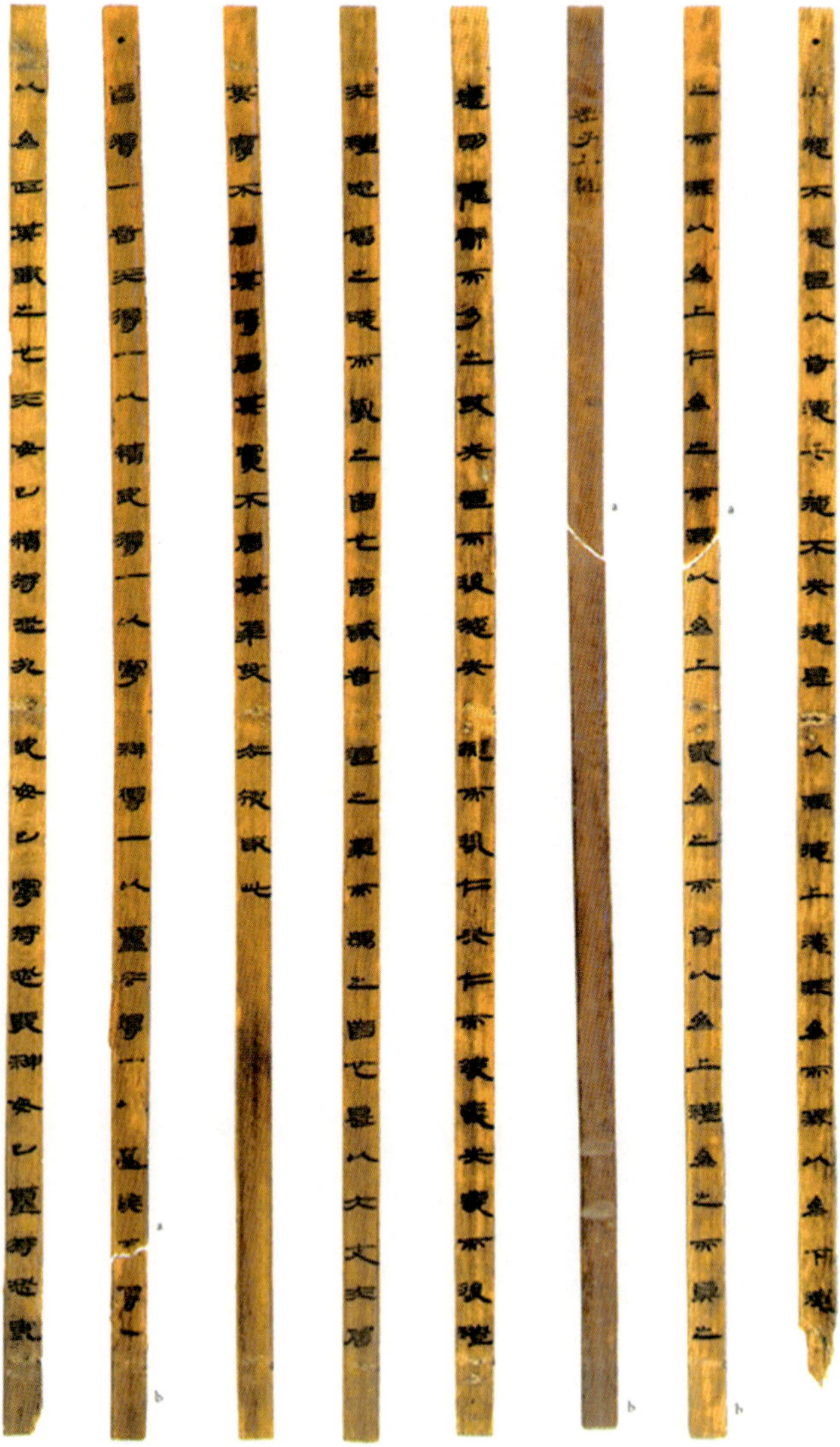

漢簡『老子』（北京大學出土文獻研究所編・上海古籍出版社刊『北京大學藏西漢竹書』（貳）より（第二號簡背面に「老子上經」の四字が記されている。）

序

本書は、中國古代思想を代表する文獻の一つとして知られる『老子』が、『道德經』と言う呼び名を與えられて道家道教の「經典」として確立するまでの過程を、傳世文獻と戰國時代から漢初にかけての『老子』テキストの實相をありのままに傳える出土資料を用いて、解明することを目的としている。

『老子』は決して初めから五千言だったわけではない。『詩經』『書經』が初めから儒學の經典として確立していたわけではなく、時代と共に經典として完成していった一種の歷史的產物であるのと同樣に、『道德經』がその初めから道家道教の經典として世に現れたのではない。先秦から漢代にかけての思想史の只中にあって時代の要請に適應しつつ、經典としての地位を次第に確立していったのである。本書はそうした見通しに立って、『老子』が歷史的に完成された文獻であること、そしてそれが最終的に經典としての地位を獲得するに至る過程を解明することを目指している。

これまでも右に述べたような觀點に立って『老子』の成立について論じられることはあったものの、傳世本に依據する以外に方法がないという限界から逃れることができなかった。周知のように傳世本は先秦・秦漢時代の成立時の原形を正しく留めているとの確證はなく、このためどうしても實證主義的な本文批判を不可缺とした。しかしこの本文批判も信古・疑古論爭の波に呑まれて漂流を餘儀なくしてしまった。

近年相繼いで發見された新出土資料を活用することにより、從來にない視點と觀點を得て、『老子』經典化の過程

に迫ることが初めて可能になったのである。言うまでもないことであるが、近年の中國における竹簡帛書など出土資料の相繼ぐ發見が、中國古代思想史研究の再構築を迫るほどの衝撃をわれわれ研究者に與えたことは記憶に新しい。但しここで一言しておかなければならないことがある。それは確かに新出土資料の發見が從來の通説のいくつかを覆したことは事實であるが、[1]しかしだからといってこれまでの傳世本による研究によって得られた數多くの知見がことごとく覆されたわけではなく、むしろそれが實證されたこともあった。それ故に、新たに發見された出土資料は、これまでの通説に修正を求めることも少なくないが、概して言えば傳世文獻と相互補完的に扱われるべきものであると言わねばならない。中國古代思想史研究において、今や出土資料を無視して研究することは不可能であるのと同様に、これまでの精密な本文批判を經た傳世文獻による研究史を全く無視して出土資料のみによる研究も十分な成果を擧げることはできない。

本書は、そうした觀點に立って、『老子』經典化の過程を、これまでの傳世本『老子』による他なかった先學達の研究成果も十分に取り入れつつ、新出土資料を積極活用することで、先學達の前に立ちはだかった壁を乗り越えようと試みたものである。傳世文獻としては、『莊子』・『列子』・『韓非子』・『管子』など先秦諸子の文獻の他、『呂氏春秋』『淮南子』など先秦・漢代にかけての思想史研究に不可缺の文獻を主として用いたほか、新出土資料としては、郭店楚墓竹簡『老子』（以下、楚簡『老子』と略稱）・馬王堆漢墓帛書『老子』（以下、帛書『老子』と略稱）・北京大學藏西漢竹書『老子』（以下、漢簡『老子』と略稱）の他、道家系の文獻と考えられる郭店楚簡『太一生水』や、『上海博物館藏戰國楚竹書』（以下『上博楚簡』と略稱）所收『恆先』・『凡物流形』などを有機的に組み合わせながら分析と考察を進めていった。

詳しくは本書に當って頂きたいが、「『老子』經典化過程」という觀點こそは、これら新出土資料がなければ見通し

得なかった新しい觀點である。もちろんこれですべての問題が解明できたわけではなく、未解明の問題も少なくないであろうが、至らぬ所は、讀者諸氏の批正を得て今後に萬全を期して行きたく思うものである。

ところで『老子』とは、その成り立ち、内容、解釋史、どれを取ってもつくづく謎の多い文獻ではなかろうか。にもかかわらず、近年の相繼ぐ出土文獻の中で、『老子』がひときわ目立つ存在として注目を集めてきたのも事實であろう。この四〇年來、内外の研究者達が『老子』に對する興味や情熱を失せることなく持ち續けることができたのもそのためであると言っても過言ではあるまい。しかも、帛書『老子』の發見が一九七二年、繼いで楚簡『老子』の發見が一九九四年、そうして二〇一二年には、漢簡『老子』がこれに加わったのであるから、研究が一段落した頃になると、決まって新たな『老子』テキストが發見されるという幸運にも恵まれたことになる。さらに未確認情報であるが、最近、中國のある大學が竹簡『老子』を入手したと仄聞する[2]。

この『老子』は傳世本の種類が多いことでも拔きんでている。現在その最も代表的なものは、王弼注本・河上公注本であり、隋末唐初の道士傅奕《ふえき》の編纂による傅奕本[3]であり、また、敦煌出土の『老子』想爾注本（但しこれは完本ではない）などがある。さらに版本の種類でいえば、明代正統年間に編纂された『道藏』には、唐玄宗皇帝『御注道德眞經』・宋徽宗『御解道德眞經』・明太祖高皇帝『御注道德眞經』等歴代皇帝の手になる注釋書をはじめとして數多の道士の手になる注釋書等、凡そ五〇種が收められている。また、近年では嚴靈峯の手になる『老子集成』正篇・續編（臺灣藝文印書館　一九六五・一九七〇）が編まれ、正篇だけでも歴代の『老子』注及びそれに關聯する文獻が一四〇種收められている。この『老子集成』中とりわけ注目すべきは、石刻老子の拓本が一一種收められていることである。その最古のものは、河北省易縣の「唐景龍二年（西暦七〇八年）龍興觀道德經碑」である。翻ってわが國では、古く

平安朝寛平年閒（西暦八八九～八九八年）に藤原佐世によって編纂された『日本國見在書目錄』には河上公注二卷を筆頭に、王弼注一卷、周文帝注『老子』二卷、玄宗御注『老子』二卷など、二〇種餘が列擧され、これには後漢嚴遵撰『老子指歸』も含まれている。(4)

『老子』はいつの時代も、その受容が地理的にも空閒的にも極めて廣範圍に及んでいたようであり、すっかり時代狀況の變わってしまったはずの現代でもその傾向は少しも衰えることがなく、例えば英譯『老子』は、譯者がそれぞれ獨自の解釋に拘って翻譯するために、孔子の『論語』よりその種類が遙かに多いと言われている。これは現代の歐米人ですらこの『老子』を手にするとたちまちその不思議な魅力の虜になってしまうからに違いない。この『老子』の不思議な魅力の虜になってしまうという點では、今日のわが國でも「タオイスト」を自稱して『老子』についての著書を次々に發表している英文學者加島祥造氏がその代表と言ってよいであろう。(5)

このように現代においても讀者を引きつけて已まない『老子』であるが、出土本『老子』を見ると分かるように、先秦から漢代にかけても多くの讀者を得ながら複雜な經路を辿ってやがて『道德經』と呼ばれるような「經典」としての完成を見ていったようである。私自身は、『老子』は、先ず楚地において處世哲學の書として成立し、次いで齊地に運ばれて彼の地で黄老道家の手によって無爲の政治哲學の書として面目を一新し、それもやがて漢代に入ると、黄老思想の衰退と共に、道教という宗教哲學の書として再解釋され、さらに魏晉代に至ると、佛教の傳來に刺激されて無の形而上學を説く哲學書として讀まれることとなった、と見ている。その閒、老子は關尹と結びついたり、(6)黄帝と結びついたり、(7)莊子と結びついたり、(8)擧げ句は釋迦と結びついたりして、(9)パートナーを隨時取り替えながら逞しく現在まで生きのびて來たのである。

この『老子』が辿った軌跡は、そのまま中國思想の特色を映し出していると言えなくもない。なぜなら中國思想史

が教えるところでは、處世哲學と言い、政治哲學と言い、宗教哲學と言うも、それらは決してばらばらに構想され論じられてきたのではなく、しばしば有機的に組み合わされ一體的に論じられてきたからである。處世と政治の一體化、或いは政治と道德の一體化、さらに聖と俗の未分離という中國思想の特質が『老子』にそのまま投影されていると考える所以である。

さてまた老子は孔子と竝び稱されもするが、孔子の『論語』が分かり易いのに對して、『老子』は、人名・地名・國名・書名など一切の固有名詞が現れることなく、かわりに謎に滿ちた「我（吾）」の獨白があるかと思えば、聖人を前面に押し立てて難解な思想が展開されるという特色を持つ。これもまた『論語』とは異なる『老子』の大きな特色であり、また同時にそれが魅力ともなっている。

本書は主に既發表論文をまとめたものであるが、まとめるに當たっては、「『老子』經典化過程の研究」という本書執筆の意圖を明確にするべく必要な範圍で手を入れて編纂しなおした。これまでも多くの優れた先學達によって『老子』の研究はなされてきたし、その成果は汗牛充棟と言っても過言ではない程に豐富である。しかし、繰り返しになるが、近年のように出土本『老子』が複數現れたことによって、『老子』を時間軸と空間軸の中に置いて、それがいかなる過程を經て經典としての搖るぎない地位を得るに至ったかを明らかにしようとする試みは、管見の及ぶ限りこれまでなされていなかったと言ってよいと思う。これもひとえに資料に制約があったためである。

例えば、傳世本による限り、『老子』が經典として扱われていたことがはっきり分かるのは『漢書藝文志』においてであった。ところが、漢簡『老子』に「老子上經」「老子下經」とはっきりと記されていたことによって、『老子』が前漢のそう遲くない時期に經典としての扱いを受けていたことが實證された。たしかに、『韓非子』の解老・喩老篇を見れば『老子』が經典視されていたことが推測され、或いは帛書『老子』乙本に「德」「道」の名が記されてい

たことから、これを「德經」「道經」に讀み替えて、いわゆる黃帝四經とともに黃老道家の經典として扱われていたのであろうと推測することは可能であった。しかしこれらはどれも狀況證據に過ぎない。また『淮南子』道應訓は、數多くの歷史故事を列擧しつつ、それら一つ一つを『老子』の語句で根據づけていることから、あたかも『老子』を經典として扱っているかにも見える。だが、本書第七章で述べるように、數が少ないとは言え、『老子』とともに『莊子』『管子』『愼子』などからも一例ずつ、『老子』を引用するのと全く同樣に引用しているのを見ると、道應訓作者は『莊子』『管子』『愼子』等の諸子の書を、經典『老子』と同列に扱ったようにも見え、これでは却って『淮南子』編纂の時代に『老子』が經典として扱われていたと無條件に肯定することに躊躇せざるを得なくなる。

更に時代を遡ってみれば、楚簡『老子』は、字數僅か二千字餘りしかなく、しかもそこには書名は記されておらず、それればかりかそれらは竹簡の形制も筆跡も異なる甲・乙・丙と整理者によって名附けられた三種のテキスト群から構成されているのであるから、その下葬年代として一應推定されている戰國時代中期のやや晩い時點で「經典」として成立していたかどうかは大いに疑問としなければならない。

傳世本しかない時代に先學達が『老子』に取り組んで手に入れることのできた多くの成果を參考にするとともに、その一方で彼ら先學達が到底目にすることのできなかった新出土本『老子』を研究材料として本書を執筆することができた幸運は、この二〇～二一世紀に偶々生を稟けた私への天與の惠みであることを實感すると同時に、今日まで途絶えることなく幾多の研究成果を遺してくれた先學達の學恩に感謝しなければならないとつくづく思うのである。

（二〇一四年一〇月）

目　次

『老子』經典化過程の研究

第一章　郭店楚簡『老子』考

はじめに

一九九三年に湖北省荊門市の郭店村で偶然發掘され、一九九九年に公開された「郭店楚墓竹簡」（以下「郭店楚簡」と略稱）は、世界中の中國思想史研究者の耳目を大いに引きつけた。とりわけその中に今本『老子』とほとんど共通する内容を持つ竹簡群が含まれていたことから、一九七三年の帛書『老子』甲・乙本の發見に續く貴重な大發見であり、これまでの『老子』研究に新境地を開き得るものとして大きな期待が寄せられた。しかも、帛書『老子』が漢墓からの發見だったのに對し、郭店楚簡は考古學者らの推定によれば、戰國時代、それも埋葬地點竝びに副葬品の内容から見て戰國時代中期のやや後段（「戰國中期偏晚」）、楚國の貴族墓とされた。これによって楚簡『老子』は帛書『老子』よりも優に一世紀は遡ることのできる古さを持つことが明らかとなり、しばらく停滯していた『老子』研究に新たな展開をもたらすものと期待された。また、これと同時に文物出版社刊『郭店楚墓竹簡』（一九九九年五月）において『太一生水』と名附けられ、以後もこの名で呼ばれることになる竹簡群も、先秦道家思想を研究する上で非常に貴重な材料を提供するものとして注目された。

本章では、郭店楚簡中の『老子』甲・乙・丙三本を取り上げて、それらの内容を分析し、その結果を今本『老子』と對比させながら、今本『老子』との違いを中心に考察する。

第一節　問題の所在

（1）テキストの性格

今回發見された楚簡『老子』が、帛書『老子』と大いに異なるのは、甲・乙・丙三本合わせても二千字を少し超えるに過ぎず、今本全體のおよそ四〇%に止まることである。にもかかわらず、われわれが驚いたのは、一讀した限りでは、それが既に今本『老子』の主要な思想的特色をほぼ備えていると見られることであった。

そこで、當初はこの楚簡『老子』は紀元前三〇〇年前後において今本『老子』と殆ど同じテキストが既に通行していたことの證據と考えられた。[10] そして楚簡『老子』が完備していないのは、盜掘にあったか、又はその他の何らかの理由で、今日まで殘らなかったからであろうと説明された。[11] つまり、楚簡『老子』はあくまでも『老子』五千言そのものの一部であり、墓中にあって辛うじて殘存したのが二千餘字に過ぎなかったというものであった。

しかし、楚簡『老子』は分量的には今本『老子』には遙かに及ばないものの、ほぼ埋葬時のままそっくり殘されて發見に至ったと考える方が妥當とされた。假に副葬されてから今日までの閒にその一部分が失われたとしても、それは極めて僅かであると推定されたのである。[12] このことは、文物出版社の寫眞版とその釋文とを對照させながら讀み進んでいけば、比較的容易に確かめることができるはずである。[13]

ところが、それならばなぜ五千餘言ではなく、全部合わせてもせいぜい二千餘言なのか、次にその理由が疑問となった。[14] それに對して出されたひとつの假説は、楚簡『老子』が當時既に存在していた『老子』五千餘言からの抄節本であるとするものであった。つまり、『老子』といっても甲・乙・丙の三種類の内容のそれぞれ異なるテキストが同時

に出土したのは、それぞれが親本『老子』五千餘言からの抄節本だったからに他ならないとする。そしてそのように抄節したのは墓主で、おそらく墓主が生前それを愛讀していたのであろうとする。(15)

だがこの假說は、「老子が書上下篇を著し、道德の意五千餘言を言った」(『史記』老子傳)の記事を根據にしての憶測に過ぎず、これを證明する具體的な證據があってのことではない。しかも當時一般に多くの典籍が抄節本として讀まれたり所藏されたりしていたのならばその可能性も考えられるが、しかし今のところはそれも明らかではないのであるから、判斷は留保されなければならない。

そこで以上のような解釋とは別に、楚簡『老子』は、當時傳わっていた『老子』(これを傳本『老子』と稱するべきであろうか。いやそもそも竹簡のどこにも書名は記されていないのであるから、これを『老子』であると斷定すること自體愼重であるべきだとの見解もある。(16))は、三種を全部合わせてもまだ二千餘言にしかならないほどに今本『老子』とは程遠い體裁のテキストであったことの實物證據だと考えることもできるはずであるとの假說も提起された。

筆者はこの立場から論じようとするものである。ただし、この立場を取ると、當然ながら『史記』老子傳と整合しなくなってしまう。いずれにせよ、楚簡『老子』の詳細な分析研究がなされなければ、確かなことは言えないのであるが、以下に述べるように、若干の分析によって明らかになったことは、楚簡『老子』と今本『老子』との閒には、字數の上での開きが認められるばかりでなく、實はこれと連動するように思想上にも隔たりが認められるという事實である。そのことから、楚簡『老子』甲・乙・丙三本は、『老子』五千餘言からの抄節本ではなく、戰國中期に通行し、後に『老子』としてまとめられることとなる傳本の集まりであったと考える方が、遙かに合理的なのである。

(2)『老子』研究史上の位置

人物としての老子竝びに書物としての『老子』は、周知のごとく、古くから中國思想史研究者の閒で多くの論爭を呼んできた。老子の自著・非自著をめぐる論爭、そしてそれと連動しての、『老子』の成書年代をめぐる論爭である。この經緯については、既に「新出土資料の發見と疑古主義の行方」(17)において卑見を述べたのでここでは繰り返さない。要は、この楚簡『老子』の發見によってこの論爭に終止符が打てるかどうかであろう。

確かにこの發見が報じられた當初は、これで永年の論爭に終止符が打たれるだろうと樂觀されたのだが、ことはそう單純ではないことがやがて明らかになっていった。その理由の一つは、前節で述べたように楚簡『老子』には、傳本か抄節本かのやっかいな問題がつきまとうこと。さらにもう一つは、楚簡『老子』そのものの抄寫年代が依然として確定できないことである。考古學上は、郭店楚墓の下葬年代を紀元前三〇〇年頃、いかに遲くとも二七〇年を下ることはないとの一應の結論が出されている(18)。にもかかわらず、思想史研究者の一部からはさらに下ることもあり得るとの說が出されているからである。

特に、池田知久氏は郭店楚簡『窮達以時』に見られる天人論を詳細に分析して、それが荀子の影響下に書かれた文獻であることを論證し、それ故それらの下葬年代は、いかに早くとも二七〇年前後、或いはそれよりもさらに遲れることもあり得るとの見解を示しているのである(19)。王葆玹氏もやはり、紀元前二七八年から二二一年の閒であろうとしている(20)。こうなると楚簡『老子』の抄寫年代も一世紀近いぶれが生じてしまう(21)。

そこで次のように考えることとしたい。楚簡『老子』の發見は、戰國時代中期に既に『老子』が今本とほぼ同一內容で通行していたことの直接證據にはならないとしても、今本に極めて近い形では既に通行していたことが明らかになったわけであるから、今後は、『老子』(或いは『道德經』)五千餘言が今本のような內實を備えるまでの過程、すな

わち先秦から漢初にかけての形成過程を解明するために極めて貴重な戰國中期頃の『老子』傳本三種として扱うべきである、と。

（3）甲・乙・丙本三本計二千字の意味

われわれはこの郭店一號楚墓から出土した竹簡群の一部を、既に述べたように今本『老子』に極めて近い内容であることをもって、楚簡『老子』と稱しているわけであるが、この郭店一號楚墓の被葬者がこれを何と稱していたのかは不明である。竹簡に書名が冠せられていないからである。また、現在甲本・乙本・丙本の名で呼ばれているそれらは、それぞれ竹簡の形制及び筆跡が異なることから、少なくともこれらがひとまとまりの書物として扱われていたかどうかも不明である。次章に述べるように、『太一生水』と丙本とはもと同一テキストであったとの見解もあるからである。それどころか甲本・乙本・丙本がそれぞれ獨立した文獻として扱われていた可能性の方が高いと言わなければならず、その意味では楚簡『老子』という名附けが必ずしも正確とは言えなくなるのであるが、では何と呼べばよいのかとなると、『老子』甲・乙・丙三本の相互關係が十分明らかでない以上、結局、便宜上『老子』甲・乙・丙本と稱しておくより他にないのである。

假に、『史記』老子傳の言うように『老子』五千餘言が當時既に存在していたとしよう。そうすると楚簡『老子』によれば、それが楚地では、少なくとも三つ以上のテキストに分割されて通行していたことになる。確かに、甲・乙・丙三本にはほとんど重複したところがないので、そのように考えることも不可能ではない。とすると、楚簡『老子』甲・乙・丙三本合わせて二千餘字と楚簡『老子』にない三千餘字の關係はどのようになるのだろうか。三千餘字部分はなぜ排除されたのだろうか。墓主の嗜好に合わなかったからであろうか。雷敦龢氏（注14參照）の言うように内容

が難解だから除外されたのだろうか。それに、ごく僅かながら現行老子の第六十四章下段に相當する部分が甲本末尾にも丙本末尾にも、文章はかなり異なりながらも重複していることをどう解釋すればよいかの問題も殘る。

しかし、こうした疑問はすべて「始めに五千言ありき」から起こってきた疑問なのであって、もともと二千餘字しかなかったのだと考えれば起きるはずのないものである。

ところで楚簡『老子』が、『老子』五千言の抄節本であったとしよう。この方が假說としては立てやすい。五千餘字の中の二千餘字部分が偶然殘ったとするより、被葬者が生前抄節して愛讀していたものがそのまま副葬されたとする方が自然だからである。(22) だが、繰り返しになるがこうした見解は、『史記』老子傳の、孔子とほぼ同時代の春秋末期に、老聃が關令尹喜の求めに應じて書き殘したのが「道德之意上下篇五千餘言」であるとの記事を前提としているわけで、こうした前提に立つならば、楚簡『老子』の發見はさほど重大な意味を持たなくなってしまうであろう。なぜなら、春秋末期から戰國中期を經て戰國末、さらには漢代に至るまで、『老子』は若干の文字の異同はありはするものの、ほぼ原形のまま傳承され續けてきたことを示す實物證據でしかないと見れば、それで十分だからである。せいぜいその傳承過程で、字句がどのように變化したか、章序がどのように移動したかが關心の對象となるに過ぎない。

ところが、『老子』の成書年代を戰國末とする說を採ってきた者にとってはどうであろう。楚簡『老子』の發見は年來の自說が覆ってしまったかに見える。あたかもかつて帛書『老子』の發見によって、『老子』の成立を漢初としていた學說が成り立たなくなってしまったように。ただ、『老子』の成書年代を戰國末と見るにせよ、漢初と見るにせよ、それは今本のように「老子道德經上下篇」として確立したことを指して言うのであって、それまでの經過を全く考慮の外においていたわけではもちろんないことは贅言するまでもない。津田左右吉『道家の思想とその展開』、武内義雄『老子原始』、木村英一『老子の新研究』等を見ればそれは一目瞭然であろう。むしろ傳世本だけによる研

究を餘儀なくしてきた彼ら先學たちの長年の苦心によって、今本『老子』が成立するまでの思想史的研究による貴重な成果がその過程で蓄積されてきたと言うべきであって、それを全く顧みることなく『史記』老子傳に對する本文批判を缺いたまま、『老子』春秋末著作説一邊倒に立っての議論こそ避けるべきなのである。從ってこの楚簡『老子』こそは、帛書『老子』發見時には證明するに至らなかった、『老子』春秋末成立説が傳説に過ぎないことを改めて證明し得る確實な物的證據としての重大發見であるかも知れないのである。

（4）郭店楚簡『老子』が示唆する事實

楚簡『老子』の發見を契機として次のような假説を立ててみたい。つまり、當時は、今本のような體裁を備えた『老子』五千餘言は未だ存在せず、後世一本にまとめられて『老子』の名で呼ばれることになる複數のテキスト群（これを原『老子』と稱する）が存在していたに過ぎない、と。

このような假定は決して根據のないものではない。なぜなら例えば、『論語』とても、今本の體裁に整えられるまでは、齊論語、魯論語、古論語と言われて、複數の異なるテキストが同時に通行していた時代を經てきているのであるし、銀雀山漢墓から出土した『晏子』も全文でもせいぜい全一六箇章に過ぎないが、それ自體として一應首尾整った構成を持っており、劉向「晏子春秋敍錄」にも見られるように劉向編纂以前はこのような短編『晏子春秋』のテキストが複數通行していたことが分かっている。[23] しかもこれらは、決して抄節本として通行していたわけではない。いわば傳本と稱すべきものなのである。『老子』とてもその例外ではなく、被葬者が『老子』の傳本三種をコレクションしていたと考えることも可能である。

このように假定した上で、結論を先取りして言えば、『老子』五千言は紀元前三〇〇年前後においてはなお形成途

上にあり、紀元前三〇〇年頃の楚簡『老子』から紀元前二〇〇年頃の帛書『老子』までの凡そ百年の間に、『老子』は今本とほぼ變わらない體裁を漸く備えるまでに至ったと考えられる、ということである。かくしてその百年の間に、『老子』はいかなる歴史的經過を辿って、最終的に「經典」としての地位を得ていったのかが解明されなければならなくなる。

なお、このような觀點から考察した論文に、郭沂氏の「楚簡『老子』與老子公案」（『中國哲學』第二〇輯、一九九九年一月）がある。氏も初めに楚簡『老子』があり、その後に今本『老子』が成立したとの二段階成書説を唱える。つまり、楚簡『老子』二千餘字こそはまぎれもない老聃の原著であり、これに太史儋がさらに三千餘字を書き加えて『老子』五千餘言として完成させたのが戰國中期のことだと言うのである。但し、この太史儋補作説についてはなお檢討すべき餘地があろうと思われる。

簡單にその理由を一、二擧げると、戰國中期から末期にかけての時代は、思想界が最も活況を呈した時期と言え、わけても齊の稷下を中心とする黄老思想の發展展開は、『老子』との關わりにおいて最も特筆すべきことであろうと思われるが、その點からの考察がなされていないことである。また武内義雄氏が夙に指摘しているように、今本『老子』中には齊地に由來すると思われる思想成分が少なからず混在していることを考慮しなくてはならないのに、もし太史儋の手になるとした場合、この齊地との關聯が見えなくなってしまう虞れがあることである。

そこで、やはり齊地における黄老思想の發展展開と『老子』が二千餘言から五千餘言に增加していくこととの間には思想史的に見て何らかの因果關係があったのではないかとの視點を外すことができない(24)。

ところでまた郭店楚墓から多くの儒家系文獻も同時に發見されたことから、道家思想と儒家思想とはさしたる對立や相克もなく共存できていたらしいことが知られたのであるが、漢初の帛書『老子』では、特に『老子』乙本卷前古

佚書とも言われる黄帝四經が抄寫されていたことから知られるように、老子と黄帝がしっかり結びつけられていて、そこに黄老思想のテキストとして『老子』が受容されていたことが確實に知られたわけで、ここに間接的ながら『老子』を取り卷く思想界に變化のあったことが看取できるのである。

また道家と儒家との關係で言えば、『史記』老莊列傳に、「莊子……作漁夫・盜跖・胠篋、以詆訿孔子之徒、以明老子之術」とあるように、老子を支持する者の中には、反儒家の立場に立つ者が現れてき、しかも今本『老子』が嚴しい儒家批判を展開していることから考えて、まさにその過程において『老子』が反儒家的思想成分を取り込んでいったことが考えられる。もちろんこうした道家側からの儒家批判の動きに連動して、儒家側からの道家批判も『荀子』に見られるように次第に激しくなっていったのである(25)。

第二節　郭店楚簡『老子』に見られない思想成分

前節で論じてきたように、楚簡『老子』は、これをざっと見ただけでは今本『老子』の主要な思想成分を皆持っているかに思える。だが、五千餘言對二千餘言という文字數の差はもっと注目されてよい。つまり、「楚簡『老子』に何が書かれているか」との問いと同樣に或いはそれ以上に、「楚簡『老子』に何が書かれていないか」との問いこそが重要である。帛書『老子』と今本『老子』との違いは上篇と下篇の順序が入れ替わっていること、また行文に若干の異同が見られるくらいで、ほぼ帛書『老子』においては既に今本と大差ないまでに完成していたと思われる。そこで問題になるのは、楚簡『老子』から帛書『老子』乃至今本『老子』に至るまでに新たに加わった思想成分は何かであり、またそれは思想史的に何を意味するかである。以下は便宜上、楚簡『老子』と今本『老子』とを對比させなが

ら考察していくことにする。

（1）「一」の概念

今本『老子』に見られる「一」が、「道」を言い換えた鍵概念として極めて重要な思想的意味を擔っていることは言うまでもない。

例えば、

○載營魄抱一、能無離乎。專氣致柔、能嬰兒乎。滌除元覽、能無疵乎。愛民治國、能無知乎。天門開闔、能無雌乎。明白四達、能無爲乎。（第十章）

○視之不見、名曰夷。聽之不聞、名曰希。搏之不得、名曰微。此三者不可致詰。故混而爲一。……是謂道紀。（第十四章）

○曲則全、枉則直、窪則盈、敝則新、少則得、多則惑。是以聖人抱一爲天下式。（第二十二章）

○昔之得一者、天得一以淸、地得一以寧、神得一以靈、谷得一以盈、萬物得一以生、侯王得一以爲天下貞。其致之。天無以淸、將恐裂。地無以寧、將恐發。神無以靈、將恐歇。谷無以盈、將恐竭。萬物無以生、將恐滅。侯王無以貴高、將恐蹶。（第三十九章）

○道生一、一生二、二生三、三生萬物、萬物負陰而抱陽、沖氣以爲和。（第四十二章）

など、その用例は一つや二つに止まらない。ところが不思議なことに、楚簡『老子』にはそのどれをも見出すことが

できない。果たしてこれは單に偶然に過ぎないのであろうか、それとも理由のあることなのであろうか。大いに檢討を要する問題ではなかろうか。なお、『老子』丙本と一體の文獻として論じられることもあった『太一生水』篇には、「大一」の語が見えるものの、それが「道」と直接結びつけられて論じられることはない。

そうすると、「道」の概念が「一」の語で説明されるようになるのは、楚簡『老子』より後のことであった可能性を考えなければならないであろう[26]。

（2）「水」と「柔弱」の關係

楚簡『老子』にも、川谷と海の關係を例に取った議論が見える。例えば、甲本第一八簡から二〇簡にかけて、

道恆亡名、樸雖微、天地弗臣、侯王如能守之、萬物將自賓。天地相合也、以逾甘露。民莫之令天〈而〉自均安。始制有名。名亦既有、夫亦將知止、知止所以不殆。譬道之在天下也、猶小谷之與江海。

とあるのがそれで、今本第三十二章とほぼ一致しており、いずれも水の「謙下」な性質を範とすべきことを言っていると解釋できる。

こうした「謙下」の思想とは別に『老子』には「柔弱」を貴ぶ思想もあることは周知のことである。例えば、

○專氣致柔、能嬰兒乎。（第十章）

○柔弱勝剛强。（第三十六章）

○天下之至柔馳騁天下之至堅。無有入無閒。（第四十三章）
○守柔曰强。（第五十二章）
○含德之厚比於赤子、蜂蠆虺蛇不螫、猛獸不據、攫鳥不搏。骨弱筋柔而握固、未知牝牡之合而全作、精之至也。終日號而不嗄、和之至也。知和曰常、知常曰明、益生曰祥、心使氣曰强、物壯則老、謂之不道。不道早已。（第五十五章）
○人之生也柔弱、其死也堅强、萬物草木之生也柔脆、其死也枯槁、故堅强者死之徒、柔弱者生之徒。是以兵强則不勝、木强則兵、强大處下、柔弱處上。（第七十六章）
○天下莫柔弱於水、而攻堅强者、莫之能勝、以其無以易之。弱之勝强、柔之勝剛、天下莫不知、莫能行。（第七十八章）

などは皆、そうしたことを言うものである。

これら諸章が「柔弱」の象徴として擧げているものは、「嬰兒」（第十章）であり、「赤子」（第五十五章）であり、「人之生」・「萬物草木之生」（第七十六章）であり、そして「水」（第七十八章）である。

その一方、右に引用した第三十六章・第四十三章・第五十二章はどれも具體的なものを擧げておらず、第四十三章はこれに續いて「無有入無閒」とあることから、「天下之至柔」を「無有」と同様に「水」のことを指していると解釋することができる。(27) そうすると、『老子』は、結局、柔弱な性質を持つものの代表として生まれたばかりの「嬰兒」と「水」の二つを擧げていることが分かる。(28)

ところが楚簡『老子』を見てみると、第五十五章相當部分のみが甲本に含まれているに過ぎず、その他の第十章・

第三十六章・第四十三章・第五十二章・第七十六章・第七十八章相當部分などは含まれていない。そうであるならば、この第五十五章相當部分では、「嬰兒」の「骨弱くして筋柔らかき」さまを「含徳の厚き」存在として、「精の至りなり」とか「和の至りなり」と評價している點で、「嬰兒」を「柔弱」の象徴として見ていたことが窺われるものの、「水」を「柔弱」の象徴としてその意義を說いていると見ることができる第四十三章や、水を柔弱の象徴として論じている第七十八章が楚簡『老子』に含まれていないことの理由が問われなければならないであろう。

そこで改めて思うのであるが、そもそも『老子』に言う「柔弱」の價値とは、柔弱な「嬰兒」や柔脆な「萬物草木」が、外見とは裏腹に生成もしくは成長のエネルギーを祕めていることに着目してのものであって、水の「柔弱」さとは視點が全く異なることに氣附くのである。『呂氏春秋』が「老聃貴柔」（不二篇）と言うのは、こうした嬰兒や草木に範を取って柔弱の意義を强調していることに着目してのことではあるまいか。そのような意味での「柔弱」の重視ならば、楚簡『老子』にも僅か一例とはいえ見えていることが確認できる。

その一方で「水」を柔弱なるものの象徴的存在と見るのはそもそもおかしなことである。「水」こそは「萬物を利して爭わず、衆の惡む處に居る」とあるように「謙下」の象徴として扱われていたはずである。これは『老子』に限らず、『管子』水地篇に「人皆赴高、己獨赴下。卑也。卑也者、道之室、王者之器也、而水以爲都居。」とあるのなどもまさにその典型である。楚簡『老子』に、「水」を「謙下」の象徴と見ることはあっても「柔弱」の象徴と見る章が無いのはそのためであろう。だがそれもやがて「水」も「嬰兒」とともに「柔弱」の象徴として加えられ、終に「謙下」のみならず、さらには「柔弱」の象徴的存在としても評價されるようになっていったと考えられるのである。

（3）「道」の用例とその意味

次に、今本『老子』と楚簡『老子』の「道」それ自體への言及のしかたについて分析考察していくことにしよう。楚簡『老子』における「道」の用例は全十二箇章あり、以下の通りである。

①第九章相當部分

朱（持）天〈而〉浧（盈）之、不不若已。湍（揣）天〈而〉羣（君）之、不可長保也。金玉浧（盈）室、莫能獸（守）也。貴福（富）〔而〕喬（驕）、自遺咎也。攻（功）述（遂）身退、天之道也■。（甲本第三七・三八・三九號簡）

ここでの「天之道」は、一旦獲得した富貴な地位や名譽を失うことなく長久ならしめるために必要な實踐的方法としての「道」が持つ規範性に範をとっている。一種の教訓としての意味が與えられていると言ってよい。本章を、福永氏は「第四十六章などの〈足るを知らざる〉誡めとともに古來中國人の引用する言葉である。また、章末の〈功遂げ身退くは、天の道なり〉も、第二章の〈功成りて居らず〉、第十七章の〈功成り事遂げて、百姓は皆我を自然という〉、第三十四章の〈功成りて名有せず〉などと關聯して、多くの中國人に愛唱されてきた處世訓として有名[29]」と解說している。金谷氏も「處世訓として、主旨のはっきりした言葉である[30]」と言う。

つまりここに言う「道」には、明らかに規範性が內在していると見ることができる。

②第十五章相當部分

長古之善爲士者[31]、必非（微）溺（妙）玄達、深不可志（識）、是以爲之頌（容）。夜（豫）虖（乎）奴（若）冬渉川、

猷（猶）虐（乎）其奴（若）愄（畏）四哭（鄰）、敢（嚴）虐（乎）其奴（若）客、覲（渙）虐（乎）其奴（若）懌（釋）、屯虐（乎）其奴（若）樸、坉虐（乎）其奴（若）濁。笁（孰）能濁以朿（靜）者、牆（將）舍（徐）淸。笁（孰）能庀〈安〉以迬者、牆（將）舍（徐）生。保此衍（道）者、不谷（欲）竘（尚）呈（盈）。（甲本第八・九・一〇號簡）

ここでの「保此道者」の「道」も、ほぼ先の第九章の「天之道」と同様に解し得る。すなわち、盈滿の禍を避ける愼重な處世態度こそ失敗から遠ざかることができる祕訣であるとして第九章と同じ意味で「道」の語が見えている。但し、本章の方が「道」の深遠さを說いている點が注意されるが、要するに、福永氏が「〈此の道を抱く者は、盈つるを欲せず〉―〈保〉は抱と同義。〈此の道〉とは無爲自然の道をいい、〈此の道を抱く者〉とは、冒頭の〈古の善く士たる者〉を指す」として、「『老子』の描く理想的な人閒像」が描かれたものと解する。(32) 金谷氏はこれを端的に「哲人の人生態度を述べている」(33)とする。

やはり用例①に見た「道」の規範性がここにも見て取れよう。

③第十八章相當部分

古（故）大道發（廢）、安有悬（仁）義。六新（親）不和、安有孝挙（慈）。邦豙（家）緍（昏）□、安又（有）正臣■。（丙本第二・三號簡）

周知の如く、本章は『老子』の唱える理想社會が「大道」の實現していた時代であるとする一方、それが廢れた現在は「仁義」「孝慈」「正臣」などの倫理が聲高に叫ばれるようになってしまったという一種の逆說による當代批判の

論説である。福永氏は、この「大道」について「偉大なる無爲自然の眞理」としたうえで、「これらの論述は、いずれも儒家の道德規範の無理に務めた不自然さを批判するものであり、大道の廢れない無爲自然の社會に〈至德の世〉を理想化する老子の思想を祖述するもの」としている。[34] 儒家の倫理規範を中心とする「有爲」の思想に對抗して立てられていることから分かるように、「大道」がその内部に規範性を内在させていた點で、①に見える「天之道」に近い概念であることが分かる。

④第二十五章相當部分

又（有）脜（狀）蟲〈蚰〉成、先天陞（地）生。敓（寂）繆（穆）蜀（獨）立不亥（改）、可以爲天下母。未智（知）其名、孶（字）之曰道。虗（吾）弜（强）爲之名曰大。大曰灊、灊曰連〈遠〉、連〈遠〉曰反（返）。天大、陞（地）大、道大、王亦大。國中又（有）四大安、王凥（居）一安。人法陞（地）、陞（地）法天、天法道、道法自肰（然）■。（甲本第二一・二二・二三號簡）

前三者とは異なり、ここでの「道」は老子特有の哲學的表現に滿ちていると言える。すなわち、萬物の根源としての「母」とも言うべき實在が語られる。しかも、その「道」は「名」が無いので字して「道」と言い、强いて名附けて「大」と言う。つまり、先の第十八章に見えた「大道」について哲學的視點から論じていると言ってよい。そうしてその「道」は「大」であるが故に「逝」「遠」「反」であると言う。これが『老子』特有の「復歸」の思想とされるものである。從って「道」のこれら「逝」「遠」「反」なる特質によって語られる「復歸」の思想が、道の偉大さを根據づけているのであるが、これは晝夜の交替・四季の循環・月の干滿・太陽の運行・星辰とりわけ惑星の運行などの

自然観察から導き出された經驗的原理乃至法則であろうと考えられる。するとここに言う「道」とは、まさに「天之道」そのものとなろう。福永氏は、「この章は第一、四、十四、二十一章などと同じく、老子の哲學の根本概念〈道〉について原理的に説明する」としたうえで、「〈道〉に關する論述は、……かなり高度な形而上的思索と理論的反省とを示している(35)」と解説するものの、そうした思索自體はその由來を辿って行けば天體觀察によって得られた經驗則に基づいていると考えられるのである。金谷氏が「〈大なれば曰《ここ》に逝き〉より以下の三句は、先の〈周行して殆《とど》まらず(36)〉といわれた〈道〉の大きなはたらきを詩的幻想的に説いたもの。遠くの果てまで進んでそれがまた戻ってくるというのは、老子流の復歸の思想にもとづいている。」と解説するのはそうした見方に近いといえる(37)。

やはり「天之道」の規範性に範を取ろうとするものであることは確實である。

⑤第三十章相當部分

以衍（道）差（佐）人宔（主）者、不谷（欲）以兵弜（强）於天下。善者果而已、不以取弜（强）。果而弗癹（伐）、果而弗喬（驕）、果而弗矝（矜）。是胃（謂）果而不弜（强）。其事好。（甲本第六・七・八號簡）

ここでの「道」は人主を輔佐する者が據り所とする「道」のことで、「無爲自然の道(38)」とか、「眞實の道(39)」等と解説されている。やはりここに言う「道」にも規範性が内在していることは間違いない。

⑥第三十二章相當部分

道亙（恆）亡（無）名、僕（樸）唯（雖）妻（細）、天陸（地）弗敢（臣）、侯王女（如）能獸（守）之、萬勿（物）晒

（將）自賓（賓）■。天陞（地）相會也、以逾甘零（露）。民莫之命（令）、天〈而〉自均安（焉）。訂（始）折（制）又（有）名。名亦既又（有）、夫亦𤖯（將）智（知）步（止）、智（知）步（止）所以不訂（殆）。卑（譬）道之才（在）天下也、猷（猶）少（小）浴（谷）之與江海（海）■。（甲本第一八・一九・二〇號簡）

ここでの「道」は、「無名」であり「樸」であり「細」であると定義したうえで、そうであるからこそ天地の運行は順調に行われると說き、天下の侯王はその統治に當たってはそうした「道」のもつ規範性をこそ據り所とするべきであることを教訓として述べる。つまりここに言う「道」も「天之道」に他ならない。

福永氏は、次に取り上げる第三十七章と「全體の論述は、字句表現をも含めて第三十七章と多く共通する」としたうえで、「道（道を抱く侯王）と天下との關係は、あたかも江海と川谷との關係のようなものであり、あらゆる川や谷川の水がすべて大江大海に注ぎ込むように、天下の萬物が自然に彼に歸服するというのである」と、この章の特色を侯王が據り所とすべき「道」の實踐的な性格が說かれている章として簡潔にまとめている。[40] 金谷氏も「……〈道〉のありようを模範にして政治を行うこと、それが成功を收める祕訣である。それは、形跡を殘さない無爲自然の政治、虛飾や僞りのない純樸な政治となるであろう」と本章の要點を解說する。[41]

⑦第三十七章相當部分

衍（道）亙（恆）亡爲也。侯王能守之、而萬勿（物）𤖯（將）自𢡺（化）。𢡺（化）而雒（欲）复（作）、𤖯（將）貞（鎭）之以亡名之𣪊（樸）。夫亦𤖯（將）智（知）足、智（知）〔足〕以朿（靜）、萬勿（物）𤖯（將）自定■。（甲本第一三・一四號簡）

ここでは、第三十二章同様、天地や「萬物」の滯りなき營爲が「無爲」「無名」である「道」に依っているように、天下の侯王もこの「道」の規範性を範に取って政治を行うべきことが言われる。福永氏は「老子の爲さざること無き無爲は、まず天地大自然の造化のいとなみを説明する言葉であった。ところでまた、老子はその無爲を道――天地大自然の造化の營みの根源にあるもの――に目覺めをもつ人間の在り方として説明する。……老子のいわゆる〈道〉とは、この造化の營みを形而上化した哲學概念に他ならないのである」と解説するもの[42]、金谷氏が言うように本章における「道」は、「〈道〉の無爲自然なはたらきを模範として政治を行う」ところに主意があったと見るべきであろう。[43]とすればやはりここにおける「道」も「天之道」としての規範性を內在させていることは明らかである。

⑧第四十章相當部分

返也者、道僮（動）也。溺（弱）也者、道之甬（用）也。天下之勿（物）生於又（有）、生於亡■。（甲本第三七號簡）

本章は僅か二一字しかなく、獨立した章としては最も短いながらも、[44]前半部では老子特有の復歸の思想と柔弱の哲學が述べられ、次いで後半部では天地萬物生成の哲學が簡潔かつ端的に述べられている。ここには「道」に處世や統治のための範を求めるといった一種の教訓論ではないところに大きな特色がある。そうしてその部分が楚簡『老子』に含まれている意義は決して小さくないのであるが、問題は、老子特有の「道」の哲學についてどれほど周到に述べているかにある。

福永氏は、本章の特色が、

この章は、老子の哲學の根本をなす「道」と、老子の思考を特徴附ける「反」（復歸）、「弱」（柔弱）、「有」、「無」などの諸概念との關係を定式的に説明する。第七十八章に述べられている柔弱の思想を韻文形式で要約し、後半の二句は、第十六章、第二十八章などに述べられている復歸の思想、第三十六章、第七十八章などに述べられている柔弱の思想を韻文形式で要約し、後半の二句は、第一章の「無名」（道）と「有名」（天地）、第四十二章の宇宙生成に關する論述を一般的な形で要約する。(45)

と、他の數箇章を要約しているとした後、さらに

「反は道の動、弱は道の用」―この二句は「動」と「用」で押韻。「反」は返と同じで復歸の意。「弱」は强に對する言葉で柔弱・卑弱の弱。しばしば女性もしくは水の柔軟さで具體的に説明される。「動」は運動・活動、「用」は作用・はたらき。道は萬物を生成化育しながら刻々に流動變化しているが、そのはたらきは要するに根源に立ち返っているのであり、また道のはたらきは一切を成しとげて限りなく廣大であるが、そのはたらきは虛弱であり、力づくの强引さや無理をしたがむしゃらさを全くもたないというのである。……「天下の萬物は有より生じ、有は無より生ず」―この二句は、はじめの二句が道の運行と、その運行によって萬物が生じる造化のはたらきの「反」と「弱」とについて説明したので、これと關聯して、萬物が道から生じる生成のプロセスを「有」「無」の概念を用いて簡潔に表現したもの。要するに道が一切存在の根源であることを説明するのがその趣旨である。(46)

と詳細を極めた解說を施している。この福永說に依れば、この僅か二一字ほどの句に老子の「道」の哲學のすべてが網羅されていることになる。だが問題は、氏が解說しているように、この二一字からだけではこうした意味を讀み取ることはできないところにある。このため氏は、第一章・十六章・二十八章・三十六章・四十二章・七十八章などの各章を參照するのだが、「復歸」の思想を說いている第十六章の「致虛極、守靜篤、萬物竝作。吾以觀復。夫物藝藝、各復歸其根。」が甲本に含まれている他は、ここに氏が擧げたどの章も楚簡『老子』には含まれていないために、楚簡『老子』だけからは、到底右のような解釋は導き出せない。とりわけ、今本第一章や第四十二章に說かれるような「道」が宇宙萬物の根源であるといった老子特有の宇宙生成論はここからだけでは導き出すことが困難であろう。まさに、金谷氏が言うように「この章は短いことばでありながらまとまりが悪く、これまで學者を惱ませてきた(47)」のである。これも武内氏の「この四句の中上二句には韻をふんで後の二句には韻をふまず、その意味の連絡もよくないから」として「この章は二つに區別すべき」と斷じていたり(48)、また、木村氏も「この章は……二つの文を集めて竝べただけのものである。思うにこの二文を集めて一章とした人の意識では、やはり兩文の閒に何等かの……意味の連絡を考えていたであろう(49)」といった解釋を念頭に置いてのことであったろう。

⑨第四十一章相當部分

上士昏（聞）道、堇（勤）能行於其中。中士昏（聞）道、若昏（聞）若亡。下士昏（聞）道、大芺（笑）之。弗大芺（笑）、不足以爲道矣。是以建言又（有）之、明道女（如）孛（費）、遲（夷）道□□□道若退。上悳（德）女（如）浴（谷）、大白女（如）辱、㞷（廣）悳（德）女（如）不足。建悳（德）女（如）□□貞（眞）女（如）愉、大方亡禺（隅）、大器曼成、大音祇（希）聖（聲）、天象亡坓（形）、道……（乙本第一一・一二號簡）

ここでは、老子の「道」が世人の理解を得難いこと、そしてその根據に「建言」からの言葉として、「道」がどれほど常識を遙かに超えた偉大な存在であるかを老子特有の逆說的論理を繰り出して述べていく。ただここに言う「道」は、冒頭に「上士聞道、勤而行之」とあるようにあくまでも實踐することが求められているのであって、萬物の存在の根源としてのそれでないことは明らかであろう。福永氏が「その說明は原理的であるよりも即時的であり、道の根源的な在り方よりも人間の現實生活に即した道の具體的なあらわれ方を問題にする」(50)と言うのはそうした意味である。

ここでも老子が說く「道」が人々に容易に理解されないのは、それがとりもなおさず「天之道」であることに依るのである。「天之道」の持つ規範性は「人之道」に比べ容易に理解され難いのである。

⑩第四十八章相當部分

學者日益、爲道者日員（損）。員（損）之或員（損）、以至亡爲也。亡爲而亡不爲。（乙本第三・四號簡）

「道」それ自體、第三十八章相當部分で「道恆無爲」と言われているわけであるが、ここではそれを範とした「道」の實踐が說かれる。「道」を實踐していけば、やがて何事をも成しとげることができると言うのである。これも⑨と同樣に理解することができる。『老子』が從うべきとしている道は、「人之道」ではなく「天之道」が持つ規範性なのである。

⑪第五十五章相當部分

酓（含）悳（德）之厚者、比於赤子。蟲（螝）蠆蟲它（蛇）弗蓋（蠚）、攫鳥猷（猛）獸弗扣（搏）、骨溺（弱）堇（筋）秫（柔）天〈而〉捉固。未智（知）牝戊（牡）之合然惹（怒）、精之至也。終日唬（號）天〈而〉不惪（憂）、和之至也。和曰県（常）、智（知）和曰明、賹（益）生曰羕（祥）、心叓（使）㷋（氣）曰彊（强）、勿（物）壓（壯）則老、是胃（謂）不道■。（甲本第三三・三四・三五號簡）

ここでは、「道」にかなった生き方の範を「赤子」に求める一方で、それとは裏腹に「强」を求めてやがて「老」に至る生き方は「不道」であるとして退けている。これも、「道」の實踐的意義を説くものと言えよう。ここに言う「道」もやはり「人之道」ではなく「天之道」が持つ規範性に則っての實踐が求められている。

⑫第五十九章相當部分

紿（治）人事天、莫若嗇。夫唯嗇、是以杲（早）。是以杲（早）備（服）、是胃（謂）〔重積德。重積德、則亡（無）〕不克。不克、則莫智（知）其亙〈亟（極）〉。莫智（知）其亙〈亟（極）〉、可以又（有）郕（國）。又（有）郕（國）之母、可以長〔久、是胃（謂）深根固氐〕。長生售（舊＝久）視之道也■。（乙本第一・二・三號簡）

ここでは「道」と「德」が同時に見えている。前半部の「重積德」を承けて、後半部が續き、これによって確固とした國家統治が可能になることを述べて、最後に「長生久視之道」でまとめている。やはり「道」の實踐的な意義を説くものと言えよう。

以上の「道」の語を含む一二箇章から言えることは、これらにはおしなべて老子特有の逆説的な觀點から「道」の偉大さが説かれているのであるが、その大部分はそうした「道」、すなわちこの場合は「天之道」がもつ規範性に範を求めた處世や治世の在り方を説くものであって、その意味では「道」の實踐的な意義を説くものであり、宇宙生成論の觀點から萬物の根源としての「道」を論じるものではなかったと言わなくてはならない。つまりこれらに言う「道」はすべて「天之道」と言い換えても差し支えないものである。

ところが僅かに、第四十章相當部分がこれらと異なり、萬物の根源としての「道」を明瞭に説いているかに見えたのであるが、楚簡『老子』に含まれていない諸篇と關聯附けることで漸くその意味を知り得るに過ぎないものであった。從って、福永氏はこの章はこれら諸篇の「要約」であろうとしているが、そうすると楚簡『老子』はこのあまりにも簡潔に過ぎる要約だけを抄寫して、他のより明瞭に老子の哲學的な「道」を論じている章は抄寫しなかったこととなり、その意味でこの章のみを取り上げることは甚だ考えにくいのである。例えば、

○道可道、非常道。名可名、非常名。無名天地之始、有名萬物之母。故常無欲以觀其妙、常有欲以觀其徼。此兩者同出而異名、同謂之玄、玄之又玄、衆妙之門。（第一章）

○道沖而用之、或不盈。淵兮似萬物之宗。挫其鋭、解其紛、和其光、同其塵、湛兮似或存。吾不知誰之子、象帝之先。（第四章）

○視之不見、名曰夷。聽之不聞、名曰希。搏之不得、名曰微。此三者不可致詰。故混而爲一、其上不皦、其下不昧、繩繩不可名、復歸於無物、是謂無狀之狀、無物之象。是謂惚恍。迎之不見其首、隨之不見其後。執古之道、以御今之有、能知古始。是謂道紀。（第十四章）

○孔德之容、惟道是從。道之爲物、惟恍惟惚、惚兮洸兮、其中有象。恍兮惚兮、其中有物。窈兮冥兮、其中有精。其精甚眞、其中有信、自古及今、其名不去、以閲衆甫。吾何以知衆甫之狀哉。以此。（第二十一章）
○大道氾兮。其可左右、萬物恃之而生、而不辭、功成不名有。衣養萬物而不爲主、常無欲可名於小、萬物歸焉而不爲主、可名爲大、以其終不自爲大、故能成其大。（第三十四章）
○道生一、一生二、二生三、三生萬物。萬物負陰而抱陽、沖氣以爲和。人之所惡、唯孤寡不穀、而王公以爲稱。故物或損之而益或、益之而損。人之所教、我亦教之。强梁者不得其死。吾將以爲教父。（四十二章）
○道生之、德畜之、物形之、勢成之。是以萬物莫不尊道而貴德。道之尊、德之貴、夫莫之命常自然。故道生之、德畜之、長之育之、亭之毒之、養之覆之、生而不有、爲而不恃、長而不宰。是謂玄德。（五十一章）

などは、「天之道」としての規範性は一切說かれることなく、宇宙論的、生成論的、言い換えれば「道」の形而上學が明瞭に說かれているのであるが、これら諸章は楚簡『老子』には全く含まれていないのであるから、やはりこの分析によって得られるのは、楚簡『老子』から今本『老子』に至る閒に、「道」の哲學が深化したという思想史的事實である。(51)「道」が「無名」「無爲」であることは、そのままでは「道」の形而上學を說いていることにはならない。「道」の擬人化とは言えても、これを例えば宇宙生成論として解釋するのは行き過ぎであろう。とすれば第四十章相當部分の第三七簡の記述はどうかということになるが、これだけからは既に分析してきたように、存在の根據もしくは根源としての「道」の意味は讀み取れないのである。

（4）「德」の用例とその意味

（ア）『老子』中の「德」の用例

『老子』は別名『道德經』とも稱されるように、「德」概念が「道」概念と分かち難く結びつけられて、『老子』思想の中で最も樞要な位置を與えられていることは今更言うまでもない。特に、既に帛書『老子』乙本が、前半を「德」と名附け、後半を「道」と名附けていることから、その由來の遠いことを知るのである。また帛書乙本の「德」篇が漢簡『老子』では「老子上經」と、同じく「道」篇が「老子下經」とそれぞれ命名されていることから分かるように、この頃は「德」概念が必ずしも「道」概念に對して從屬的な位置に置かれていたわけではなかったことも窺えよう。道篇と德篇の順序が入れ替わったのは、漢簡『老子』抄寫以降と考えられるが、『史記』老子傳は「老子道德を修め、……是に於いて老子廼ち書上下篇を著し、道德之意五千餘言を言いて去る……」としているので、漢武帝期以降には、「道」「德」兩概念の結びつき方に何らかの變化が起こったものと考えられる。

今煩を厭わずに今本『老子』から「德」の用例を掲出すると、以下のように全十六箇章を數えることができる。

①「……生之畜之、生而不有、爲而不恃、長而不宰。是謂玄德」（第十章）

②「孔德之容、惟道是從。道之爲物、惟恍惟惚。惚兮洸兮、其中有象。恍兮惚兮、其中有物。窈兮冥兮、其中有精、其精甚眞、其中有信。自古及今、其名不去、以閲衆甫。吾何以知衆甫之狀哉。以此。」（第二十一章）

③「希言自然、故飄風不終朝、驟雨不終日。孰爲此者。天地。天地尚不能久、而況於人乎。故從事於道者。道者同於道、德者同於德。失者同於失、同於道者、道亦樂得之。同於德者、德亦樂得之。同於失者、失亦樂得之。信不足焉、有不信焉。」（第二十三章）

④「知其雄、守其雌、爲天下谿。爲天下谿、常德不離、復歸於嬰兒、知其白、守其黑、爲天下式。爲天下式、常德不忒、復歸於無極。知其榮、守其辱、爲天下谷。爲天下谷、常德乃足、復歸於樸。樸散則爲器、聖人用之則爲官長。故大制不割」（第二十八章）

⑤「上德不德、是以有德。下德不失德、是以無德。上德無爲而無以爲、下德爲之而有以爲。上仁爲之而無以爲、上義爲之而有以爲。上禮爲之而莫之應、則攘臂而扔之。故失道而後德、失德而後仁、失仁而後義、失義而後禮。夫禮者、忠信之薄而亂之首。前識者、道之華而愚之始。是以大丈夫處其厚、不居其薄、處其實、不居其華。故去彼取此。」（第三十八章）

⑥「上士聞道、勤而行之。中士聞道、若存若亡。下士聞道、大笑之。不笑不足以爲道。故建言有之、明道若昧、進道若退、夷道若纇、上德若谷、大白若辱、廣德若不足、建德若偸、質眞（德）若渝、大方無隅、大器晩成、大音希聲、大象無形、道隱無名。夫唯道善貸且成。」（第四十一章）

⑦「聖人無常心、以百姓心爲心。善者吾善之、不善者、吾亦善之。德善。信者吾信之。不信者、吾亦信之。德信。聖人在天下歙歙、爲天下渾其心。百姓皆注其耳目、聖人皆孩之。」（第四十九章）

⑧「道生之、德畜之、物形之、勢成之。是以萬物莫不尊道而貴德。道之尊、德之貴、夫莫之命常自然。故道生之、德畜之、長之育之、亭之毒之、養之覆之。生而不有、爲而不恃、長而不宰。是謂玄德」（第五十一章）

⑨「善建者不拔、善抱者不脱、子孫以祭祀不輟、修之於身、其德乃眞、修之於家、其德乃餘、修之於鄕、其德乃長、修之於國、其德乃豐、修之於天下、其德乃普。故以身觀身、以家觀家、以鄕觀鄕、以國觀國、以天下觀天下。吾何以知天下然哉。以此。」（第五十四章）

⑩「含德之厚、比於赤子。蜂蠆虺蛇不螫、猛獸不據、攫鳥不搏。骨弱筋柔而握固、未知牝牡之合而全作、精之至

也。終日號而不嗄、和之至也。知和曰常、知常曰明、益生曰祥、心使氣曰强、物壯則老。謂之不道。不道早已。」(第五十五章)

⑪「治人事天、莫若嗇夫。唯嗇是謂早服。早服謂之重積德。重積德則無不克、無不克則莫知其極。莫知其極、可以有國。有國之母、可以長久。是謂深根固柢。長生久視之道。」(第五十九章)

⑫「治大國、若烹小鮮。以道莅天下、其鬼不神、非其鬼不神。其神不傷人、非其神不傷人。聖人亦不傷人。夫兩不相傷。故德交歸焉。」(第六十章)

⑬「爲無爲、事無事、味無味、大小多少。報怨以德、圖難於其易、爲大於其細。天下難事必作於易、天下大事必作於細。是以聖人終不爲大。故能成其大。夫輕諾必寡信、多易必多難。是以聖人猶難之。故終無難矣。」(第六十三章)

⑭「古之善爲道者、非以明民、將以愚之。民之難治、以其智多。故以智治國、國之賊、不以智治國、國之福。知此兩者、亦稽式。常知稽式、是謂玄德。玄德深矣、遠矣。與物反矣、然後乃至大順。」(第六十五章)

⑮「善爲士者不武、善戰者不怒、善勝敵者不與、善用人者爲之下。是謂不爭之德。是謂用人之力。是謂配天古之極。」(第六十八章)

⑯「和大怨、必有餘怨。安可以爲善。是以聖人執左契、而不責於人。有德司契、無德司徹。天道無親、常與善人。」(第七十九章)

(イ)郭店楚簡『老子』の「德」の全用例とその意味

右が今本『老子』の全用例であるが、楚簡『老子』では僅か四箇章に止まる。その第一は、⑩第五十五章相當部分

の、

「酓（含）悳（德）之厚者、比於赤子。蟲（螝）蠆蟲它（蛇）弗蓋（蓋）、攫鳥猷（猛）獸弗扣、骨溺（弱）菫（筋）秫（柔）而握固、未智（知）牝戊（牡）之合然惹（怒）、精之至也。終日唐（乎）而不惪（憂）、和之至也。和曰県〈祟（常）〉、智（知）和曰明、賹（益）生曰羕（祥）、心叓（使）叕（氣）曰弜（强）、勿（物）壓（壯）則老、是胃（謂）不道■。」（甲本第三三・三四・三五號簡。今本末尾の「不道早已」の四字を缺く。）

である。

ここに見える「含德之厚」は「老子において嬰兒とは無知無欲―道を體得した者の無心の境地を象徵する言葉であった[52]」とされ、道を體得している狀態が「含德」と解釋されているのであるが、この「德を含む」との表現には、「外に輝き出るきらびやかな德（儒教の德）とは違ったものをさす[53]」意が込められているからであると解釋される[54]。そうして、それとは反對に含德の厚きこと無き者を「不道」と稱しているわけである。してみると、ここには「德」が「道」と不可分の關係とされていると見ることができよう。

その第二は、⑥第四十一章相當部分の、

「上士昏（聞）道、菫（勤）能行於其中。中士昏（聞）道、若昏（聞）若亡。下士昏（聞）道、大芺（笑）之。弗大芺（笑）、不足以爲道矣。是以建言又（有）之、明道女（如）孛（費）、遲（夷）道□□□道若退。上悳（德）女（如）浴（谷）、大白女（如）辱、㞷（廣）悳（德）女（如）不足、建悳（德）女（如）□□貞（眞）女（如）愉。大方亡禺（隅）、大器曼成、大音祇聖（聲）、天象亡荎（形）。」道……（乙本第九・一〇・一一・一二號簡）

である。

ここではまず『老子』の「道」が容易に受容され難いことを言い、引き續いてその受容され難い理由が「建言」からの引用を用いて說明される。その場合に「道」が「昧《くら》きが若し」「退《しりぞ》くが若し」「纇《でこぼこ》なるが若し」であるとされるだけでなく、「德」も同樣に「谷《たに》の若（如）し」「足《た》らざるが若（如）し」「偸《かりそめ》なるが若（如）し」[55]等と世俗的價値觀とは逆の價値が與えられて說明される。ところでこの「建言」とは、格言・箴言として當時通用していた語句がここに引用されたと考えられている。[56]從ってその中で見えている「上德」「廣德」「建德」「質眞（德）」などの語は、「明道」「進道」「夷道」の語とともに、いわゆる「建言」中の言葉、言い換えれば『老子』において初めて造語された概念とするよりは、『老子』と同時代に通行していた恐らくは道家者流の「道」「德」概念がここに示されているとしなければなるまい。[57]やはり、先の用例同樣、「德」は「道」と密接な結びつきを持っていることが分かる。

次いで第三が、⑨第五十四章相當部分の、

「善建者不拔、善休者不兑（脫）、子孫以祭祀不屯、攸（修）之於身、其悳（德）乃貞（眞）、攸（修）之於冢（家）、其悳（德）又（有）舍（餘）、攸（修）之向（鄉）、其悳（德）乃長、攸（修）之邦、其悳（德）乃奉（豐）。攸（修）之於天[下]□□□□□□、冢（家）、以向（鄉）觀向（鄉）、以邦觀邦、以天下觀天下。虛（吾）可（何）以智（知）天〔下然哉。以此。〕」（乙本第一五・一六・一七・一八號簡）

である。ここに示される「身」「家」「鄕」「國」「天下」の五つの同心圓狀に廣がる社會組織から、先學が既に指摘するように「修身・齊家・治國・平天下」（『禮記』大學篇）を想起することができる。[58]それればかりか、大學篇にはこれが「明德」としっかり關聯附けられていることにも注意しなければなるまい。すなわち「古之欲明明德於天下者、先治其國、…先靜其家、……先修其身、……先正其心、……先誠其意、……先致其知、……」とあるように、これらが「明德」と言う高度な價値を有する「德」を明らかにするための階梯として示されているのであり、と同時にこの「明德」と名附けられた「德」は、あらかじめ自己の內面に備わっているはずの「德」が優れた德として完成した時に「明德」と言われる。[59]一方で、本章は「修之……」が五段階に分けて列擧され、各段階における「德」の效用が記される。それが「眞」「餘」「長」「豐」「普」である。この場合の「修之」の「之」は一般に「道」を指すとして、「道を修めること」の段階がここに示されているとするのである。[60]つまりこの場合の「德」とはいずれも「道」を修めることによって得られるもので、木村氏はその「德」のことを「惠澤」[61]と譯し、金谷氏は「功德・恩惠」[62]の意に釋している。このように解釋していくと、論理構造としては『禮記』大學篇のそれとほぼ一致していることが見て取れるものの、『老子』には『禮記』にはなかった「道」と「德」との對比的關係を讀み取ることができる。[63]金谷氏がこの「德」について「〈道〉の獲得と守り方に關係していると考えてよいであろう」と言い、[64]蜂屋氏が「〈德〉は〈得〉に通じ、道を修めることによって得られた效果や恩惠などの意味を含む」[65]と言うのは、そうした觀點からの解釋に他ならない。ここで最も注意を要するのは、本章には「道」の概念は明示的には示されておらず、右に見てきたような解釋はあくまでも解釋に過ぎないのであるが、やはり前二用例同樣、本章においても「德」が「道」の概念と無關係に構想されたわけではないことが窺えよう。

なお、本章は左の『管子』牧民篇の一節とも關聯することが夙に知られている。

以家爲鄕、鄕不可爲也。以鄕爲國、國不可爲也。以國爲天下、天下不可爲也。以家爲家、以鄕爲鄕、以國爲國、以天下爲天下。毋曰不同生、遠者不聽。毋曰不同鄕、遠者不行。毋曰不同國、遠者不從。如地如天、何私何親。如月如日、唯君之節。（家を以て鄕を爲むれば、鄕は爲む可からざるなり。鄕を以て國を爲むれば、國爲む可からざるなり。國を以て天下を爲むれば、天下は爲む可からざるなり。家を以て家を爲め、鄕を以て鄕を爲め、國を以て國を爲め、天下を以て天下を爲む。生を同じうせずと曰う毋かれ、遠き者聽かざらん。鄕を同じくせずと曰う毋かれ、遠き者行かざらん。國を同じくせずと曰う毋かれ、遠き者從がわざらん。地の如く天の如くにして、何をか私し何をか親しまん。月の如く日の如くにすること。唯だ君の節なり。）

がそれである。これが『老子』第五十四章と無關係でないことは直ちに知り得るが、それをどのように關係づけることができるであろうか。牧民篇は、家・鄕・國・天下はそれぞれにふさわしい治め方があることを知らねばならないと說いているようにも讀めるが、むしろ末尾の「如地如天、何私何親。如月如日、唯君之節」に着目して、それらの段階的個別的統治論を統括して究極的には天地日月の如く無私無親に振る舞うことこそ肝要であると說いていると見るべきであろう。まさに『老子』の「天地不仁、以萬物爲芻狗、聖人不仁、以百姓爲芻狗」（第五章）・「天道無親、常與善人」（第七十九章）に通じるものが見て取れる。一方の『老子』第五十四章は、身・家・鄕・國・天下いずれを治める場合にも、共通して「道」（『老子』本文にはこの語はないのであるが）によるべきことを言うと解し得るとすれば、兩者には、「身」乃至「家」から「天下」に至る同心圓的社會構造に對する一貫した統治理論が說かれていると見ることができる。(66)

第四は、⑪第五十九章相當部分の、

「紿（治）人事天、莫若嗇。夫唯嗇、是以㬰（早）、是以㬰（早）備（服）是胃（謂）之〔重積德。重積德則亡（無）〕不克、不克則莫智（知）其亙〈亟（極）〉、莫智（知）其亙〈亟（極）〉可以又（有）𨛭（國）。又（有）𨛭（國）之母、可以長〔久。是謂深根固柢。〕長生售（舊＝久）視之道也■。」（乙本第一・二・三號簡）

である。

ここでの「德」概念は、「重積德」として見え、しかも他に用例を見いだし得ない特殊な概念である。實は楚簡乙本はこの「重積德」を含む前後が缺損しており、しかも帛書甲乙兩本とも同樣に缺損しているために、ひとまず漢簡本及び王弼注本などの通行本で補ったものである。

この「重積德」の意味であるが、福永氏は「積德」の語が『尙書』盤庚上篇や『淮南子』兵略訓などに見えること、また『易』に「積善」「積惡」の語が見えることなどから、「積德」を重ねるの意に取るべきであると言う[67]。ここではそれが「早服」のことともされ、また「穡」のことともされているわけである。「早服」について、王弼注は「早服とは常なり」と釋し、河上公注は「早とは先なり、服とは得なり……能く先に天道を得るなり」と釋している。また「穡」については王弼注は「農夫」の意に釋し、河上公注は「貪」の意としているなど、やや分かりにくい文字が連ねられているが、福永氏は「早服」を「早く道に從う」ことと解して、「早く道に從うのを重ねて德を積むという」と譯す[68]。

氏の指摘の通り「積徳」の語が當時『老子』以外の文獻にも同様な意味で見えていたとすれば、この「重積徳」の觀念が「道」と關係づけられて解釋されていても、本來は『老子』特有の用語ではなかったと見るべきであろう。[69] なお、『韓非子』解老篇では、この語を「積徳而後神靜、神靜而後和多、和多而後計得、計得而後能御萬物、能御萬物、則戰易勝敵、而論必蓋世。」と、「(重)積徳」が「無不克」の結果をもたらすまでの過程を跡附けているものの、「道」との關聯附けがなされているかは不明である。

以上、楚簡『老子』の「徳」の用例を含む全四箇章を検討してきたのであるが、これらは確かに「道」との關係を想定しつつ解釋できはするものの、それは統治論乃至は處世論上の道徳・倫理としての「徳」の意味で用いられていると解してよく、次に見るような『老子』特有の萬物の根源としての「道」のはたらきとしての意味での「徳」とは明らかにその内實を異にすると言ってよいことが分かるのである。

(ウ) 郭店楚簡『老子』に含まれない「徳」の用例とその意味

以下、楚簡『老子』には見えなかった「徳」の用例について、三種に分類してその意味を分析する。

その第一グループは、「徳」概念が論點の中心に置かれるものの「道」字が見えない章である。①第十章、④第二十八章、⑦第四十九章、⑬第六十三章、⑮第六十八章の計五箇章がそれに當たる。

①第十章では、⑧第五十一章⑭第六十五章にも見えている「玄徳」概念が使われる。この「玄徳」とは、「無爲自然の道を體得した不可思議な在り方、人格性」[70] などとして、やはり「道」の概念と無關係には解釋され得ない。[71]

次の④第二十八章に見える「常徳」も、やはり「恆常不變な徳の意で、……第一章に〈常道〉すなわち恆常不變の

道を體得した人間の在り方であるから、その德もまた〈常德〉――恆常不變なのである。德の原義は得で、道を體得した在り方、もしくは體得した內容をいう(72)」とか、「第一章の〈常の道〉とあい應じている。根源的な不變の唯一の〈道〉から、それに直結してあらわれ出た不變の〈德《はたらき》〉である。(73)」と、必ずしも明示的ではないものの、「道」と關聯づけて解釋される。

また⑮第六十八章に見える「不爭之德」の「德」も、「道を體得した在り方、偉大な人格性の意。つまり本來〈柔〉であり〈弱〉である道の在り方を身につけているというのである(74)」と、やはり「道」を體得した者のことと解しており、「過度の武勇をあらわすな、怒りの情にまかせるな、露骨な敵對をするな、うまく人々の能力を利用せよ。〈不爭の德〉を中心にすえることによって、それが可能である。そしてそれこそが天道の自然にかなうことであり、古來の正しい法則だという(75)」として、「不爭の德」とは「天道」そのものであるとも解釋されている。やはりここでも明示的ではない「道」との結びつきを想定した解釋がなされる(76)。

要するに、これらがいずれも處世論乃至政治論の文脈で語られている「德」であることは閒違いない。從って、楚簡『老子』の「德」の意味との閒に顯著な違いは見られない。

その第二グループは、「德」「道」共に見えているものの、兩者は必ずしも明示的かつ緊密に結びつけられていない章である。⑫第六十章、⑭第六十五章、⑯第七十九章の三例がそれに當たる。

⑯第七十九章に見える「有德」「無德」も、既に⑤第三十八章に見えている語で、そこでは「上德不德、是以有德。下德不失德、是以無德」とあるが、ここでは「有德司契、無德司徹」、すなわち「農民の收穫を現物で取り立てる「徹」の稅法と、現物を離れて信用で取引する「契」の手形制度とで、目先の功利を追う有爲の處世と長い目で天の理法に信頼する無爲の處世とを比喩的に說明している(77)」と解釋されている。

これら右に見たような「德」の用例は、楚簡『老子』に見える「德」の意味と大きく異なるものではなく、「德」が「道」のはたらき乃至は「道」を體得した聖人をそのものを言い表すとの意味で用いられている點において、同じ方向性、つまり處世論乃至政治論の文脈で解釋し得るのである。

その第三グループは、「德」が「道」と明示的かつ緊密に結びつけられている章である。②第二十一章の「孔德之容、惟道是從……」、③第二十三章の「道者同於道、德者同於道。……同於道者、道亦樂得之。同於德者、德亦樂得之。」、⑤第三十八章の「……故失道而後德、失德而後仁……」、⑧第五十一章の「道生之、德畜之、物形之、勢成之。」で、計四箇章がそれに當たる。

まず②第二十一章の「孔德之容、惟道是從。」の「孔德」については、「『莊子』天地篇にも〈德人之容〉とある。〈孔〉は大の意で（河上公注）、〈孔德〉は大德の人、すなわち『莊子』に〈德を立て道を明らかに、……冥冥に見、無聲に聽き〉〈動いて萬物之に從う〉と説明されている〈王德の人〉と同類の人格[78]」とか、「大きな德。德は得と同じで、わが身に得られて身についたもの。能力であり、そのあらわれとしての恩惠・效果の意味にもなる。[79]」などと解釋され、要するにここに見える「德」概念は、「儒教の德と違って、根源の道の體得として言われている[80]」と解釋されるように、儒家に特有の處世論ないし政治論の中で現れる倫理的な意味を濃厚にもつ「德」とは異なり、それら處世や政治といった屬人的・屬社會的な「德」概念を超えた天地萬物を主宰する「道」そのものに深く結びついた概念として意味づけられているのである。[81]それこそがまさに『老子』特有の「道」概念とそれに呼應する形で構想された「德」の意味なのである。

③第二十三章中の「故從事於道者。道者同於道、德者同於德、失者同於失。同於道者道亦樂得之。同於德者、德亦樂得之。同於失者、失亦樂得之。」（王弼注本・河上公注本）の一節はどうであろうか。

漢簡本では以下のように作っている。

　故從事而道者同於道、得者同於德、失者同於失。故同於道者、道亦得之、同於失者、道亦失之。

ところが、帛書本（乙本）は、

　故從事而道者同于道、德者同于德、失者同于失。同于德者、道亦德之、同于失者、道亦失之。

に作る。

つまり、この章はその句法に注意して、その内容を整理してみると、前半部「從事而道者同於道、得者同於德、失者同於失。」の句は、「從事而道者同於道、從事而得者同於德、從事而失者同於失。」として讀まれるべきであり、後半部「故同於道者、道亦得之、同於失者、道亦失之。」の句は、「故同於道者、道亦得之、同於德者、道亦得之、同於失者、道亦失之。」として讀まれるべきであることがほぼ見て取れるのであるが、不思議なことに、漢簡本の後半部は「同于德者、道亦德（得）之」の二句を缺き、帛書本は、「同于道者、道亦得之」の二句を缺くのである。兩者によって補えば「同於道德者、道德亦得之。同於失者、道德亦失之」とあるべきだったと見ることができる。

さらに王弼注・河上公注などの傳世本では、「故從事於道者。道者同於道、德者同於德、失者同於失。」の箇所は、出土本と同樣に讀み替え可能であるが、後半部は「同於道者、道亦樂得之。同於德者、德亦樂得之。同於失者、失亦樂得之。」とあって、「道亦樂得之。……德亦樂得之。……失亦樂得之。」のようにその内容が微妙に書き換えられて

しまっている。しかしこれも、「同於失者、失亦樂得之」を「同於失者、道德亦失之」の表現に戻してみれば、結局同じことを言っているのだと分かる。

つまり出土本・傳世本いずれも、「道」と「德」が一對の概念として扱われていることは、②の第二十三章の用例よりも一層明瞭に見て取れるうえ、さらに「德」が「失」と一對に語られ、しかもその「德」字が「得」に通じることから、「得」と「失」が一對に語られていることも明らかに讀み取れる。

そうすると、この章での「道」「德」はどのような概念として解釋することができるであろうか。「德」が「得」に通じるとは、「道」の立場を貫けば、そのはたらきとしての「德」が得られるということであり、「德」が得られれば、それによってすべてが得られるという論理なのである。處世論乃至政治論としての「道」を媒介とした「德」とは異なる意味であることが見て取れる。

⑤第三十八章中の「上德不德、是以有德。下德不失德、是以無德。上德無爲而無以爲、下德爲之而有以爲。上仁爲之而無以爲、上義爲之而有以爲、上禮爲之而莫之應、則攘臂而扔之。故失道而後德、失德而後仁、失仁而後義、失義而後禮。」の箇所も、「道」「德」概念が一對になっている。しかしそれは後半部だけで、前半部は「道」の概念は見えず、「上德」が冒頭に置かれ、續いて「下德」「上仁」「上義」「上禮」が順に位置づけられる。これは明らかに「上德」を最上位に置くことで、本來は儒家の「德」に他ならない「仁」「義」「禮」すらをも下位に置いて貶めようとしたものであることは疑いない。

冒頭の「上德不德」について、その「上德」は「孔德」に近い[82]とか、「〈孔〉は〈大〉の意味、〈德〉は〈得〉に通じ、道を得ることを〈德〉という。そこで、〈孔德〉は大いなる德を持った者のこと。……〈孔德の容〉は聖人のありさまのこと[83]」などと説明される。要するに、「孔德」二字で「道」を體得した聖人を指すと見るのがよいであろう。

つまり「禮を離れ仁義の德を棄てて、〈道〉と一體になった〈上德〉の立場にかえれという。……〈上德〉は完全に〈德〉を身につけた人、〈下德〉は理想的な〈德〉を身につけようとして修行している人。そして儒教の德は仁・義・禮と呼ばれて、〈德〉とはいわれない。〈德〉から仁、仁から義、義から禮へと、はっきりした下向の段階が考えられている。[84]」とか、「〈德〉は道に卽して無爲無欲であること。王弼は〈德とは得（身につけるの意）のことである。常に身につけていて失うことがなく、惠みを與えるだけで害をすることがない。だから德（身についている）という名にしたのだ。何によって德を得るかというと、道に由ってである〉と説明している。本來的にそのような存在であるのが〈上德〉である。[85]」とかと解釋されるのはそのためであろう。

ところでこの⑤第三十八章は、帛書『老子』では「德」篇の、漢簡『老子』では「老子上經」の、それぞれ冒頭に置かれる篇であり、『韓非子』解老篇もこれについて詳細な解説をしていることで知られている。ところがこの篇については、『莊子』知北遊篇に、

黃帝曰、……道不可致、德不可至、仁可爲也、義可虧也、禮相僞也。故曰、失道而後德、失德而後仁、失仁而後義、失義而後禮、禮者道之華而亂之首也。

とあることなどから、早く武内義雄氏は、「この章はその文體から見ると韻がなくその內容から考えると儒家に反抗する氣分が濃厚で、比較的新しい文章らしい。而して失道而後德以下の數句は『莊子』知北遊篇によると黃帝の言であって、戰國時代の假託された黃帝書から取って五千言中に編入された文章であろう。大體において道家言であることは疑いを容れぬが老耼の言とは考え難い[86]」と指摘し、木村英一氏も「……道や德を強調して儒家の仁義禮智を竝び

に非難しているのであるが、中にも禮を最下位にして最も強く攻擊している。ところが儒家に於いて禮が最上の德として最も強く主張したのは荀子であるから、當然この文の攻擊目標は荀子流の儒家思想ではないかと擬せられる。[87]」として、新たに附加された章ではないかと推測している。つまり「德」が「道」と緊密に結びつけられているこの⑤第三十八章が、楚簡『老子』に含まれないのも當然と言ってよいのである。

さて前半部に「道」概念が見えず、「德」が最上位に置かれていた第三十八章も、後半部になると「故失道而後德、失德而後仁、失仁而後義、失義而後禮」と、「德」概念は、「仁」「義」「禮」に對しては上位に置かれるものの、「道」概念の下位に置かれていることが分かる。しかしこれまで檢討してきたように、『老子』における「德」は「道」のはたらきとしての意味が與えられていることであったはずであるが、この第三十八章のように「道」と「德」が價値的に序列が與えられて論じられるのは『老子』には全くふさわしくないと言わねばならない。

また「道」を失ったところに「德」が現れるという發想は、第十八章の「大道廢而有仁義」を想起させる。ところがこれが第十八章と違うのは、この後さらに「失德而後仁」と續いている點である。つまり「大道廢而有仁義」の論理構造がここでも繰り返されており、しかも「失德而後仁」と言うのであるから、「德」を「大道」に匹敵させていると見ることができ、さらに「失仁而後義、失義而後禮」の表現を追っていけば、結局この部分は、「道德廢而有仁義禮」を言うための巧みな修辭技法が凝らされた言說として讀み取るべきであることが判然とする。

このように考えていくと、第三十八章の主意は第十八章のそれと共通すると見ることができる、つまり儒家の標榜する「仁・義・禮」などの德よりも、老子の掲げる「道德」の方が價値があることを言うものであり、しかも單なる處世論・治世論を超えたところにその意義があると言おうとするものである。

⑧第五十一章の「道生之、德畜之。物形之、勢成之。是以萬物莫不尊道而貴德。故道生之、德畜之、長之育之、亭

之毒之、養之覆之、生而不有、爲而不恃、長而不宰、是謂玄德」は、特に「道生之、德畜之」「萬物莫不尊道而貴德」「道之尊、德之貴、夫莫之命、常自然。」「道生之、德畜之」に着目する限り、「道」と「德」が一對の關係として示された上で、兩者が萬物の生成化育を主宰しているとしていることが分かる。[88] なお、「道生之、德畜之」の句に限り、帛書甲本と漢簡本は「道生之畜之」に作っていて「德」字がないことから、「德」概念の「道」との關聯附けの變化を窺わせる。

そこで例えば福永氏は、

この章は、老子のいわゆる無爲自然の道の、一切萬物を生成化育する偉大な造化のはたらき――玄德――を贊美する。（福永前掲書三三〇頁）

と解説し、「德」を「道の持つ偉大な功德、すなわち萬物を生成化育する造化のはたらき」（福永前掲書三三二頁）の意味に解釋する。漢簡『老子』・帛書『老子』甲本に最も卽した解釋であると言えよう。

金谷氏は、

萬物を產み出して生育してゆく「道」のはたらきが、段階を追って述べられている。……そして、「德」はここで「道」そのもののはたらき、能力としてあらわされているから、「道」と竝んで最も貴重である。そこで、生成と養育の根源として、この二者が最高の尊敬をうけるのである。（金谷前掲書一六一頁）

と、「德」を「道」のはたらきとする點では變わらないものの、生成を「道」に、養育を「德」に、それぞれ配當して解釋している。しかしいずれの解釋を取るにせよ、ここで言えることは、處世論乃至政治論としての「德」概念が論じられているのではないということである。

こうして特に第三グループの用例の分析によって明らかになったことは、郭店楚簡『老子』にはなかった「德」概念が、「道」の哲學の深化と共に『老子』中に新たな意味を附與されて組み込まれていったのであろうと結論できることなのである。

第三節　『莊子』胠篋篇竝びに知北遊篇における『老子』の引用句と郭店楚簡『老子』の關係

本節では、『莊子』から楚簡『老子』を考察してみたい。『莊子』全三三篇中、今本『老子』との密接な關係が見られる外篇第十胠篋篇と同第二十二知北遊篇を取り上げる。

（1）胠篋篇と郭店楚簡『老子』の關係

この胠篋篇の述作年代の上限は、文中に「田成子……十二世有齊國」と、いわゆる田齊が十二世續いたことを述べていることから、田成子から數えて一二代目の齊王建の在位期間（前二六四～前二二一年）を遡ることはできないとされる。從って楚簡『老子』が言われるとおり戰國中期のものであるとすれば、それよりも新しい成立であることが一應推定できる。ただし、その下限については、これを判定する材料が無く、特定は困難であるが、諸家の說を斟酌すると、おそらくは戰國末期を下ることはあるまいと思われる。とすれば本篇はほぼ戰國末期の述作と見てよい。

次にその思想傾向を確認しておく必要があるのだが、その前に本篇述作の背景を一瞥しておきたい。それは、齊との關聯である。

福永光司氏はこの點に關して、「田成子および田氏の齊國簒奪に對するこの篇の作者の根強い反感と、手厳しい批判に注目すべきであろう。……從って、田氏の齊國簒奪に對する非難攻擊はまた田氏の保護を受ける稷下の學問に對する否定的な態度をも意味しうるであろうが、このことは胠篋篇の作者の思想的社會的立場を示すものとして興味深いように思われる。……この篇の作者の社會環境が村落的な田園の自然、そしておそらくは齊の國とは對立する政治勢力の圈内にあった」(『莊子　外篇』六四～六五頁)とあたかも楚地との關聯を示唆するかのようであるが、むしろ述作者の齊に對することさらなまでの激しい憤りと嚴しい批判とから、逆に何らかの形で齊との結びつきが窺えるのである。[89]

また、胠篋篇をめぐっては、もう一つ齊との關聯を示唆する興味深い事實がある。それは、武内義雄氏が『鬼谷子』にも胠篋篇がかつて存在し、その内容が『莊子』胠篋篇と同じだったのではないかと指摘していることである。[90]武内氏はさらに、『長短經』反經篇に「鬼谷子曰」として、『莊子』胠篋篇の文がほぼそっくり引用されていることも指摘しており、この推測もあながち的外れとは言えない。やはりここでもわれわれの注意を引きつけるのは、縱橫家の鬼谷子が齊地との密接な關係にあったとされる事實である。福永氏が推測するように本篇が假に齊以外の土地で述作されたとしても、そこに盛られた思想は齊地の思想と十分な影響關係を豫想し得る。

本篇の思想傾向は、『史記』老莊列傳に「莊子者……作漁父・盜跖・胠篋、以詆訿孔子之徒、以明老子之術」とあるように、まさしく「孔子之徒」(＝儒家思想)批判をてこにしつつ「老子之術」(道家思想)を敷衍している點にその特色がある。この點は『莊子』内篇とは些か違った傾向となっていると同時に、胠篋篇が戰國末の述作であることから考えて、『史記』の言うように莊周の自著とすることができないことは言うまでもない。

ところで、今本『老子』や帛書『老子』にも、本篇と同様な儒家批判が見られるので、これまでわれわれは、これを根據に、『老子』本來の思想的特徴の一つにこうした嚴しい儒家批判があることをいわば「常識」としてきた。例えば、

○大道廢有仁義、慧智出有大僞、六親不和有孝慈、國家昏亂有忠臣。（第十八章）
○絕聖棄智、民利百倍、絕仁棄義、民復孝慈、絕巧棄利、盜賊無有。此三者以爲不足。故令有所屬、見素抱樸、少私寡欲。（第十九章）
○上德不德、是以有德。下德不失德、是以無德。上德無爲而無以爲、下德爲之而有以爲、上仁爲之而無以爲、上義爲之而有以爲、上禮爲之而莫之應、則攘臂而扔之。故失道而後德、失德而後仁、失仁而後義、失義而後禮。夫禮者忠信之薄而亂之首。前識者道之華而愚之始。是以大丈夫處其厚、不居其薄、處其實、不居其華。故去彼取此。（第三十八章）

などは、まさしくその典型とされてきた。ところが、こうした嚴しい儒家批判の言辭が楚簡『老子』には見られないことがそもそも問題なのであった。

さて福永氏は、胠篋篇の思想的立場は、『老子』のそれとほとんど同じであるとして、本篇中には今本『老子』の第三・十九・三十一・三十六・五十五・五十六・八十の諸篇と共通する語句の見えていることを指摘する（これに第四十五章も加えるべきである）。以下、楚簡『老子』も交えて『老子』の思想と比較對照していこう（以下①〜⑥はすべて『莊子』胠篋篇からの引用）。

まず、

①絶聖棄智、大盜乃止、擿玉毀珠、小盜不起、焚符破璽、而民樸鄙、掊斗折衡、而民不爭、殫殘天下之聖法、而民始可與論議。

である。

ここで「絶聖棄智」の句は、今本『老子』第十九章に見える。本篇ではその結果「大盜乃止」と言うが、今本『老子』では「絶聖棄智」の結果は「民利百倍」で、「絶巧棄利」の結果の方が「盜賊無有」となっている。「擿玉毀珠、小盜不起」は今本『老子』第三章の「不貴難得之貨、使民不爲盜」に當たる。いずれにせよ、細部における表現が異なるだけで、その思想は全く共通していることが分かる。ふつうに肯定されている「聖」「智」が、却って人の世に不幸をもたらすとして否定されるのである。ところが楚簡『老子』では、前章でも述べたことだが、「聖」「智」は全然否定されていない。もちろんこれは、書寫の段階で誤ったわけでも、どちらの表現をとっても思想的意味は變わらないわけでもあり得ない。「聖」「智」の否定こそは、楚簡『老子』成立の後に、第十九章を書き改めるという方法によって、『老子』に新たに加わった思想的要素と見なすべきなのである。そうすると、①は、楚簡『老子』ではなく今本『老子』を踏まえて述作されたことになろう。あるいは、楚簡『老子』と今本『老子』との中閒に本篇をおけば、楚簡『老子』が①の如き思想を經過することによって今本のように書き換えられたとすることも可能であろう。

なお、「世俗之所謂知者、有不爲大盜積者乎、所謂聖者、有不爲大盜守者乎」（胠篋篇）とあるのも、世俗のいわゆる「聖」「知」を批判していることから、①と同樣に「絶聖棄知」の思想に通じる。

また、

②削曾史之行、鉗楊墨之口、攘棄仁義、而天下之德、始玄同矣。

ともあるが、ここでの「攘棄仁義」も今本『老子』第十九章の「絶仁棄義」に當たる。その結果として『莊子』は「天下之德、始玄同」と言っているが、今本『老子』は「民復孝慈」と言っている。またここに「玄同」の語が見えるが、今本『老子』第五十六章にも文脈は異なるもののやはり見えている。[91] なお②においてもはっきりとした仁義批判がなされており、この點も楚簡『老子』には見えなかったところである。

③聖人生而大盜起、掊擊聖人、縱舍盜賊、而天下始治矣。

とあるのは、「大道廢有仁義、慧智出有大僞、六親不和有孝慈、國家昏亂有忠臣」（第十八章）と言う逆説的表現によって、常識的觀念を覆そうとしたものである（金谷治『莊子』第二冊四九頁參照）と同時に、先に見たような「絶聖棄知」を説くもので、これも楚簡『老子』には見られない思想成分である。

④故曰、大巧若拙。

⑤故曰、魚不可脱於淵、國之利器不可以示人。

④は第四十五章、⑤は第三十六章をそのまま引用している。おそらく當時通行していた『老子』からそのまま引用したのであろう。「故曰」とあるのがそのことを證明している。ただ、④は王懋竑氏は、挿入的なので後人の附加ではないかと疑っている（金谷治『莊子』第二冊五四頁參照）。とすれば、もともと「故曰……」として『老子』から引用されたのは⑤だけとなろう。④は楚簡『老子』（乙本）にも見えるのであるが、⑤は見えない。楚簡『老子』ではない別の『老子』傳本から引用されたものと見なければならないであろう。

⑥子不知至德之世乎。……民結繩而用之、甘其食、美其服、樂其俗、安其居、隣國相望、鷄狗之音相聞、民至老死而不相往來、若此之時、則至治已。

は、小國寡民の理想郷を描いたと解釋される『老子』第八十章の、

小國寡民、使有什伯之器而不用、使民重死而不遠徙、雖有舟輿無所乘之、雖有甲兵無所陳之、使人復結繩而用之、甘其食、美其服、安其居、樂其俗、隣國相望、鷄犬之聲相聞、民至老死、不相往來。

とほぼ同じであるにもかかわらず、前二例（④⑤）と異なり「故曰」となっていない。なぜであろうか。これが⑤のような『老子』からの直接の引用ではないからであろう。「至德之世」の描寫の一部分として『老子』第八十章の一部分が利用されたと見てはならず、逆にこの描寫の一部分が『老子』第八十章に取られたと見るべきである。本篇に「昔者齊國、隣邑相望、鷄狗之音相聞、……」とあることも、その推定の正しさをある程度裏書きしている。武内義

雄氏は夙に、「この章が老聃の語であることはよほど疑問としなければならぬ。……この章は老莊派の理想の社會を描寫したものである。(92)」との愼重な言い回しで、この可能性を指摘している。確かに、この第八十章は大國を上手に治めることを言う第六十章や、天下に君臨したりするための祕訣を說く第二十九章・四十八章・七十八章などとは大いにその性格が異なることを考えれば、いっそうその蓋然性は高まる。

このことと關係があると思われるのが、楚簡『老子』は今本の第六十七章から第八十一章までの十五箇章分がそっくり含まれていないこと、そして、帛書『老子』は第六十七章の前に第八十・八十一章が置かれている事實である。つまり、帛書『老子』を基準にして言えば、この小國寡民の章を境にして最後の章までの凡そ一五箇章分が、楚簡『老子』には全く含まれていないのである。これも單なる偶然なのであろうか。到底、偶然とは思われない。第八十章が戰國末期の新たな附加であっただけでなく、第六十七章から第八十一章までがまとまって、楚簡『老子』以後新たに附加されたと考えるべきである。

以上見てきたように、從來、本篇は『老子』から直接閒接に引用しながら後世のいわゆる老莊學派が述作したと考えられてきたのであるが、少なくとも楚簡『老子』からの直接にせよ閒接にせよ引用を示唆する事實はなく、むしろ楚簡『老子』と相違し、しかも今本『老子』と一致することが明らかとなった事實は重大である。つまり、楚簡『老子』の述作と今本『老子』の述作の閒に本篇が述作された可能性を考えなければならないからである。換言すれば、今本『老子』の形成にこそ、本篇の述作者が關與していた可能性が考えられねばならないのである。

（2）知北遊篇と郭店楚簡『老子』の關係

『莊子』外篇末尾に知北遊篇が置かれている。この篇は十一の說話と二つの論說からなる篇で、これまで內篇の特

に大宗師篇の思想を基調とするとされるが（福永光司『莊子』外雜篇六三二頁、金谷治『莊子』第三冊一三九頁參照）、それは全體としての思想傾向を大局的に見てのことで、各説話が相互に有機的な關係を持って配置されているわけではないことが注意され、そうしてその述作年代は確定し難いものの、概ね「戰國末期の中國思想界の動向を反映する作品」（福永前掲書六五〇頁參照）であると見られている。してみると、前節に檢討した胠篋篇の述作年代との隔たりはほとんどないと言ってよいであろう。

ところで本篇の冒頭は、「知」と「無爲謂」「狂屈」と命名された全く架空の登場人物と、それに「黃帝」が加わっての四者による「道を知る」ことについての問答説話である。その中に、「黃帝」が「無爲謂」と「狂屈」を評した後に次のように述べる一節がある。

①夫知者不言、言者不知、②故聖人行不言之教。③道不可致、道不可致、德不可至、仁可爲也、義可虧也、禮相僞也。④故曰、失道而後德、失德而後仁、失仁而後義、失義而後禮、禮者道之華、而亂之首也。⑤故曰、爲道者日損、損之又損之、以至於無爲、無爲而無不爲也。⑥今已爲物也、欲復歸根、不亦難乎。其易也、夫唯大人乎。

今、これを今本『老子』と對照すると、傍線部①は第五十六章「知者不言、言者不知」からの、同②は第二章「聖人處無爲之事、行不言之教」からの、同④は第三十八章「故失道而後德、失德而後仁、失仁而後義、失義而後禮。夫禮者、忠信之薄而亂之首。前識者、道之華而愚之始」からの、同⑤は第四十八章「爲學日益、爲道日損、損之又損、以至於無爲、無爲而無不爲」からの、同⑥は第十六章「吾以觀復夫物藝藝、各復歸其根。」からのそれぞれ引用であることが明らかである。そしてこれらのうち、④を除く①②⑤⑥は全て楚簡『老子』にも見えている。そして④は

「道」と「德」とが竝び稱されていると同時に、「仁」「義」「禮」など儒家の德目が批判されている。同③も、④と同様な思想傾向を持っているが、今本『老子』にこれと同じ文章はない。

今本『老子』と楚簡『老子』との比較を進めていく上で問題になり得るのは③と④の部分であろう。③と④に共通しているのは、「道」「德」「仁」「義」とともに、「禮」を問題にしている點である。明らかに、前節でも検討した胠篋篇と同様な儒家批判が窺われる。特に、ここでは「禮」に對する批判のあることに注意したい。しかも③に見られるように「禮相僞也」と述べて、禮が極めて作爲性の強いものであることを根據に批判を加えている。こうした批判が、「性僞之分」を立てて「僞」の重要性を強調するとともに、「禮義法度」による政治を説いた荀子（もしくは荀子學派）に向けられたものであろうと推測することはさほど困難なことではない。

また知北遊篇の作者がその當時の『老子』を踏まえてこの①から⑥までの部分を述作したことは確かであろうから、傍線部④の部分は、楚簡『老子』以後に『老子』中に組み込まれた成分だったことを推測させる。しかし、③はそうではなかった。その理由はよく分からない。さらにもう一つ疑問がある。それは老子の言葉がなぜ黄帝に假託されているのかという問題である。

本篇の登場人物は架空なのだから、老子の言葉を誰に假託しようが、それは述作者の恣意に委ねられていると言ってしまえばそれまでである。それならば、例えば『列子』天瑞篇に、「黄帝書曰」として「谷神不死、是謂玄牝。玄牝之門、是謂天地之根。綿綿若存、用之不勤」と、『老子』第六章の語があるのをどう解釋したらよかろう。これも、老子言を恣意的に黄帝書に假託してしまった結果と見るべきなのだろうか。

そうなるとここで、『列子』天瑞篇における老子と黄帝との關係もいささか考察しておかねばなるまい。天瑞篇では、上記のほかに、もう一例「黄帝書」からの引用があるからである。

　形動不生形而生影、聲動不生聲而生響、無動不生無而生有。

また、「黄帝曰」として、

　精神入其門、骨骸反其根、我尙何存。

とあり、更に今本『老子』との關聯が指摘されている箇所に、「視之不見、聽之不聞、循之不得。故曰易也。」があり、これは『老子』の、

　視之不見、名曰夷。聽之不聞、名曰希。搏之不得、名曰微。此三者不可致詰。故混而爲一。（第十四章）

が踏まえられており、また「其在嬰孩、氣專志一、和之至也。」ともあるが、これは、

　專氣致柔、能嬰兒乎。（第十章）

及び

含德之厚、比於赤子、蜂蠆虺蛇不螫、猛獸不據、攫鳥不搏、骨弱筋柔而握固、未知牝牡之合而全作、精之至也。終日號而不嗄、和之至也。（第五十五章）

と、關係があろうとされている。

天瑞篇の述作年代に關して正確なことが分からないのであるが、もしも『老子』が思想界にあまねく普及していたならば、『老子』第六章をそのまま引用して「黃帝書曰」とは到底言えないはずであり、またもう一つの黃帝書からの引用文が今本『老子』にはないことから判斷すれば、むしろ天瑞篇述作時に黃帝書なる書が存在していた可能性が高い。しかも楚簡『老子』には第六章の文がないのである（ついでに言えば第十章と第十四章の當該部分もないのであるが、これは自ずから別に考えられねばなるまい）。

このように見ていくと、黃帝書の一部分が、戰國中期から末期までの閒に、『老子』に組み込まれたのではなかろうかと思われてくる。このように考えてこそ、『莊子』における黃帝と老子の關係も、『列子』における黃帝と老子の關係も、矛盾なく理解できるのである。[93]

ところで今本『老子』に見られる儒家批判の鋭さは、既に觸れたように、具體的には荀子學派との嚴しい對立を背景にしていたと考えてよい。なぜならこの頃、荀子學派は、戰國末期において、來るべき統一帝國のイデオロギー構築を目指して、思想界においても非十二子篇や解蔽篇などに見られるように容赦のない他學派批判を積極的かつ廣範に展開しており、例えば老子に對しては「老子有見於詘。無見於信」（但し、これは天論篇）と批判していたからである。

では、こうした荀子學派に對抗して舊來の『老子』、すなわち楚簡『老子』に、新たな思想成分として、反儒家の立場を鮮明に打ち出すことや、黃帝にちなむ思想を組み込んでいったのはいかなる思想勢力だったのかが疑問となろ

う。それは、やはり戰國中期以降、齊の稷下の學を起點に流行した黃老學派以外にはなかろうと思われる。

むすび

以上述べてきたように、楚簡『老子』の發見は、われわれに先秦思想史の再檢討を迫るものであったことは間違いない。

その第一は、『老子』と名附けられた文獻が當初から五千餘言としてまとまった體裁を備えて通行していたわけではないこと、すなわち帛書『老子』にしても、戰國末から漢初にかけて通行していたテキストに過ぎないことが改めて明らかになったことである。帛書『老子』と今本『老子』との差が僅かであることと、『史記』老子傳に、老聃が「道德之意五千餘言」を言い「書上下篇」を著したとあることとを根據に、老聃の手になる『老子』五千餘言が春秋末から既に通行していたなどとは言えないことも、楚簡『老子』は實證して見せたことである。

第二は、今本『老子』の嚴しい儒家批判は、必ずしも當初からのものではなく、戰國中期から特に末期にかけて黃老道家が儒家（とりわけ荀子學派）との嚴しい對立を生んでいく過程で、新たに加わった要素だったこともほぼ明らかになったことである。

第三は、黃老思想と『老子』との關係が、從來考えられてきたように、『老子』が先行して黃老思想の形成發展に一方的に影響を與えてきたのではなく、實は相互に影響しあって、一方で黃老思想が形成され、また一方で『老子』が今本の體裁に形成されていったと考えられることである。帛書『老子』乙本卷前に黃老思想を備えているのはまさにそうした黃老思想の流行が背景にあったからに他ならない。

第二章　郭店楚簡『太一生水』考(94)

はじめに

郭店楚簡『太一生水』と同『老子』丙本を同一テキストと見るか、それとも別テキストと見るか、見解が分かれている。例えば、荊門博物館編『郭店楚墓竹簡』（文物出版社、一九九九年）は後者の立場を取っており、崔仁義著『荊門郭店楚簡老子研究』（萬卷樓、一九九九年）は前者の立場を取っている。崔氏も整理作業に携わった荊門博物館員であるにもかかわらず、『太一生水』の扱いをめぐって當初からこのように見解が對立しているのを見逃すわけにはいかない。

文物出版社本は『太一生水』と『老子』丙本とを別々のテキストとして獨立させているわけであるが、それならばなぜ竹簡の形制・筆跡などにおいて兩者は共通しているのか、その［説明］において自らも言及するごとく、その合理的説明が難しい(95)。何よりもその內容において、『太一生水』部分には今本『老子』と同様な言い回しが目立つことも、兩者をそれぞれ獨立したテキストであると結論づけることにはより愼重でなければならないことを示唆している。

しかしその反面で、兩者が本來同一テキストであったとした場合、そこに全く問題はないかといえば、決してそうでもない。丙本部分は今本『老子』テキストとほぼ變わらない表現で綴られているのに對し、『太一生水』部分は今本『老子』のどの部分とも表現の上では一致していないことが疑問となってくる。つまり、あるひとまとまりのテキストが先ず存在し、それが後に丙本部分と『太一生水』部分とに二分され、丙本部分のみが今本『老子』に取られ、

『太一生水』部分はそれから排除されたと推測するにもいささか無理があると言わざるを得ないのである。

つまり總じて言えば、どちらの説を採用しても少しずつ無理が殘る。

本章では、こうした問題を踏まえつつ、丙本と『太一生水』とがやはりひとまとまりのテキストと見なすべきであることを論證していこうと思う。そこで、先ず『太一生水』部分の思想を分析してそれがいかなる特色を持つかを明らかにし、次にそれが今本『老子』とどれほど近似するところがあるかにつき考察していく。

第一節　『太一生水』の思想

（1）「天」概念

冒頭にこうある。

大一生水、水反補（輔）大一、是以成天。天反補（輔）大一、是以成陸（地）。□□□……

本篇の思想を「天」を中心に分析すると、次のようなことが言える。すなわち、「天」の前に「水」を置き、更に究極の存在として「大一」を措定する發想は、「天」よりも遙かに高次の實在を既に想定していたことを窺わせる。そもそも、中國思想史において「天」の概念は、熊十力氏によって中國哲學史上の二大魔物のひとつに數え上げられているほどにやっかいな代物である。[96]「天」の意味が容易に測り難いことからこのように言われるわけであるが、通説に從えば、「天」の意味は、①蒼天としての物理的存在、②「天帝」「上帝」などと稱されて神格を備えて天下に

君臨する人格神的性格を持つ主宰としての存在、③「天理」「天道」の語が意味するごとく天地人を貫く理法（＝義理）としての存在、などの諸點を通して、「天」は至高無上の存在として崇拜されてきた。[97] ところが、『太一生水』はこうした「天」に關する傳統思想とは全く一致しない。その理由はやはり右のごとき「天」の思想とはその淵源が異なるからと考えてよかろう。なお、このことは今本『老子』における「道」の思想も同樣で、やはり『天』より高次の實在として想定されている。

では本篇の「天」はどのようなものであったのであろう。「天」は「地」の對極にある存在として、いわば①の物理的實在の如きものとして捉えられているに過ぎない。しかも、「天」が「大一」と「水」とから生成されたとするところに、驚くべき「水」の重視、そして相對的に見て「天」の位置附けの低さがあることにも氣附かされる。

このように「水」を「天」よりもいっそう根元的存在として位置附けていることから、これを「水」の哲學と名附け、そこに最大の特色があるとされたのももっともなことであった。[98] しかも、その「水」の哲學は、五行思想における「水火金木土」（相克説による配列。相生説では「木火土金水」）における「水」とはむろん異なった文脈の中で語られているのであって、從っていわゆる五行思想とは無關係であることは言うまでもない。ちなみに、五行思想はやがて「土」をその中心に据えるわけであるから、いよいよこの「水」を中心に据えた思想とは相容れなくなるわけである。[99]

本篇では一箇所のみ「土」の用例が見え、そこでは、

下、土也。而胃（謂）之墬（地）。上、燹（氣）也。而胃（謂）之天。

とあって、「天」の「氣」が「地」の「土」と對になっており、しかもその中で「氣」と「土」とが對になっている

ことからも分かるように、「木・火・土・金・水」の五行ではなく、いわば「水・氣・土」の三行から天地萬物の生成が説明されていると見ることができる。ここにも本篇の思想史上の一大特徴が見られる。

（2）「陰陽」概念

また、

神明復相補（輔）也。是以成侌（陰）易（陽）。侌（陰）易（陽）復相補（輔）也、是以成四時。……四時者、侌（陰）易（陽）之所生。侌（陰）易（陽）者、神明之所生也。……此天所不能殺、埅（地）之所不能釐、侌（陰）易（陽）之所不能成。

と、「侌（陰）易（陽）」の語も見え、これは、他にも『管子』四時篇、『淮南子』天文訓や『禮記』禮運篇等にも類似の表現が見えることからも、當時の典型的な陰陽思想の影響をそこに見て取ることができると指摘されている。[100]

これを、『老子』中唯一の用例である、第四十二章の、

道生一、一生二、二生三、三生萬物。萬物負陰而抱陽、沖氣以爲和。

と對照するとどうであろう。道から萬物が生じるまでの過程に「陰陽」の語はないが、この「二」は陰陽の二氣のことであるとの解釋が一般であることからすれば、兩文は些かも矛盾するものではないことが讀み取れる。なお、楚簡

『老子』にこの第四十二章相當部分がないことに注意しておきたい[101]。

（3）「神明」概念[102]

次に問題にしたいのは「神明」概念である。

大一生水、水反桶（輔）大一、是以成天。天反桶（輔）大一、是以成陊（地）。□□□也、是以成神明。神明復相桶（輔）也、是以成会（陰）易（陽）。会（陰）易（陽）復相桶（輔）也、是以成四時。……会（陰）易（陽）者、神明之所生也。神明者、天陊（地）之所生也。天陊（地）者、大一之所生也。

これは、天地という莫大な質量を持った實在から、神明が生成され、やがてその神明が、天地閒の萬物に生氣を與え變化を促していく根據としての陰陽を生成することを言うものである。

そもそも「神明」とはいかなる意味を持つ概念として解すべきであろうか。本篇中に列擧される天地・神明・陰陽・四時・燥濕・寒熱などの中では、その實體が最も捉えにくい概念であることは閒違いない。天地のように見ることも、四時・燥濕・寒熱のように體感することも困難だからである。

おそらく『太一生水』の作者は、「天地」は人にとっての單なる物理的存在には違いないが、これを千變萬化させている形而上的實在がその天地閒に見えないけれども確かに內在し、それが天地閒の複雜微妙なはたらきを直接的に主宰しコントロールしていると考えた。それこそがまさに「不可視にして靈妙なる神明」だったのである。それはちょうど人が肉體という物理的存在の中に、その內部にあってそれを主宰しコントロールする形而上的實在、すなわち精

神作用としての「こころ」を宿していると考えたように、「天地」という物理的存在の内部に、人におけるこころ（＝精神）と同じようなはたらきをするある何者かが内在していると「類推」したわけである。それこそがここに言うところの「神明」なのである。中國思想史における共時的特色である「類推思辨法」がここでも取られていることは間違いないであろう。[103] 換言すれば、「神明」とは全知全能の神のごとき超越的な實在を指すのではなく、天地を擬人化することによって必然的に演繹された天地の心理的なはたらきをこの語で表現したもので、これはちょうど人の靈妙な心的能力に相當する。

こうした意味を持つ「神明」概念から逆に「大一」に遡ってみると、天地を生じ、神明を生じたところのいわば究極的實在としての「大一」それ自體は、その生成論の發端にあって物質的實在であるばかりでなく、精神的實在としての性質をも兼有するものとして考えられていたろうと思われる。このことは「大一」が一方で「萬物之母」と言われ、また一方で「萬物之經」とも規定されていることからも確かめられる。こうした特色を附與された「大一」はやがて擬人化されて宇宙神信仰、すなわち太一信仰に結びついていったのだと思われる。[104]

（4）「水」の哲學

次は、「水」についてである。

　大一生水、水反楠（輔）大一。是以成天。天反楠（輔）大一。是以成陸（地）。

この冒頭の一節こそは、本篇特有の生成論に他ならない。これは今本『老子』にもない。そのために『老子』丙本

と切り離されて、一般に水の哲學、とりわけ宇宙生成論における水の役割が強調された特異な思想として位置附けられることとなった[105]。

しかしそもそも「宇宙生成論」なる表現は果たして適切であろうか。むしろ「天地生成論」と言うべきではないか。なぜなら、天地を包む廣大無邊な宇宙が生成されていくプロセスであるよりはむしろ、人の環境としての天地、人の目に見える範圍での天地、或いは經驗することのできる四時・冷熱・燥濕などが次々に繼起するプロセスが説明されるに過ぎない。その意味では、あくまでも經驗的な世界が生成されていくプロセスが說かれるに過ぎない。それは經驗世界の生成論、つまり空想的・神祕的、或いは哲學的生成論であるよりは、體驗的・經驗的・環境論的生成論と言うべきである。

ではそうした生成論において「水」が果たす役割は如何なるものとされたか、それを考えるために、再び冒頭の一節に戻ろう。

水は天地開に瀰漫する存在である、というのがこの作者の水に對する經驗的認識だったと思われる。これは今も地球は水の惑星と言われていることからも頷ける。ところが初めに存在したのは「水」ではなく「大一」であったとしたところに、本篇の哲學的思索の跡が窺われるのである。すなわち、「初めに天地に瀰漫する水ありき」ではなく、「初めに大一ありき」であり、「大一」こそは第一原理に相當する窮極の實在と構想された。その「大一」が最初に創造したのは光ではなく「水」であった（光は、その後になって生まれた。「陰陽」がそれに當たるであろう）。しかも、それは次ぎの段階では、「大一」を助けて「天」を成し、さらに「地」が生成されていく。これは『老子』が萬物の根源に「道」をおくのと全く同じ發想である。

さて「大一」は「水」を生み出した後、次ぎには「水」の中に藏せられる（「大一贇（藏）於水」）わけであるが、そ

の「大一」が「水」に藏せられることの意味は、天地閒に瀰漫する「水」の中に「大一」が包み込まれて常在しているることを言おうとするものであろう。つまり、「大一」は「水」や「天」「地」を生成した後も、依然「大一」として存在し續けている。そうなると「大一」と「水」の關係が微妙になる。そこで思い合わされるのが『老子』第一章に言う「兩者同出異名」である。すなわち「大一」と「水」は、「同出」にして「異名」なるものと認識されていたのである。それゆえ、「大一生水」と述べた後に、「天地者大一之所生也」とも言われる。つまり、「大一」はそれ自體では天地を生み出せず、「水」の助けが必要だった。しかも、このとき「水」はそれ自體 a priori（先天的乃至先驗的）に存在しており、「大一」もむろん同様に a priori な存在であったわけである。とすれば、ここからも、「大一」と「水」は結局究極の實在（すなわち「道」）の異名であるとの理解が可能となる。それゆえ「大一」は、當然に「壙（萬）勿（物）母」としての尊敬を受けると同時に、「壙（萬）勿（物）經」として、萬物を生成した後もこれらを主宰し續けることになる。またそれは、「水」が天地萬物を生み、育むばかりでなく、すべての生物の體内に内在し、生命を維持する源となっていることを經驗的に知っていた古代人の知惠の產物であったと言ってもよいであろう。

「大一」が第一原理であるとすれば、「大一」を藏している「水」は何であろう。やはりそれと同等の存在であるとしなければならない。とすると「水」は單なる「道」の比喩的表現ではなくて、「道」そのものの現實態であったとも言える。その意味で『老子』中の「水幾於道」（第八章）とは、道の偉大なはたらきと同樣なはたらきを水が擔っているばかりでなく、まさに「水」のはたらきそれ自體が「道」そのものであるということになるのである。

ここで、「大一」が『老子』の「道」と同一概念であるとすれば、「大一生水」とは、つまり『老子』の「道生一」（第四十二章）と同じこととなる。「一」とは「道」の現實態を言ったものということになろう。しかもそれが「水」を想定しているとすれば、「一」は同時に「大」でもあることが直ちに納得できる。なぜなら水は雨になって天から

降り、大地にしみわたって、やがて大河となり大海となるなど、融通無碍にその形を變えて留まることがないからである。

さてこのように考えていくと、今本『老子』には「道」が「大」にして「一」であるとの言明がなされているにもかかわらず、楚簡『老子』では「道」が「一」であるとの言明がなく、また「水」に範を取った表現のなかったことが疑問であったわけであるが、本篇において、「道」が「一」にして「大」、しかも「水」と密接な關聯を持って敍述が展開されていると見ることができたのであるから、楚簡『老子』に『太一生水』の要素を加えることで今本『老子』にさらに一歩近づくことができたと言え、それゆえ本章冒頭に提起した疑問は、『太一生水』部分を丙本と連續させて讀むことによって、今や氷解したと言うべきなのである。(106)

以上述べてきたように、『太一生水』中の「天」・「水」・「神明」・「陰陽」などの諸概念を分析した結果として、『太一生水』と名附けられた本篇をどうして『老子』と別なテキストとして扱わなければならないのか、このことがいっそう疑わしく感じられてくるのである。否、これまで考察してきたところによれば、『太一生水』と丙本とを『老子』の原型をなすテキストの一部として一體的に扱うべきであると考える方が、より妥當に思われる。

そこで、節を改めて、『太一生水』と『老子』との近似性をさらに探っていくことにする。

第二節　『太一生水』と『老子』の近似性

本節では、そもそも『太一生水』と命名されているけれども、それ自體首尾の一貫した内容をなしているわけではなく、大まかに言って二つの文章からなっていることを確認した上で、いずれもその一部の記述が『老子』と極めて

近似していることを明らかにしつつ、その事實が持つ意味を考察する。[107]
まず『太一生水』における「大一」は、あの北の夜空に小さく瞬く北極星「太一」のことであるとの解釋についてては、「大一」が「水」を生じたとのスケールの大きさから見て、いかにも不釣り合いな印象を受けるので、暫く疑問としておきたい。後代になって北斗信仰と太一信仰が結びついた結果、そのようなことが言われるようになったとしても、少なくとも『太一生水』それ自體からそうした觀念を直接導き出すことには愼重でなければなるまい。

（1）構成について

文物出版社本は、第一～八號簡、第九號簡、第一〇～一四號簡の三段落に分けている。この中で、命名の由來となった語を含む段落が最も長い。崔仁義氏は、これらを丙本とひとまとめにして扱っているが、『太一生水』部分の竹簡の配列のしかたは文物本とほぼ同じ。
ところが、こうした配列に對して劉祖信氏は、配列の一部を組み替えた上で、第一～八號簡、第一〇～一二・九・一三・一四號簡に二分すべきことを言う。[108]
本篇の竹簡全一四枚は、楚簡『老子』甲乙丙本に比べ缺損部分が多く、いずれの說も結局推測の域を出ることはできないのだが、相對的に見て劉說が優れているように見える。そこで本論では、劉說に從って上下二段落からなるものとして考察していくこととしたい。
さて、このように上下二段落に分けてその內容を吟味した場合、下段落第一〇號簡の「下、土也、而謂之地。上、氣也、而謂之天」は、下＝土＝地、上＝氣＝天と等式化できる。また天地がそれぞれの成分を異にして上下に向き合っていること、しかも、「天」が「氣」であると言っている點が注意される。なぜなら、上段落の「大一」と「水」が

「天」を生じ、次いで「大一」と「天」が「地」を生じたことを述べる生成論を展開しておきながら、下段落でこうした「天」「地」の區別を立てることは、「天地」から「神明」が生まれることを言う觀念とむしろ理論的整合性が失われると思われるからである。そう考えるならば、この上下二段落は天地觀については些か異なった認識を持っていたと推測される。つまり端的に言えば、「天は輕い氣から、地は重い土からできている」とする觀念は、「天」も「地」も「大一」と「水」とから生成されたとする「大一生水」と直接關係なかろうと考えられるのである。

つまり『太一生水』篇といっても首尾の整った文章というわけではなく、複數の短文の集積なのである。とすると、楚簡『老子』甲乙丙本も皆短文の集積であったことを考慮すれば、丙篇と『太一生水』との間に構成上の違いはなく、むしろ一連の文獻であったと斷定しても全く差し支えないこととなる。

（2）句法について

『老子』に「是以」の句法が三八例を數え、『太一生水』でも上段落において七例とやや目立つ。また、これに類似した意味の「故……」については、『老子』では六四例を數えるのに對して、『太一生水』では下段落に三例あるのみ。上段落に「是故……」が一例あって、『老子』では二例ある。

以上から見て、句作りの點で兩者に特別な親近性があるとまでは證明できない。また、「A生B」の句法について『老子』と注目すべき共通點のあることは既に指摘のあるところであるが、この句法そのものはそれほど希有のものではない。(109)

むしろより注意すべきは、『老子』の生成論として最も注目される第四十二章の「道生一、一生二、二生三、三生萬物。」に相當する一文と、内容の上からは、「大一」からやがて萬物が生成されていくプロセスが語られる『太一生

水』とは、「大一」＝「道」の等式を當てはめれば、全く同じことを言葉を換えて言っているに過ぎないと見ることができる點である。ここに、句法の共通性のみならず、そこに盛り込まれた思想の近似性までもが確認できる。さらに楚簡『老子』には、この部分がないことも注意しておくべきである。

（3）語彙について

語彙についてはどうであろう。例えば『老子』では、聖人の用例が三二例と多い反面、君子の用例は僅か二例と少ない。『太一生水』は、聖人一例（下段落）、君子一例（上段落）と、兩方とも用例數が少ない。『太一生水』は『老子』と比べても文字數が極めて少ないのだから、こうした語彙の比較はさしたる意味を持たない。從って、この點から際立った類似性を實證することは難しい。そこでやはり對照すべきは兩者の思想內容となろう。

（4）思想について

先ず第一に、『老子』は「道」を「無名」と言ったりしながら（第一・三十二・三十七の各章）、第二十五章のように「大」という「名」を與えたり、「道」という「字」を與えたりと、擬人化して扱っているところに、われわれは『老子』獨特の雰圍氣を感じ取ることができるのであるが（第二十五章部分は、楚簡『老子』甲本にある）、『太一生水』でもその點では全く共通しており、下段落では「道亦其丯（字）也。青（請）昏（問）其名」「亦忨（託）其名」「天陧（地）名丯（字）竝立」と、やはり「名」「字」へのこだわりが見られる。

第二に、『老子』では、「道」が「萬物之母」（第一章）「食母」（第二十章）「天下母」（第二十五・五十二章）「國之母」（第五十九章）など、いわば母性の觀點から捉えられている所に極めて大きな特徵を見ることができるのと同樣、『太

一生水』にも「萬物母」と見える。これは、『老子』の思想的特色のひとつに母性原理を強調することがあげられることと切り離して考えてはなるまい。(110)なおこの場合も、楚簡『老子』にはこうした語が見えないことも注意されよう。

第三に、『老子』では母性原理を根本とする世界觀が、ほぼそのまま處世觀としての「柔弱謙下」の尊重に向かうわけで、これもまた『老子』の思想構造を特色づけていることは周知のことである。例えば「柔弱勝剛强」（第三十六章）・「弱者道之用」（第四十章）・「人之生也柔弱、其死也堅强、萬物草木之生也柔脆、其死也枯槁。故堅强者死之徒、柔弱者生之徒。是以兵强則不勝、木强則兵。强大處下、柔弱處上。」（第七十六章）・「天下莫柔弱於水、而攻堅强者莫之能勝。以其無以易之、弱之勝强、柔之勝剛、天下莫不知莫能行。」（第七十八章）などは、『老子』の世界觀であると同時にそれが處世觀ともなっていることは言うまでもない。それ故『呂氏春秋』審分覽不二篇に「老聃貴柔」とあり、『荀子』天論篇に「老子有見於詘、無見於信」とあるのは、直接には老子の處世觀について論評したものであろうが、その根本にあったのは老子のかかる世界觀だったのである。『太一生水』が「天道貴溺（弱）」の世界觀から出發して、「雀（爵）成者以益生者、伐於（强）、責於……」と處世上の教訓のごときことを述べているのは、かかる意味でまさしく『老子』の思想と些かも徑庭のないことを如實に示している。

第四に、『老子』において特徴的なのは、「功成而弗居、夫唯弗居、是以不去」（第二章）・「聖人後其身而身先、外其身而身存、非以其無私邪。故能成其私」（第七章）・「功遂身退、天之道」（第九章）・「不自見故明、不自是故彰、不自伐故有功、不自矜故長」（第二十二章）などに見られるように、手柄をあげながらもそれを誇らず、地位を得ながらもそこに執着しないことが、却っておのれの身を長く保ち得るとの逆説的な處世の教訓がしばしば説かれる點である。『太一生水』に「聖人之從事也、亦恇（託）其名、古（故）紅（功）成身不剔（傷）」と、聖人が事を行えば常に成功と身の安泰を得るとあるのは、まさにかかる『老子』の思想と同質であると見なすことができる。

第五に、『太一生水』の下段落に、「□□□□（不足於上）者、又（有）餘（餘）於下。不足於下者、又（有）餘（餘）於上」とあるのは、「天」の不足は「地」が補い、「地」の不足は「天」が補うというように、「天」「地」が相互にバランスを取り合って安定していることを言っている。これは自然の攝理の巧みさを説明するものであって、必ずしも處世の祕訣を説くものではない。しかし、例えば「天之道、其猶張弓與。高者抑之、下者擧之、有餘者損之、不足者補之。天之道、損有餘而補不足、人之道則不然、損不足以奉有餘。」（第七十七章）のように、「人之道」が「有餘」「不足」のアンバランスを解消するどころかさらに助長するのに對して、「天之道」はこのアンバランスを解消する方にはたらくことをいい、その故にこそこれを處世治國の範としようとしていることが窺われるわけで、やはりこの點においても兩者の閒に共通した發想を見出すことができるであろう。

むすび

以上述べてきたように、『太一生水』は、その語彙・語法上の比較からは『老子』との近似性について明確な結論は引き出せなかったものの、その思想内容の分析を通して相當に近似していることが明らかとなった。いずれも道家の思想を述べているのだから近似しているのは當然であるとの見方もできようが、問題の發端は、文物本がかくも類似している内容のテキスト（卑見によれば、ひとまとまりのテキストとして扱うべきである）を、一方は丙本と命名し、一方は『太一生水』と命名してことさらな區別を立てているのはなぜかということであった。これは、その背景に「道德經之意上下五千餘言」は老聃によって春秋末に著作されたと記す『史記』老子傳の記載をそのまま史實として認定してしまうという拔き難い先入見が潛んでいるからであって、そのために甲・乙・丙三本は、『道德經』五千餘言の

抄節本であるとの前提のもとに整理作業が行われたところにそもそもの問題の發端があるのである。従って、この前提さえ取り拂ってしまえば、丙本と『太一生水』とをそれぞれ獨立したテキストとして分けて扱う理由は無くなるのである。

そのうえ楚簡原文には「大一」とあるのに、これをことさらに「太一」と書き換えることも、却って事實を見えにくくさせていると言わなければならない。なぜなら、『老子』において「道」が「大」であり「一」であることは最も強調されていることであり、まさに本篇における「大一」とは『老子』の「道」と全く同じ意味であることは、これまでもそして本論においても十分すぎるほどに論證してきたことだからである。なお、既に言及した如く、楚簡『老子』甲・乙・丙本には「道」が「大」であるとの論述はあるが「一」であるとの論述はないことも十分考慮すべきであろう(111)。

丙本と『太一生水』を同一テキストとして扱うと、楚簡『老子』甲・乙・丙本はそれぞれ、今本『老子』とさして違わない老聃作「道德之意上下五千餘言」の抄節本であったと見る考え方は全く成り立たなくなってしまう。楚簡『老子』の發見は、現段階では、少なくとも戰國中期に原『老子』と稱し得るテキストは複數存在していたとは明らかになったものの、今本のような體裁を整えたテキストが既に通行していたことまでを實證するものではない。むしろ戰國中期においては、いまだ今本『老子』に近いテキストはなく、楚簡『老子』甲・乙・丙本や『太一生水』などが抄寫されていたに過ぎない。それがやがて一本にまとめられて、さらにそこに新たに書き加えられたり、また書き換えられたりして、戰國末から漢初にかけて『老子』五千言が經典として成立していったと見るべきである。その意味において、『老子』經典化過程にあって、『太一生水』は楚簡『老子』甲・乙・丙三本とともに大きく寄與したと言わねばならないのである。

第三章　上博楚簡（七）『凡物流形』考

はじめに

楚地出土文獻中、例えば郭店楚簡『太一生水』における「大一」や上博楚簡『凡物流形』における「執一」など、「一」の語を含む諸概念は、先秦から漢代にかけての思想史を研究するうえで極めて重要な意味を持っていると思われる。

道家における「一」の概念は、これまでも重視され研究されてきたが、近年多くの出土文獻が現れたことによって、研究のための新たな材料が加わると共に、それに應じた新たな視點が必要となってきた。

本章では、こうした問題意識に立脚して、楚地出土文獻における「一」の概念を、とりわけ「執一」の思想を中心に据えて、傳世文獻におけるそれをも適宜參照しつつ、考察していく。主な資料は上博楚簡（七）所收『凡物流形』である。

第一節　「一」の用例

本節では、出土文獻・傳世文獻などに廣く見える「一」の語の主な用例と、それが持つ意味について概觀しておく。

『老子』には「抱一」（第十章、第二十二章）、「得一」（第三十九章）などの用例があり、『莊子』には、「守一」（在宥）、

「治一」（天地）、「通一」（同）、「處一」（秋水）、「貴一」（知北遊）、「抱一」（庚桑楚）、「原一」（天下）などの用例がある。なお、庚桑楚の「抱一」は、「老子曰、……」とあるので『老子』との關係が想定される。

『管子』には「執一」（心術下、內業）、「能一」（心術下、內業）、「崇一」（正）、「得一」（內業）などの用例が、『韓非子』では「執一」（揚權）、「用一」（揚權）、「通一」（揚權）などの用例が、『荀子』には「結一」（勸學）、「歸大一」（禮論）、「執一」（堯問）等の用例が、『呂氏春秋』には「執一」篇があり、かつその中に「執一」の用例が見え、さらに『淮南子』には、「得一」（原道、俶眞）、「知一」（精神）、「體太一」（主術）、「執一」（齊俗、詮言）、「失一」（詮言）などの用例がそれぞれ見えている。この他、『孟子』に「執一」（盡心上）の用例があるのが注意される。このように、道家系文獻に多いことは閒違いないが、必ずしも道家に限定されないことが見て取れる。

次に出土文獻に目を轉じると、馬王堆漢墓帛書では以下の通りである。

『經法』には「執一」（論）、『十大經』には「正一」（正亂）、「守一」（成法）、「復一」（成法）、「握一」（成法）、「執一」（順道）、「能一」（十大）などの用例がある。

郭店楚墓竹簡には、『老子』甲本に「居一」（第二二號簡）と見え、『語叢二』に「正一」（第四〇號簡）と見えている。[112] なお、『老子』は甲・乙・丙三本を通じて、傳世本にはあった「抱一」「得一」などの語は見えておらず、先に示した「居一」のみである。しかもこの場合の「一」は、上に引用したような思想概念としての「一」ではなく、「天・地・道・王」のいわゆる「四大」のうちの「一大」を占めるという意味に過ぎないことが注意される。

次に上博楚簡では、『凡物流形』に「能一」（第一八號簡）、「貴一」（第二八號簡）、「執一」（第二二號簡）、「得一」（第一七號簡）、「有一」（第二一號簡）、「失一」（第二一號簡）など、「一」の用例がひときわ目立って見えている。しかもこれらの「一」は以下に詳しく述べるように單なる數詞としてではなく、ある狀態・ある境地・ある地位などをめぐって

その究極のありさまを説明するための語として用いられていることに氣附く。それは、「一」がある種の全體性・完全性・包括性・統一性、更には根源性などを意味するからのように思われる。

　次いでこれら「一」の語を含む用例を見渡して氣附くのは、傳世文獻と出土文獻とを問わず、「執一」の語が最も廣く使われていることである。

第二節　上博楚簡（七）『凡物流形』における「一」・「執」について

　本篇には、いくつかの數詞が使われている。例えば、「四」は本篇甲本第一五・一六號簡に、「五」は同甲本第三・四號簡や同乙本三號簡に、「九」は同甲本第四號簡や同乙本第四號簡に、「十」は同甲本第九號簡や同乙本第七號簡に、「百」は同甲本第八・一六・二二・二三・二五號簡や同乙本第一一・一八・二〇號簡に、「千」は同甲本九・一五・一六號簡や同乙本第七・一一號簡に、それぞれ見えており、いずれもごく普通の字體で記されている。

　ところがここに問題にしようとする「一」については、同じ上博楚簡（七）所收の『君人者何必安哉』（乙本）第四號簡に見えるごとき一般的な「」の字形をもって表記していない。また楚簡には、「一」に釋し得る字體として「」（郭店楚簡『五行』第一七號簡）のあることが知られている。しかし、本篇の「」字はそのどれにも該當していないにもかかわらず、多くの文字學者によって「一」に釋讀されている。なぜこの字を「一」に釋し得るかについての詳細な考證をここで詳しく紹介するいとまはないが、本論では大勢に從って「一」に釋しておく。前節に示した『凡物流形』中の「一」の用例は、「」字を「一」と讀むことを前提として釋讀したものである。

「」字を「一」に釋して考察を進めていくこととして、「戠」と隸定されている文字についてはこれを「執」と

讀んでおいたので、この點について以下述べておきたい。

ここで問題となる二字を「執一」として釋讀した場合、これが非常に大きな思想史的意義を持つ用語であることが豫想される。ところがこれを「執」と讀むことについては異論もあって、これまでの研究では、原釋が「識」に讀み、他にも「守」「崇」などと讀んでいる。にもかかわらず本論ではこれを「執」に釋すこととしたわけであるが、その理由を以下に述べておこう。

この「執」と讀むこととした文字は、甲本だけで以下に示すように一二例見えている。

「」（第一四號簡）、「」（第一八號簡）、「」（第二〇號簡）、「」（第二二號簡）、「」（同）、「」（同）、「」（第二三號簡）、「」（第二四號簡）、「」（同）、「」（同）、「」（同）、「」（第二五號簡）

原釋の如く、これらすべてを「戠」に隷定し、「識」の異體字として扱うことは至極妥當のように思われるが、廖名春「《凡物流形》校釋零劄（二）」（簡帛研究二〇〇九・〇一・〇二）は、原釋を前提としながらも、「」を「道」に釋して「得道」の意に讀むべきとして、「識道」は「得道」と同義であるとする。

また、復旦大學出土文獻與古文字研究中心研究生讀書會「《上博（七）・凡物流形》重編釋文」（復旦二〇〇八・一二・三一）は、「守」もしくは「執」に釋し得る可能性を示唆する。

楊澤生「說《凡物流形》從〝少〟的兩個字」（簡帛網二〇〇九・〇三・〇七）は、何有祖「《凡物流形》札記」（簡帛網二〇〇九・〇一・〇二）が該字を「察」に釋すべきとしていること、徐在國「談上博《凡物流形》中的〝撰〟字」（復旦　二〇〇九・〇一・〇六）がこれを「崇」に釋すべきとしていること、王中江「《凡物流形》編聯新見」（簡帛網　二〇

○九・○三・○三）が「執」に釋すべきとしていることなどを紹介しつつ、これを音韻學上からも「少」に従って聲を得ていることから、「執」に讀まれるべきことは明らかとしている。

そこで、該字を「執」と釋した上で、改めてその用例を集めてみると以下のようになる。

○執道（第一四號簡・第二二號簡）
○人白爲執（第一八號簡）
○執此言（第二〇號簡・第二五號簡）
○能執一則百物不失。如不能執一則（百物具失）。（第二二號簡）
○執智而神、執神而同、執同而僉、執僉而困、執困而復。（第二四號簡）
○執此言、起於一端。（第二五號簡）

以上の「執」字は、すべて「しっかり手中に摑み取って放さない」との意味で解釋でき、このように解するならば、意味の上だけからは、該字を「識」（但し、傳世文獻・出土文獻ともに「識一」の用例は皆無）や「守」（『莊子』在宥篇に「守其一」の用例あり。帛書『十大經』成法篇に「守一」の用例あり）や「崇」（『管子』正篇に「崇一」の用例有り）や「得」（『管子』内業篇に「得一」の用例あり）などのいずれに釋したとしても、意味はあまり變わらないであろう。

だがここで該字を「執」に釋することが可能ならば、他の傳世文獻・出土文獻を通しての「執一」概念の思想史的考察が可能になることを忘れてはなるまい。しかもその意義は、先秦から漢代にかけての思想史研究にとって決して小さくないと思われる。そこで以下に「執一」の語に絞って考察してみよう。

第三節　「執一」概念の思想史的意味[113]

「執一」の語を各文献毎に抜き出してみると、まず傳世文献では、以下の通りである。

①孟子曰、「楊子取拔一毛而利天下、不爲也。墨子兼愛。摩頂放踵利天下、爲之。子莫執中、執中爲近之。執中無權、猶執一也。所惡執一者、爲其賊道也。擧一而廢百也。」（『孟子』盡心上）

②執一之君子執一而不失。能君萬物。日月之與同光。天地之與同理。聖人裁物。不爲物使。心安是國安也。心治是國治也。治也者心也。安也者心也。治心在於中。（『管子』心術下）

③一物能化謂之神。一事能變謂之智。化不易氣。變不易智。惟執一之君子能爲此乎。執一不失。能君萬物。君子使物。不爲物使。得一之理。治心在於中。治言出於口。治事加於人。然則天下治矣。一言得而天下服。一言定而天下聽。公之謂也。（同内業）

④用一之道、以名爲首。名正物定、名倚物徙。故聖人執一以靜、使名自命、令事自定。不見其采、下故素正。因而任之、使自事之、因而豫之、彼將自擧之。正與處之、使皆自定之。（『韓非子』揚權）

⑤堯問於舜曰、我欲致天下。爲之奈何。對曰、執一無失、行微無怠、忠信無勌、而天下自來。執一如天地、行微如日月、忠誠盛於內、賁於外、形於四海。天下其在一隅邪。夫有何足致也。（『荀子』堯問）

⑥夫孝三皇五帝之本務而萬事之紀也。夫執一術而百善至、百邪去、天下從者、其惟孝也。（『呂氏春秋』孝行）

⑦天地陰陽不革、而成萬物不同。目不失其明、而見白黑之殊。耳不失其聽、而聞清濁之聲。王者執一、而爲萬物正。

軍必有將、所以一之也。國必有君、所以一之也。天下必有天子、所以一之也。天子必執一、所以摶之也。一則治、兩則亂。今御驪馬者、使四人、人操一策、則不可以出於門閭者、不一也。（同執一）

⑧善爲上者、能令人得欲無窮、故人之可得用亦無窮也。蠻夷反舌殊俗異習之國、其衣服冠帶、……聖王執一、四夷皆至者、其此之謂也。（同爲欲）

⑨執一者至貴也。至貴者無敵。聖王託於無敵、故民命敵焉。群狗相與居、皆靜無爭、投以炙雞、則相與爭矣、或折其骨、或絶其筋、爭術存也。爭術存因爭、不爭之術存因不爭。取爭之術而相與爭、萬國無一。（同爲欲）

⑩先王不能盡知、執一而萬物治。使人不能執一者、物感之也。（同有度）

⑪故聖王執一而勿失、萬物之情測矣、四夷九州服矣。夫一者至貴、無適於天下。聖人託於無適、故民命繫矣。（『淮南子』齊俗）

⑫民有道所同道、有法所同守、爲義之不能相固、威之不能相必也、故立君以壹民。君執一則治、无常則亂。……故君失一則亂、甚於無君之時。（同詮言）

以上であるが、『老子』『莊子』は道家文獻であるにもかかわらず、「執一」の用例は全く見られない。

次に、楚地出土文獻ではどうであろう。

⑬天執一、明【三、定】二、建八正、行七法、然后□□□□□□□之中无不□□矣。（天は一を執り、【三】を明らかにし、二を【定め】、八正を建て、七法を行い、然る后に□□□□□□□の中□□せざる无し。）（馬王堆帛書『經法』論）

⑭岐行喙息、扇蜚（飛）耎動、无□□□□□□□□□不失其常者、天之一也。天執一以明三。日信出信入、南北有極、【度之稽也。……】（岐行喙息《きこうかいそく》し、扇蜚《せんぴ》（飛）耎動《ぜんどう》し、无□□□□□□□□□其の常を失わざる者は、天と之《これ》一な

ればなり。天は一を執りて以て三を明らかにし、日は信に出でて信に入り、南北に極有るは、【度の稽なり。…】）（同論）

⑮大庭氏之有天下也……執一毋求（大庭氏の天下有するや……一を執りて求むる毋し。）（同『十大經』順道）

などの用例を見ることができる。

いずれもそれぞれの文脈の中に位置づけられての「執一」であるが、「執」そのものには、「守」（『禮記』曲禮下注）、「持」（同疏）、「制」（『淮南子』主術訓注）、「主」（同説山訓注）、「處」（『禮記』樂記注）などの訓詁が古來あり、これに沿った解釋を「執一」の用例においても當てはめるならば、その意味もおよそ推測できる。つまり、「執一」とは、「一」をしっかり取り守ってそこから外れないこと、である。

そこで、各用例において「執一」の主體を見てみると、傳世文獻の①は不明、②は「聖人」、③は「君子」、④は「聖人」、⑤は「堯」、⑥は君主（ただし、ここは「執一術」、つまり「一」ではなく「一術」を「執」することを言うと解すべきであるが、その意味は「執一」を説くものと解して差し支えあるまい）、⑦は「王者」、⑧⑨はいずれも「聖王」、⑩は「先王」、⑪は「聖王」、⑫は「君」、出土資料の⑬⑭はともに「天」、⑮は「大庭氏」（黄帝より前に天下を支配していたとされる傳説神話上の人物）である。

以上から「執一」の主體の多くは、天下に君臨する爲政者、それも究極の理想的爲政者のこととして語られていると歸納してよい。

そうした中で、出土資料の⑬⑭のみ例外的に「執一」の主體を「天」としている。これは、「執一」の思想史的意味を考察する上で重要である。つまり、天地宇宙の運行が圓滑圓滿であるのは、「天」が「執一」しているからだとする帛書のこの思想は、廣大無邊の宇宙が「執一」によってその秩序は確保されていることを言うものであり、こう

した發想から類推的に導き出されたのが、廣大無邊の天下を治めるのも同様に「執一」によるべきであるとの理論なのである。このことは、②や⑤がこの相關關係を明示的に説いていることから確認できる。

以上から、おおよそ「執一」が政治上の概念であることが知られたわけであるが、なぜ「一」を執り守ることで、「萬」事「萬」端にわたる支配を確實にすることができると言うのであろうか。②の「執一而不失。能君萬物」は、「一」と「萬」の對比を巧みに表現したうえで、「執一」の意味を明らかにしている。⑦「王者執一、而爲萬物正」、⑩「執一而萬物治」、⑪「聖王執一而勿失、萬物之情……、四夷九州服矣」も皆そのように讀んで差し支えなかろう。

そうして⑫「君失一則亂、甚於無君之時」とあるように、「一」を失えば政治は「亂」に陥ることは言うまでもないとして、「一」ではなく「兩」を「執」するような場合も、⑦「天子必執一、所以摶之也。一則治、兩則亂」と、やはり「亂」に陥るのである。

このように「一」こそが重要なのである。では、この「一」とは一體何を指して言う語なのだろうか。既にこれまでの考察から推定できるのは、「一」とは數詞の類ではなく、先にも述べたように、全體性・完全性・包括性・統一性、あるいは根源性などを意味するある種特殊な概念であり、こうした概念は偉大な「一」、究極の「一」といった意味を込めて、「大一」もしくは「太一」と稱されることもあったのである。このことを傍證するのが⑬⑭である。

ところで上記引用文中、「執一」に對して唯一否定的なのが①であった。改めて、孟子における「執一」の意味を考えてみる。

孟子は、楊子の「爲我」を、そして墨子の「兼愛」を批判し、さらに子莫（おそらくは人名であろうが不詳）なる思想家の「執中」を批判していることは間違いない。そして子莫の唱える「執中」が、一見中庸主義で、正論のように見えるが、孟子の立場からすれば「無權」（つまり機械的、固定的な中庸主義）であるが故に、結果として「執一」と少

しも變わらないと批判する。つまり、孟子にとっては、「執一」は「執中」よりさらに批判すべき對象であったことになる。

では、孟子が批判した「執一」とはいかなる意味だったのか。從來の解釋では、子莫の「執中」は「無權」故に、結局、楊子の「爲我」や墨子の「兼愛」などと同樣に「擧一而廢百」、すなわち一端（＝極端）に偏ることが「執一」の意味とされたのであった。[114]「執一」を特別の思想的立場を表す用語として理解されていたわけではなかったのである。

確かにこのように解することもできようが、一方で、孟子の活躍した戰國時代中期において「執一」思想を立てる者が存在したことは『管子』などを見ても明らかであるとすれば、むしろ楊子の「爲我」思想や墨子の「兼愛」思想と同樣に、孟子はそれに對しても鋭い舌鋒を向けていたと見るべきであろう。そうした中、孟子は子莫の「執中」（これも恐らくは自己の思想的立場を端的に表す概念であった）に對しては、「執一」よりはいくらかましであるというように留保を附けた上での評價を下したのだろうと思われる。

つまり『孟子』における「執一」も、「爲我」「兼愛」「執中」などと竝ぶある思想的立場を表す概念であったと解することは十分可能であろう。そうしてこの儒家の孟子によって批判された「執一」思想が、先の用例を通觀すれば、これが道家系の思想であったことは確實である。揚子の「爲我」思想も養生や隱逸を旨とするらしいことから、道家系と推測されるのであるが、この「執一」思想は、極めて政治思想としての色彩が強いものであり、その意味では、道家系といっても、戰國中期から次第に形成されてきた黃老道家のそれであったと考えられる。『管子』や馬王堆帛書『經法』などを主な出典としていることからもそれは確實である。戰國末期の『荀子』や『韓非子』、それに秦漢時代に述作された『呂氏春秋』や『淮南子』などにも見られるのは、黃老思想がさらに廣く流行していった事實を裏

附けている。

第四節　『凡物流形』における「執一」思想

本題に立ち返って、『凡物流形』における「執一」の思想を考察して、そこから本篇述作の背景を探ってみよう。『凡物流形』の「執一」思想は、これまで檢討してきたことからも明らかな如く、他文獻の用例と一體的に考察するべきであろう。つまり、『凡物流形』においても典型的に見えるこの「執一」思想をこそ孟子は批判していたのだと考えて大過あるまい。

なぜなら孟子にとって、「仁」・「義」こそが執るべき手段であり、方法であり、また目的でもあった。「親を無みする」墨家も、「君を無みする」道家（養性的、隱逸的）も、更には黃老道家のように「執一」を標榜して、ものごとをいわばマクロ（前節に述べたように「一」の語に與えられた全體性・完全性・包括性・統一性あるいは根源性と言い換えてもよい）に捉えるばかりで、いわばミクロ的現實世界、例えば孟子が頻りに唱える仁義禮智の四端說や仁義王道說等の政治や倫理における個別具體的諸規範を輕視しているとして容認し難かったであろうと思われる。

以上、ひとまず「執一」概念を通じて、本篇が戰國時代中期以降の思想界を反映していることが推測されたので、次にやや詳細に「執一」概念の意味を明らかにしていこう。なお「執一」を考える上で無視できないのは、「執道」の概念である。そこで「執一」と「執道」兩概念の意味とその差異を考察していく。

（1）「執一」の用例とその意味

「執一」の用例が見られるのは、第九段落である。以下に、その改訂釋文を引いておく(115)。

聞之曰、「能執一、則百物不失。如不能執一、則百物具失。」如欲執一、仰而視之、俯而察之、毋遠求、度於身稽之。得一圖之、如并天下而抯之。得一而思之、若并天下而治之。此一以爲天地旨。是故一咀之有味、嗅〔之有臭〕、鼓之有聖、欣之可見、操之可操。握之則失、敗之則高、賊之則滅。執此言、起於一端。（之を聞きて曰く、「能く一を執れば則ち百物失はれず。如し一を執ること能はざれば則ち百物具に失はる。」と。如し一を執らんと欲すれば、仰ぎて之を視《み》、俯して之を揆《はか》り、遠くに求むること毋く、身に度りて之を稽《かんが》ふ。一を得て之を圖るは、天下を并せて之を抯《と》るが如し。一を得て之を思ふは、天下を并せて之を治むるが若し。此の一は以て天地の旨爲り。是の故に一は之を咀《か》めば味《あじはひ》有り、之を嗅げば臭《にほひ》有り、之を鼓《たた》けば聖《こゑ》（＝聲）有り、之を欣《ちか》（＝近）づくれば見る可く、之を操《たぐ》れば操《あやつ》る可し。之を握れば則ち失ひ、之を敗《やぶ》れば則ち高《か》（槁）れ、之を賊《そこな》へば則ち滅ぶ。此の言を執るには、一端より起る。）

以下はその口語譯。

このように聞いている、「「一」をしっかり執り守ることができれば、何ものも失うことがない。もし「一」をしっかり執り守ることができなければ、すべてを失ってしまう。」と。もし「一」をしっかり執り守ろうと望むのならば、（天を）振り仰いでよく見、（地に）伏してこれをよく治め、遠くに求めるのではなく、身の程をわきまえてこれをよく考えなければならない。「一」を得てこれをよく計ることは、天下を併合して（これを）治めるのと

同じである。「一」を得てこれをよく思うことは、天下を併合して（萬事を）決めていくのと同じである。（つまり）この「一」こそが天地の根本なのである。このようなわけで、「一」はこれを口に含めば味わいがあり、鼻で嗅げば匂いがあり、手で叩けば音が聞こえ、目に近づければ見ることができ、手にたぐり寄せれば操ることができる。しかしこれを握りしめようとすればどこかに失せてしまい、これを打ち負かそうとすれば（おのれ自身が）硬直してしまい、これを損ない傷つけようとすれば（おのれ自身が）滅びるのである。この言葉をしっかり保持するためには、先ず「一」の端緒に立たねばならない。

ここに特徴的に見られる思想は、

1、天下を治めるための必須條件として「執一」が説かれている。

2、「一」は、天地萬物の根本原理であり、同時に治世の根本原理である。

3、「一」は、人が自在に操作できず、依存する（＝「執一」）ことのみが可能である。

これらは、いずれも「一」の壓倒的偉大さを言うものである。こうした「一」の性格は、當然『老子』における「道」に近いことが推測されるので、以下に兩者を比較してみよう。

視之不見、名曰夷。聽之不聞、名曰希。搏之不得、名曰微。此三者、不可致詰。故混而爲一。其上不皦、其下不昧、繩繩不可名、復歸於無物。是謂無狀之狀、無物之象。是謂惚恍。迎之不見其首、隨之不見其後。執古之道、以御今之有。能知古始、是謂道紀。（第十四章）

と、『老子』では、「道」を視覚・聴覚・觸覚など五感による認識を超越した存在としたうえで、それを「一」に言い換えて説明している。

一方、本篇における「一」は、先に見たように、視覚・聴覚・觸覚で認識することは可能であるけれども、それを自在に操ることはできないと言っている。本篇における「一」の超越性は、『老子』の「道」と同様と見なすこともできるが、その性質にはなお相當な隔たりがあると言わねばならない。

また、

曲則全、枉則直、窪則盈、敝則新、少則得、多則惑。是以聖人抱一爲天下式。不自見、故明。不自是、故彰。不自伐、故有功。不自矜、故長。夫唯不爭。故天下莫能與之爭。古之所謂曲則全者、豈虛言哉。誠全而歸之。（第二十二章）

と、『老子』では、聖人があらゆる事態に卽應できる柔軟性を備えているのは「抱一」によるとして、これこそが天下の規範（＝「天下式」）であることを言う。文中は「執一」ではなく「抱一」と言っているけれども、この「抱」は「執」に通じる語であり、「一」は他ならぬ「道」を言うものであることは疑いない。そうして「抱一」する「聖人」は、天下にライバルがいなくなり（天下莫能與之爭）、その結果天下に君臨できるのであるとして、「一」こそは天下を得るための必須條件であることを言う[116]。

さらに、

昔之得一者、天得一以清、地得一以寧、神得一以靈、谷得一以盈、萬物得一以生、侯王得一以爲天下貞。其致之一也。天無以清、將恐裂。地無以寧、將恐發。神無以靈、將恐歇。谷無以盈、將恐竭。萬物無以生、將恐滅。（第三十九章）

と、『老子』では、天下に君臨しようとする「侯王」に止まらず、「天」も「地」も「得一」が最重要であることを言う。「執一」とは言わず「得一」と言ってはいるものの、「一」に對する觀念は、先の第二十二章と同一である。

このように、「一」に對する發想には兩文獻では共通點が少なくないのであるが、「執一」の語そのものは今本『老子』には見えない。ただし、

○執古之道、以御今之有、能知古始。是謂道紀。（第十四章）

○執大象、天下往往而不害。安平太。（第三十五章）

とあるのは、いずれも「執道」と同様の意味に解して差し支えなかろう[117]。

以上によって、本篇における「執一」の「一」は、『老子』の「道」に通じる思想であることが推定された。とすれば、ここに矛盾があると言わねばならなくなる。それは『老子』の「道」は五感による認識を超越しているのに對し、本篇の「一」は五感による認識を可能としている點である。「道」＝「一」とした場合、これは明らかな矛盾である。この矛盾をどのように解釋すればよいか。『老子』における五感による認識を超越した「道」の方が、本篇における五感による認識は可能とした「一」より遙かに高次の實在と言わねばならないからである。

それでは、本篇において「道」はどのように捉えられているのであろうか。「一」よりも高次の實在として捉えられているのであろうか。次にはこの點を検討していく。

（2）「執道」の用例とその意味（1）

聞之曰、「執道、坐不下席、端文、圖不與事、先智四海、至聽千里、達見百里。」是故聖人居於其所、邦家之危安存亡、賊盗之作、可先智。（之を聞きて曰く、「道を執《と》れば、坐して席を下りず、文を揣《をさ》めれば圖《はか》りて事に與《あづ》からず。四海を先智し、千里を至聽し、百里を達見す。」と。是の故に聖人は其の所に居りて、邦家の安危存亡、賊盗の作ること、先んじて智るべし。）

以下はその口語譯。

このように聞いている、「道を固く守っていれば、座ったままで席を離れることはない。文を揣《おさ》めていれば、考えるだけで直接手を下すことはない。これは天下の様子を前もって知ることができ、千里の彼方のことも聞き取ることができ、百里の彼方の物も見通すことができるからである。」と。このようなわけで聖人はその場所にじっとしているだけで、國家の安危存亡や盗賊の發生などを前もって知ることができるのである。

上文を、『老子』の以下の文と比較してみよう。

不出戸、知天下。不窺牖、見天道。其出彌遠、其知彌少。是以聖人不行而知、不見而名、不爲而成。（第四十七章）

兩者の表現は相當に異なっているけれども、「その場を動くことなくして居ながらにして萬事を見通すことができる」ことを言うところに明らかな共通性がある。

また、本篇は「執道」していればとして述べているのに對し、『老子』は直接そのようなことを言う語句はないが、「道」を實踐する聖人について述べているわけであるから、この點でも思想上の共通性を指摘することは十分可能である。しかも本篇における「執道」概念も政治思想として理解されるべきであることは間違いないから、その意味で、先に檢討した「執一」概念と大差ないことが知られるのである。

（3）「執道」の用例とその意味（2）

聞之曰、「一生兩、兩生參、參生女（母）、女（母）成結。」是故有一、天下亡不有。亡一、天下亦亡。一叉、亡〔目〕而智名、亡耳而聞聲。卉木得之以生、禽獸得之以鳴。遠之施天、近之施人。是故執道、所以修身而治邦家。

（之を聞きて曰く、「一は兩を生じ、兩は參を生じ、參は母を生じ、母は結を成す。」と。是の故に一有れば、天下有らざる亡《な》し。一を亡《うしな》へば、天下も亦た亡ふ。一叉《あ》れば、目亡くして而《しか》も名を智り、耳亡くして而も聲を聞く。卉木は之を得て以て生じ、禽獸は之を得て以て鳴く。之を遠くにしては天に施し、之を近くにしては人に施す。是の故に執道するは、身を修めて而も邦家を治むる所以なり。）

以下はその口語譯。

このように聞いている、「一が二を生じ、二が三を生じ、三が母を生じ、その母こそが萬物の生成に繋がってい く。」と。このようなわけで、「一」があれば必ず天下を保有し、「一」を失えば天下もまた失ってしまう。「一」があれば、目がなくても名を知ることができ、耳がなくても聲を聞くことができ、草木はこれによって芽生えることができ、鳥獸もこれによって聲を上げることができる。かくして（この「一」を）遠くは天に施し、近くは人に施すのである。このようなわけで道をしっかり執り行うことこそ、身を修め、國家を治める手段となるのである。

ここでは、「執道」が「修身」「治國」と結びつけられている點が注意される。これらは、「齊家」「平天下」とともに儒家の掲げる政治と道德の關係を有機的に結びつけている基本理念であることを前提に考えると、この「執道」が、儒家の掲げる理念すらも取り込んで有效であろうとするものであることが分かる。

またそれ以上に重要と思われるのが、次に引く『老子』第四十二章との比較である。

道生一、一生二、二生三、三生萬物。萬物負陰而抱陽、沖氣以爲和。（第四十二章）

本篇が「聞之曰」として引用する右の一節は、この「道生一、一生二、二生三、三生萬物」を明らかに彷彿とさせ

る。しかし、『老子』と根本的に違うのは、『老子』は「道生一」と説き起こして、「一」を超えてさらに「道」に遡っていることである。

本篇は「聞之曰」とあることから間違いなく引用句であることが分かるのだが、『老子』第四十二章からの引用ならば當然「道生一」が冒頭にあるはずである。この一句を省いて引用する理由はどこにもない。にもかかわらずこの一句が見えないのは、そもそも本篇の引用が『老子』からではなかったからだとしなくてはなるまい。ではこの點をどのように解釋すればよいであろう。

可能性のひとつは、既に「一」から萬物は生成していくといった素樸とも思える生成論が先行しており、本篇はそれを引用したということである。その後で、この一節がやがて「道」の思想と結びついて、「道生一」の句が加えられて『老子』第四十二章に見るようなレトリックとして完成していったと考えられる。なぜなら、この「道生一」が『老子』の生成論にとってはそもそも單なるレトリックに過ぎないと考えられるからで、しかもこれまで論じてきたように「道」と「一」は同格なのであって、本來原因と結果ではなく、イコールで結ばれるべき關係にあるからである。

またもし、第四十二章は單なるレトリックなどでなく、「道」が明らかに「一」よりも上位に位置する實在として認識されていたのであれば、他の章に見てきたような「一」と「道」とを同格に位置附ける認識とは矛盾をきたすとしなければならなくなるであろう。

先に提起した矛盾と、ここに提起した矛盾を、可能ならば同時に解消したいものであるが、果たしてそれは可能であろうか。

この點を考察するに當たり、先ず注意すべきは、この『老子』の生成論を考察する際に缺かせない第四十二章が、

楚簡『老子』甲・乙・丙本いずれの中にも見ることができないことである。そればかりか、本論で引用した『老子』各章、具體的には「抱一」の語が見える第十章、及び第二十二章、「得一」の語が見える第三十九章、「混而爲一」「執古之道」の語が見える第十四章、「不出戸、知天下……」の句が見える第四十七章などは、楚簡『老子』甲・乙・丙三本中には一切含まれていない。つまり、今本『老子』との接點はいくつか見出すことはできたのであるが、楚簡『老子』との接點はほとんど全く見ることができなかったのである。(118)

以上の事實から、楚簡『老子』から今本『老子』へと、『老子』の思想が形成されていく過程で、既に先行していた「一」の思想がその意味の類似性故に「道」の思想に取り込まれていったと考える方が、思想史的觀點からしても妥當のように思われる。

第五節　馬王堆帛書の用例とその意味

先に指摘したように、「執一」の用例は、

⑬天執一、明【三、定】二、建八正、行七法、然后□□□□□□□之中无不□□矣。（馬王堆帛書『經法』論）

⑭岐行喙息、扇蜚（飛）耎動、无□□□□□□□□□□不失其常者、天之一也。天執一以明三。日信出信入、南北有極、【度之稽也。……】（同論）

⑮大庭氏之有天下也……執一毋求。(119)（同『十大經』順道）

などの三例を數える。

論篇の主意が、いかに天地にのっとり、四季の變化に從い、動靜の變化に應じて、自己の統治策を制定するべきかを說くところにあり、またこのために、君主たる者は自然法則に基づいて人事を審察し、「六柄」を把握し、「三名」を詳しく視るべきであると說くところにあることを考慮すれば、⑬⑭はいずれも、「執一」の主體が「天」となっていて、「天」が「執一」することによって自然界の秩序がおのずからに保たれるように、君主も「執一」することによって、その統治はおのずからに完成することを言うものに他ならない。このように考えるならば、論篇における「執一」も前節で檢討した「執一」の意義と少しも違わないことに氣附くのである。

むすび

以上述べてきたように、「執一」の思想が戰國中期から漢初にかけて廣く流行していたこと、そして出土資料においては『凡物流形』に特に顯著であることが確認できたと同時に、少なくとも今本『老子』には見られた「一」の思想が、楚簡『老子』には見られなかったことも確かめられた。

この事實は、今本『老子』と楚簡『老子』との閒には思想的に相當の隔たりがあること、從って單純に楚簡『老子』を抄節本と見ることはできないことを教えている。むしろ、これまでしばしば指摘してきたように楚簡『老子』は形成途上のテキストであって、いわゆる「道德經上下五千言」は未だ存在していなかったと考えるべきなのである。

ただ、『凡物流形』における「執一」の「一」がなぜあのように特殊な操作を經た後でなければ釋讀できないような字體を用いたのか。その理由は依然として謎のままであると言わなければならないが、ひとつ推測できるのは、本

論でもしばしば論及したように、「執一」の「一」が全體性や完全性・包括性・統一性あるいは根源性を意味する原理的な概念であることから、單なる數詞としての「一」と區別することを意圖したことによるのではないかということである。(補注)

第四章　上博楚簡（三）『恆先』考

はじめに

馬承源主編『上海博物館藏戰國楚竹書（三）』（上海古籍出版社　二〇〇三年）所收『恆先』が學界に紹介されてから既に相當數の論文が發表され、釋讀が進むとともに、問題の所在がはっきりしつつある。今ここにその最も重要な問題の一つを擧げるとすれば、『恆先』中に見えている「氣」の概念が宇宙生成論と密接な關係を持って論じられていることであろう。

既に熊十力氏が中國哲學史上の二つの魔物として「天帝」とともに「氣」を擧げているように、中國思想史（哲學史）に占める「氣」の果たした役割は極めて大きく、かつその意味は極めて複雜多樣である[120]。本章で取り上げる『恆先』中の「氣」概念も、先秦時代の「氣」の思想史を研究する上で、新たな視點を提供したことが、先行研究によって明らかにされつつある[121]。しかしなお未解明の部分もあり、檢討すべきことは少なくない。

本章では、先行研究の助けを借りつつ、先秦から漢代にかけての氣の思想史、主として道家におけるそれを跡附け、これを座標軸に取って、『恆先』に現れた「氣」の思想を分析考察して、思想史上にそれを位置附けたうえで、可能な限りにおいてその述作時期を推定しようとするものである[122]。その際、特に「氣」の思想が宇宙生成論の構想において果たした役割、及び『老子』の「道」の思想との關係に着目して論じていく。

『恆先』冒頭の宇宙生成論が後半部の政治思想とどのように連結しているかについては、宇宙萬物生成の哲學はス

トレートに政治哲學に直結していると見て、「政治的原則は宇宙生成の原則に從わなければならない」との解釋が既に曹峰氏から提出されている。[123] またそれに伴って、『恆先』は齊の稷下道家の作品であるとする見解も劉信芳・郭梨華氏らから提起されている。[124] さらには『恆先』と易學との關聯が趙建功氏によって指摘されている。[125] この他、緯書との關聯が指摘されているのが興味深い。易學と緯書とが同時に關聯附けられるこの事實は、われわれに漢代の易學と讖緯の學がともに齊學とされていることを直ちに思い起こさせるからである。

以上考察すべき問題は少なくないが、以下はその初歩的考察として、『恆先』に見られる宇宙生成論の特質について考察し、併せて『老子』の宇宙生成論との關聯を探っていく。

第一節　『恆先』試解

『恆先』は至って難解である。そこで、本考察を進める前提として、『恆先』本文とその訓讀文（内容に基づいて試みに全八章に分け、通用字に置き換えてある）を示しておく。

原文中の（　）内は通用字への置き替え、訓讀文中の〔　〕は意味。李零氏による編聯を龐樸「《恆先》試讀」（簡帛研究網　二〇〇四・〇四・二六）說に從って竝べ替えたうえで、内容に基づき便宜上全八章に分けた。①～⑬は李零氏による簡番號。

（1）第一章〔序文に相當。天地宇宙の始元について、一切のものが何一つ存在していない、すなわち「無」であることを述べる。〕

①亙（恆）先無又（有）。〓（樸）、寈（靜）、虛。〓（樸）、大〓（樸）。寈（靜）、大寈（靜）。虛、大虛。自猒（厭）不自忍、或（域）乍（作）。又（有）或（域）焉又（有）㷱（氣）。又（有）㷱（氣）焉又（有）又（有）。又（有）又（有）焉有訂（始）。又（有）訂（始）焉又（有）造（往）者。未又（有）天陛（地）。未／②又（有）乍（作）行出生。虛寈（靜）爲弌（一）若淺（寂）。夢夢寈（靜）同、而未或明、未或茲（滋）生。

恆先は有ること無し。樸、靜、虛なり。樸は、大樸なり。靜は、大靜なり。虛は、大虛なり。自ら厭《あ》〔飽〕いて自ら忍びず。域《いき》〔空間〕作《おこ》る。域有りて焉《すなわ》ち氣有り。氣有りて焉ち有《ゆう》有り。有有りて焉ち始《はじめ》有り。始有りて焉ち往《おう》〔運動〕なる者有り。未だ天地有らず。未だ作《おこ》ること〔發生〕・行《めぐ》ること〔循環〕・出づること〔創出〕・生ずること〔產生〕有らず。虛靜一爲《た》りて寂なるが若し。夢夢《ぼうぼう》靜同にして、而《しか》も未だ明なるもの或《あ》らず、未だ滋生するもの或らず。

〓（樸）　李零氏は該字を「質」に隸定するが、廖名春氏「上博藏楚竹書《恆先》簡釋」をはじめとして「樸」に讀んでいるのに從う。その方が意味も明らかである。

恆先　「恆」は天地宇宙生成の第一原理の意味を持つ。「先」は諸說あるが、始めの意に解しておく。

自ら厭（飽）いて自ら忍びず　主語は「恆」であろう。とすれば、「恆」は「無有」、すなわち「大樸・大靜・大虛」といった屬性を備えつつも、その實何らの實體を持たないはずであったにもかかわらず、「厭」「忍」といった人閒的な意識があったことになる。ここにこうしたある種擬人的な表現が取られている所から考えると、「恆」が既に何らかの實體を備えた實在として措定されていたと考えざるを得ない。これは明らかな矛盾であり、思索のまずさが露呈していると見なし得る。しかし人格神的な造物者を措定しない限り、「無」から「有」が生まれて

いくその根據乃至契機を合理的に說明することはもともと困難であったろう。

或　「域」と同じ。『老子』第二十五章に「故道大、天大、地大、王亦大。域中有四大、而王居其一焉。人法地、地法天、天法道、道法自然。」とある「域」や、『莊子』秋水篇に「河伯曰、然則吾大天地而小豪末、可乎。北海若曰、否。……其生之時、不若未生之時。以其至小求窮其至大之域、……。由此觀之、又何以知豪末之足以定至細之倪。又何以知天地之足以窮至大之域。」とある「域」も、ここと同義と見てよい。空間の意。

始有りて焉ち往〔運動〕なる者有り。　ここに「往」とは、運動の意であろう。すなわち、「或」（空間）と「始」（時間）が備わった後、「有」（「氣」混沌未分のままである狀態）に「往」（運動）が現れることを言うのであろう。だが、それは「氣」という萬物の始元狀態にあること、つまり萬物が個物として實體を持つに至っていないために、後文に言うように「寂」なるままであるから、「寂なるが若し」すなわち靜止して見えると言うのであろう。

未だ作ること〔發生〕・行ること〔循環〕・出づること〔創出〕・生ずること〔產生〕有らず。　具體的な目的意識を持って物事を始めたり、行ったりすることが未だない。「未有天地」と竝列される。混沌たる狀態を指すのであろう。つまり未だ天地すらも無いのだから、その中で活動する人などを含めた生物もまた生命の營みの一切が未だ存在していないことを言う。

虛靜一爲りて寂なるが若し。「虛」・「靜」は、冒頭に見られるように「恆」の屬性を指している。混沌たる狀態は、「恆先」そのもののごとくいまなお「虛靜」のままに止まっており、「爲一」と言われるように一切が未分化の狀態であることを言う。と同時にその未分化のさまは「寂」、つまり動きがないのである。なおこの「寂」の概念は、『老子』第二十五章「有物混成、先天地生、寂兮寥兮、獨立不改、周行而不殆、可以爲天下母。」に見える「寂兮寥兮」と同義であろう。「爲一」と言う未分化の狀態も「有物混成」に相當すると考えられるからである。

（2）第二章〔氣が自生したことを强調する。〕

㷣（氣）是自生。亙（恆）莫生氣。㷣（氣）是自生自作。亙（恆）、㷣（氣）之／③生、不蜀（獨）又（有）與也。或（域）、亙（恆）焉。生或（域）者同焉。昏昏不寍（寧）、求亓（其）所生。異生異、鬼生鬼、韋生非、非生韋、衮（依）生衮（依）。求慾（欲）自返（復）、返（復）／④生之生行。

氣は是《こ》れ自《みずか》ら生じ、恆《こう》は氣を生ずること莫し。氣は是れ自《みずか》ら生じ自《みずか》ら作る。恆は、氣の生ずるに、獨り與《あず》かること有らざるなり。域《いき》は、恆なり。域を生ずる者は焉《これ》に同じ。昏昏として寧《しずか》ならず、其の生ずる所を求むるに、異は異を生じ、鬼は鬼を生じ、韋は非を生じ、非は韋を生じ、依は依を生ず。自ら復《ふく》せんことを求め欲す。復た生ずるの生行《めぐ》る。

氣は是れ自ら生じ、恆は氣を生ずること莫し。「或（域）」すなわち空間が有るようになった後のことに話題は轉じる。「或（域）」について論じた後、取り上げられるのは「氣」である。ここで注意すべきは「氣」が「自生」することを言う點である。これは「有或（域）」「有氣」「有有」「有始」「有往」とある表現から當然に讀み取れることで、いずれも「生～」と言わず、「有～」と言っているのは、これらがすべて何者かによって生成せしめられたのではなく、自《みずか》ら發生したこと、すなわち「自生」したことを强調するものである。特に、究極の實在である「恆」が「氣」を生み出したのでないことを强調する點が重要である。だがそうするとなぜ「氣」が發生してきたのか、その理由が説明されなければなるまいが、それについては觸れられないまま、唐突に「氣」が天地

を生成していくことが説かれていく。このことは、『恆先』の宇宙生成論が、既に先行していた「氣」の生成論に觸發されて構想されたことを推定させる。

氣は是れ自ら生じ自ら作る。「氣」が自生したことを繰り返していることに注意。「或（域）」ばかりでなく「氣」も「自生」したことを言うには違いはないが、むしろここでことさら強調したかったのは、「氣……自作」とある如く、「氣」が「或（域）」と大きく異なる點、すなわち「或（域）」は自生しただけでそれ自身は何も生み出さなかったが、「氣」は自ら生じた（＝「自生」）ばかりでなく、次いで「氣」が何物かを自力で生み出していくこと（＝「自作」）を言っている點である。これは「恆」が「氣」の背後にあって理法としてはたらいているというような觀點はないことを意味する。ここが『老子』の「道」と異なるところであろう。『老子』の「道」は、萬物を育む理法としての役割も擔っていたからである。「或（域）」とそこに充滿する「氣」との閒を因果關係で結びつけるものはない。ただ發生の順序次第を言うだけである。つまり、「或（域）」という容器が始めにできて、次に「氣」という實在がそこに存在するようになったと言うのである。なぜなら「恆」はそもそも「无有」なのであるから「氣」が發生するに當たって何らかの容器が必要であったという順序次第なのであろう。

恆は、氣の生ずるに、獨り與かること有らざるなり。「氣」が自生すること、「恆」が「氣」を生ぜしめるのではないことを述べたあと、改めて「恆」は「氣」の發生に全く關與していないことを言う。「獨」は「ただ、もっぱら」の意。前文の「恆莫生氣、氣是自生自作」を承けてこれを繰り返し強調したのである。これは後に述べられるように、「氣」は、「有」すなわち「天地」を始めとする宇宙萬物の始元的存在であるとしても、その「氣」に先行する「恆」や「或（域）」と言う無の世界を原因として生じてきたのではない、との立場に立つ。つまり、「無」から「有」が生まれたのではなく、「氣」から「有」が生まれたのである。「氣」が忽然として現れ、宇宙

天地萬物のすべてはそこから發生していったと言うのである。つまり、「恆」という究極の實在を立てておきながら、「氣」の生成を「恆」から切り離して論じなければならなかったわけで、このことは一體何を意味するのであろうかと言えば、やはりここからも「氣」を中心とする宇宙生成論が先行してあり、これとの整合を試みた結果であることが考えられる。このことは、例えば漢代になると「元氣」なる概念が思想界に登場して、氣一元論的な宇宙生成論になってくることからも十分頷ける。

　ところで丁四新・季旭昇氏らは「恆氣之生、……」と讀むのであるが、そうなると「恆氣」とはいったい何のことかが疑問になる。つまり丁氏は、これを「恆常未動、未變之氣」として「本根」であり、「本體」であり、『莊子』知北遊篇に言う「通天下一氣耳」と全く同じ意味であると言う。季氏はこれを承けて、「此〈氣〉竝非現象界實有之氣、而是〈恆（道）〉中本有的原始的氣、所以用〈恆氣〉來稱呼」と言う。しかし、そもそも「氣」とは生命活動や自然の運行を説明するために構想された概念であって、いずれも流動して止まない極めてダイナミックな存在として捉えられていたはずであるのに、「恆常未動、未變之氣」と言うのでは、「氣」が動的にではなく靜的に、しかも「未動」「未變」の「恆」常なる「氣」が想定されねばならないことになる。これではある種の形容矛盾を犯すものであろう。

或は、恆なり。或を生ずる者は焉に同じ。　ここでは「氣」の發生以前の世界を問題にし、「或（域）」と「恆」兩者の關係に言及する。すなわち、「或（域）」がそのまま「恆」であり、その「或（域）」を生じたのも「同」、すなわち「恆」であると言おうとするのであろう。だがこのように讀んでみても、意味は甚だしく不分明である。

昏昏として寧ならず、其の生ずる所を求むる……　「昏昏」とは暗いさま。先の「夢夢」とほぼ同義。『老子』第二十章に「我愚人之心也哉。沌沌兮、俗人昭昭、我獨昏昏。俗人察察、我獨悶悶。」とあるのを參照。「不寧」は、

『老子』第三十九章「昔之得一者、天得一以清、地得一以寧、神得一以靈、谷得一以盈、萬物得一以生。侯王得一以爲天下貞。」とあるのを參照。「寧」は安定した狀態。ここでは「不寧」と言っていることから、宇宙空閒（＝「或」）に充滿する「氣」の原初の狀態がこのように不安定であることを言うのであろう。「求其所生」の主語は「氣」であり、「其」は「氣」を指していると考えられる。つまり、「氣は自らが生み出したものを求める」として「氣」が萬物を生み出していくプロセスの始まりを說明しようとする。それは後文にそのまま接續していく。

異は異を生じ、鬼（畏）は鬼（畏）を生じ、韋は非を生じ、非は韋を生じ、依は依を生ず。

李零氏は、「異」は「翼」で「恭敬」の意味であり、「鬼」は「畏」と讀んで、「畏懼」の意であり、「韋」は「愇」で、「恨」の意であり、「非」は「悲」であり、「依」は「哀」字の異體であろうと言う。しかし、このように解した場合、これらはすべて人の感情の態樣を表す語彙となり、萬物の生成を說明する語としては全くふさわしくないように思われる。いずれにせよ、「某生某」が五回重ねられているのは興味深い。このうち、「異生異」「鬼生鬼」「依生依」はすべて「異自生」「鬼自生」「依自生」と同義であるが、「韋」と「非」は相互に生ぜしめている點で異なる。しかしこれは文の成り立ちから見て兩者のみを他と區別して扱う理由がないことから、同樣に扱って解釋してよいであろう。とすれば、「氣」は少なくとも五種の性質の「氣」に分化した後、同じ性質のものを生み續けることになる。「恆先」から「氣」までは自生していき、「氣」が生まれた後、それから少なくとも五種類に氣が分かれてさまざまなものが產み出されていくのであるが、それらもすべて「自生」していったこととなる。つまり、そこに外側から何らかの理法がはたらいたのではなく、自然にそうなったと言うのであろう。以上の分析によって、そうした氣からさまざまなものが生成されていくプロセスにおいて、『老子』に說かれているような理法としての「道」は關與していないことが明らかである。

自ら復せんことを求め欲す。復た生ずるの生行る。「自復」とは、自らがそれ自體に立ち返っていくこと。「復生」とは、それ自體に立ち返った後、再び生み出されること。「再生」の意。「生行」とは生み出されたものが「或（域）」（宇宙空間）の中を巡る、すなわち活動することであろう。「行」は巡り活動することの意。なお「復」もしくは「復歸」の概念は、『老子』においては「萬物竝作、吾以觀復、夫物藝藝、各復歸其根、歸根曰靜、是謂復命、復命曰常、……」（第十六章）に見るように、萬物はすべてその根源（＝「道」）に立ち戻ることを言う「重要な思想である」（金谷『老子』六三頁）とされる。一言で言えば「復歸」とは「萬物の始原への復歸」である（金谷同六三頁）。ここで用いられる「復」もやはり同様の意味で解釋してよい。つまり萬物は皆それぞれの根元に復歸すると言うのである。そして復歸したところから再び生まれるというように循環を繰り返すのである。

（3）第三章〔氣が萬物を次々と生成させていることを述べる。〕

厇（濁）㤸（氣）生陞（地）、淸㤸（氣）生天。㤸（氣）信神才（哉）。云云相生、信浧（盈）天陞（地）。同出而異生（性）。因生其所欲。〓〓（業業）天陞（地）、焚焚（紛紛）而／⑧多采勿（物）。

濁氣は地を生じ、淸氣は天を生ず。氣は信《まこと》に神なるかな。云云《うんうん》として相生じ、信《まこと》に天地に盈《み》つ。出づるを同じくして而も性を異にす。因りて其の欲する所を生ず。業業たる天地は、紛紛として采物多し。

〓〓（業業）　李零氏は該字を「察察」に隸定しているが、李銳「《恆先》淺釋」の「業業」に讀むべきとする說に從う。

濁氣は地を生じ、清氣は天を生ず。「氣」が二種類に分かれてそれぞれ天と地を生じたことについては、『淮南子』天文訓「道始于虛霩、虛霩生宇宙、宇宙生氣、氣有涯垠（區別）、清陽者薄靡而爲天（清陽なる氣が天を生じたこと）、重濁者凝滯而爲地（重濁なる氣が地を生じたこと）」が參照される。ここでも、「天」も「地」もともに單なる「氣」なのであって、そこには天帝とか天命とかといった超越的な力が潛んでいるとするような發想はない。むしろ、「天」や「地」を發生せしめた「氣」の中にこそ神妙不可思議なパワーを見るのである。それが次の「氣信神哉」の一句である。

氣は信に神なるかな。「氣」は、單に萬物を構成する物質的要素に過ぎないのではなく、「氣」それ自體が萬物を萬物ならしめることのできる靈妙な力を發揮すると言っているところに注目したい。『老子』の「道」が持つ理法的な役割も「氣」が受け持っていることになるからである。これほどに「氣」の役割を高く評價してしまうと、氣一元論の立場に近くなってしまう。そうすると「氣」が生ずる以前の「恆」をどのように理解したらよいのであろう。そこに新たな疑問が生じる。

云云として相生じ、信に天地に盈つ。「云云」は「衆多の義」（李零）。「相生」は「氣」から多くのものが互いに作用しあって生じてきたことを言う。「相」とは衆多なる「氣」が相互に關係し合うことを言う。その結果として、目前に見るごとく萬物が天地閒に充ち滿ちることとなったと言うのである。すなわち「氣」が「天」「地」をはじめとして天地閒のすべてのものを發生せしめたことを言う。これを換言すれば、天地閒に充滿する複雜多樣な萬物は、「氣」という單一の元素から發生したと言っているわけである。「氣」がそうした多樣な物を生ずることを可能にしたそのメカニズムをどのように說明しているのであろう。『老子』はこれを「道」のはたらきに歸していた。しかし『恆先』に「道」の概念はなく、あるのは「恆」である。しかし問題はこの「恆」が「氣」

に對してどのようなはたらきかけをしたと言われているかであるが、既に見てきたように「恆、氣之生、不獨有與也。」とあるのによれば、全く無關係であったことになり、従って「氣」はそれ自體に生成のメカニズム、すなわち理法を内在させていたとしなければならなくなる。それが「神哉」の語であったと見てよいことは先にも確認したとおりである。

出づるを同じくして而も生（性）**を異にす。**「同出」とは萬物が皆共通して「氣」を淵源としていることを言う。「異生」を、李零説によって「異性」に讀む。萬物がそれぞれその性質を異にすることと解する。

因りて其の欲する所を生ず。前の句「同出而異生」を原因とする結果として、「其の欲する所を生じた」と解し、「因りて其の欲する所を生ず」と訓讀する。こう讀むと、「生」の主語はやはり「氣」であろう。とすれば、「氣」は自らの欲する所に従ってそれぞれ性質の異なる萬物を生ぜしめたことになる。つまり、「氣」は、やはりここでもある「理法」に従ったのではなく「欲」に従ったこととなり、「氣」に内在する何らかの法則的理法的メカニズムに従ったのではないことになる。

業業たる天地は、紛紛として采物多し。「業業」とは、元氣盛んなさま。「紛紛」とは、多く盛んなさま。元氣盛んな天地では、清氣と濁氣が互いに混じり合いながら、「采物」、すなわちそれぞれ性質の異なる彩り豊かな諸物が、數多く出現したことを言うのであろう。いわば「氣」は何ものにも依存することなく、自身に内在しているエネルギーによっておのずから萬物を生み出したことになる。そこになんらかの理法がはたらいてそうなったことを暗示する要素は何もない。

（4）第四章〔價値一元的世界からやがて價値二元的世界へと進行していくことを述べる。〕

先者又（有）善、又（有）𦀚（治）、無𤔲（亂）。又（有）人、焉又（有）不善。𤔲（亂）出於人。先又（有）中（中）、焉又（有）外。先又（有）少（小）、焉又（有）大。先又（有）矛（柔）、焉／⑨又（有）剛。先又（有）囩（圓）、焉又（有）枋（方）。先又（有）晦、焉又（有）明。先有耑（短）、焉又（有）長。

先《はじめ》には善有り、治有りて、亂無し。人有りて、焉《すなわ》ち不善有り。亂は人より出ず。先《はじめ》に中《なか》有りて、焉ち外《そと》有り。先《はじめ》に小有りて、焉ち大有り。先《はじめ》に柔有りて、焉ち剛有り。先《はじめ》に圓有りて、焉ち方有り。先《はじめ》に晦有りて、焉ち明有り。先《はじめ》に短有りて、焉ち長有り。

先に中有りて、焉ち外有り。先に小有りて、焉ち大有り。先に柔有りて、焉ち剛有り。先に圓有りて、焉ち方有り。先に晦有りて、焉ち明有り。先に短有りて、焉ち長有り。中外・小大・柔剛・圓方・晦明はいずれも相對的概念なのであるから、一方が他の一方に先立って存在するなどと言うのは、『老子』第二章「天下皆知美之爲美、斯惡已。皆知善之爲善、斯不善已。故有無相生、難易相成、長短相較、高下相傾、音聲相和、前後相隨。」を見ても明らかな通り、いささか解し難いことである。

（5）第五章〔天道は永遠の循環運動をしていることを述べる。〕

天道既載、隹（唯）一㠯（以）猶一、隹（唯）復（復）以猶復（復）。亙（恆）、炁（氣）之生、因／⑤復（復）亓（其）所慾（欲）。明明天行、隹（唯）復（復）㠯（以）不灋（廢）。

> 天道既《ことごと》く載《そな》わり、唯だ一のみならば以て猶一なるがごとく、唯だ復するのみならば以て猶復するがごとし。恆は、氣の生じて、因りて其の欲する所に復す。明明たる天行は、唯だ復して以て廢《すた》れず。

唯だ一のみならば以て猶一なるがごとく、唯だ復するのみならば以て猶復するがごとし。「一」と「復」が對になっている。「一」は、第一章で「虚靜爲一若寂」として見える。これを參照すれば、ここでの「一」も萬物が生じる以前の混沌未分の状態を指していると解せよう。「復」は、第二章で既に見えている。『老子』の「復歸」と同様な意味である。但し『恆先』では、一度生じた物が、「或」の中で活動し巡って元の所に立ち返っていくことを意味していた。「復」とは、「一」なる混沌から萬物が生じた後のことを問題にしていると考えられるから、ここでは混沌未分の「一」と萬物發生後における「復」とを對比的に言うものと解すべきであろう。

恆は、氣の生じて、因りて其の欲する所に復す。「恆、氣之生」を、「恆氣之生」として、「恆氣が生じたのは……」と讀む者が多い。だが、「恆」と「氣」は、第一章によればそれぞれ別個の實在概念であったこと、また第二章の「恆、氣之生、不獨有與也。」では、「恆」と「氣」を分けて讀んだことなどを踏まえて、ここも「恆は、氣が自生していく際に、……」の意に解しておく。「因復其所欲」の句は、第三章に「因生其所欲」とあり、これを「因りて其の欲する所を生ず」と讀んだことを踏まえて「因りて其の欲する所に復《か》へす」と訓讀し、「(もともと)氣は自生したのであるから、氣が望むところに立ち戻らせる。」の意に解しておく。「其」は「氣」を指す。「因」は、ここでも原因の意。「氣」から天地萬物が發生した後に、「氣」が望んでいる然るべき所に立ち返らせるはたらきをするのが「恆」であること。すなわち「恆」は「氣」の生成運動には關與していないけれども、「氣」の「生」と「復」といういわば循環運動にははたらきかけていると言うのであろう。つまり、「氣」というそもそも

物質的な實在は、既に述べた如く理法的なはたらきを內在させていないために、それ本來の所に立ち戻ってはまた生じるという意味での「復」、すなわち「氣」の循環運動を「氣」それ自身は司ることはできないと考え、「恆」がその役割を與えられてここに登場した、と解しておきたい。ところがそうすると、「氣」が神妙なるはたらきをしているとする先の一節とどのように整合的に解釋すべきかが問題となる。そこで「氣」は萬物の生成運動において、「恆」は萬物の循環運動において、それぞれ理法的な役割が割り當てられていたと解する他はない。

明明たる天行は、唯だ復して以て瀌（廢）れず。「明明」は、李零氏によれば、「昏昏」と對照をなしており、明明察察たる狀態を形容している。「天行」は、『荀子』天論篇冒頭に「天行有常……」とあるように、天のはたらき、天の運行を意味する。先の「天道」の意味に近い。「唯復」は前出、ただひたすらに復歸すること。「復歸」の「復」は同時に「反復」の「復」でもある。明明たる天の運行は、季節の循環、晝夜の交替に見るように、必ず元の所に立ち戻ってはまた始まるといった循環運動を行うので、衰えることなく、永遠に動き續けるのである、と言おうとするものと思われる。

（6）第六章〔小事物から宇宙の大に至るまで常に思いをめぐらせつつ、名實を確實に一致させておかなければならないことを述べる。〕

智（智）暨（旣）而巟（荒）思不宎（殄）。又（有）出於或（域）、生（性）出於又（有）、音（意）出於生（性）、言出於音（意）、名出於／⑥言、事出於名。或（域）非或（域）、無胃（謂）或（域）。又（有）非又（有）、無胃（謂）又（有）。生（性）非生（性）、無胃（謂）生（性）。音（意）非音（意）、無胃（謂）音（意）。言非言、無胃（謂）言。名非／⑦名、

無胃（謂）名。事非事、無胃（謂）事。

既《きざし》〔幾〕を智《し》〔知〕りて荒《あまね》〔大〕く思えば殄《ほろ》〔亡〕びず。有は域より出で、性は有より出で、意は性より出で、言は意より出で、名は言より出で、事は名より出づ。域、域に非ざれば、域と謂うこと無し。有、有に非ざれば、有と謂うこと無し。性、性に非ざれば、性と謂うこと無し。意、意に非ざれば、意と謂うこと無し。言、言に非ざれば、言と謂うこと無し。名、名に非ざれば、名と謂うこと無し。事、事に非ざれば、事と謂うこと無し。

有は域より出で、性は有より出で、意は性より出で、言は意より出で、名は言より出で、事は名より出づ。「或（域）」と「有」は宇宙的廣がりを持つ大空閒と、そこに個物としての形を取る前の混沌たる存在そのもの。「性」「意」はその世界に身を置く人閒そのもの。「言」「名」は人閒の營爲。「事」は人閒の營爲を原因とする諸現象。つまりこの一文は、「或（域）」と言う宇宙空閒に相當する極大世界から、人閒（「性」）とそれから發生する心理（「意」）と言う仲立ちを經て、人閒社會特有の現象（「事」）やそれに與えられた「名」へと極小個別へと連結していくことになる。これこそが上文に言うところの「極小なことをわきまえつつ極大なことへと思いを巡らしていくことができれば、身を危うくすることがない」と言っていることの具體的な説明になるのであろう。

域、域に非ざれば、域と謂うこと無し。有、有に非ざれば、有と謂うこと無し。性、性に非ざれば、性と謂うこと無し。意、意に非ざれば、意と謂うこと無し。言、言に非ざれば、言と謂うこと無し。名、名に非ざれば、名と謂うこと無し。事、事に非ざれば、事と謂うこと無し。　空閒が空閒としての實質を備えていなければ、これを空閒とは言わない。存在が存在としての實質を備えていなければ、これを存在とは言わない。本性が本性としての實質を備えていなければ、これを本性とは言わない。心意が心意としての實質を備えていなければ、これを心意と

は言わない。ことばがことばとしての實質を備えていなければ、これをことばとは言わない。名づけが名づけとしての實質を備えていなければ、これを名づけとは言わない。ことがらがことがらとしての實質を備えていなければ、これをことがらとは言わない、の意となるのであろう。このように概念を嚴密に意味づけることと、これを嚴格に運用するべきことを主張する本節は、これら概念を十分に吟味しないまま妄りに使用しているために世界觀の混亂が起きている現狀を批判しようとしている。

（7）第七章〔天地自然界は何らことさらな作爲がなくとも順調に推移することを述べる。〕

恙（祥）宜利主（巧）采勿（物）、出於叏（作）焉又（有）事。不叏（作）無事。叏（擧）天之事自叏（作）。爲事甬（庸）㠯（以）不可賡（改）也。

祥宜・利巧・采物、作《さく》〔人爲〕に出づれば焉ち事有り、作《な》さざれば事無し。擧天の事は、自《おのずか》ら作こる。事を爲し庸《もち》いれば以て改むべからず。

采物　李零氏は「采」字を「採」に釋するが、李鋭「《恆先》淺釋」・龐樸「《恆先》試論」の「多彩多姿」との解釋に從う。

擧天の事は、自ら作こる。事を爲し甬（庸）いれば以て賡《あらた》むべからず。　曹峰氏前掲による。また、このように讀むと「この天地自然界のことは、（人爲の介入なしにすべて）それ自身が自發的に爲し遂げられるのである。こうしたものに對して何事かを爲そうとはたらきかけてみたとて、改變することなどできない。このように天地自然

界は何らことさらな作爲がなくとも順調に推移するのである」ことを言明したものと解し得る。なお「擧天」とは、より嚴密に言えば「擧天地」と言うべきなのであろうから、天地自然界の萬端の意に解しておく。

（8）第八章〔作爲によらず無爲による統治の成果をこそ期待すべきことを述べる。〕

凡／⑩言名、先者又（有）𢝊（疑）忘（妄）言之、逡（後）者斈（學）比焉。㪯（擧）天下之名、虛䛒（樹）習、㠯（以）不可改也。㪯（擧）天下之乍（作）、强者果天下／⑪之大乍（作）、亓（其）𥧍（冥）尨不自若。乍（作）甬（庸）又（有）果與不果、兩者不灋（廢）。㪯（擧）天下之爲也、無夜（掖）也、無與也、而能自爲也。／⑫㪯（擧）天下之生、同也。亓（其）事無不复（復）。天下之乍（作）也、無許（迕）亟（極）、無非亓（其）所。㪯（擧）天下之乍（作）也、無不㝵（得）亓（其）亟（極）而果述（遂）、甬（庸）或／⑬㝵（得）之。甬（庸）或遊（失）之、㪯（擧）天下之名無又（有）灋（廢）者與。天下之明王明君明士、甬（庸）又（有）求而不𢗓（慮）。

凡そ名を言うに、先なる者疑《なぞら》えて之を妄言すること有れば、後るる者學び比《した》しむ。擧天下の名、虛しく樹《た》ちて習えば、以て改むべからざるなり。擧天下の作は、强者は天下の大作を果《な》し、其の𥧍尨《しぼう》として自若ならず。作《な》して庸《もっ》て果《な》ると果《な》らずと有りて、兩者廢《すた》れず。擧天下の爲や、掖《たす》くること無く、與《くみ》すること無く、而も能く自《みずか》ら爲すなり。擧天下の生、同じきなり。其の事復さざること無し。天下の作や、極に迕《たが》うこと無ければ、其の所に非ざること無し。擧天下の作や、其の極を得ざること無くして遂ぐることを果《な》せば、庸《も》って之を得ること或《あ》り。庸《も》って之を失うこと或れば、擧天下の名は廢るる者有る無《こと》からんか。天下の明王・明君・明士は、庸《な》んぞ求めて慮らざること有らん。

斈（學）　李零氏前掲は「校」に釋するが、趙建功「《恆先》易解・下（修訂稿）」に從い讀んだ。

無夜（掖）也。　龐樸氏前掲の「夜、讀如掖、扶持。」との解釋に從った。

天下之生　李零氏前掲はここの「生」字も「性」に釋するが、字のごとく讀む方がよい。

無許（迕）亟（極）　廖名春「上博藏楚竹書《恆先》簡釋（修訂稿）」の「許、讀爲迕、忤逆」との解釋、及び李銳氏前掲の「極、原釋文以爲從亙從止、但字形與一般『亙』不同。疑當釋爲『亟（極）』」との解釋に從った。

凡そ名を言うに、先なる者疑《なぞら》えて、之を妄言すること有れば、後るる者斈《まな》び比しむ。總じて人は「名（名づけ）」を「言（ことば）」によって發する際に、先行者が妄りに「言（ことば）」にして發するものだから、後に續く者たちは、それを學んで親しいものにしてしまうものであることを言う。つまり、「事（實）」の裏附けがなければならない「名」が「事（實）」との一致を曖昧にしたまま「言（ことば）」にしてしまうので、それがあたかも正しい「名」であるかのようにやがて受け入れられ定着していってしまうことを言う。これは、「名實不一致」なる現狀への批判である。

擧天下の名、虛しく屬《た》ちて習えば、以て改むべからざるなり。　人閒世界に流通する「名」は、實を伴わない虛名であっても、それがひとたび成立してしまえば、人々はそれを繰り返し習い覺えてしまうのでやがて改めることができなくなる。

擧天下の爲や、夜くること無く、與《たす》すること無く、而も能く自ら爲すなり。　「无夜也、无與也」は、何らの手助けもせずに、一切放任しておくこと。「能自爲」とは他者からの命令やはたらきかけなくして自發的に行爲することができるの意。人閒社會におけるもろもろの「行爲」は、何ら手助けせず一切放任していても、自發的に何らかの行爲を行うだけの能力を備えていることを言う。『老子』の所謂「百姓皆謂我自然」（第十七章）や「我無爲

而民自化、我好靜而民自正、我無事而民自富、我無欲而民自僕」（第五十七章）」である。つまり、治者が無爲であっても、統治の結果は必ず出ることを言う。「无夜也无與也」と「能自爲」は主體が異なる。前者は治者であり、後者は被治者である。

擧天下の生、同じきなり。其の事復さざること無し。「復」は第二章の用例「求欲自復、復生之生行」が參照できる。すなわちそこではすべての生物は自らそれ自體に立ち返っていくことを求め、そこから再び生まれ出て活動を始めるという無限の循環が述べられていた。ここではそのことに再び言及したと解する。この人閒社會における人閒を含むあらゆる生物は皆同樣に、誰に命ぜられるでもなく、それぞれ皆死んでは生まれるというように無限の循環を繰り返している、と言うのである。

擧天下の名は廢れる者有る無からんか。天下の明王・明君・明士は、庸んぞ求めて慮らざること有らん。諸說あるが、「人閒世界に流通する名は（實が失われていくにつれて）廢れ忘れ去られていくことがないであろうか、おそらく廢れていってしまうことであろう。それならば天下の明王・明君・明士が、どうして名を求めるばかりで名實が一致すべきことについて思いを巡らさずにいようか、思い巡らしているはずである。」の意味に釋しておく。

第二節　「氣」の思想史概観

本節では、先秦から漢代にかけての氣の思想史を概觀しておく。とりわけ宇宙生成論と「氣」、また「道」と「氣」の關係について、「道＝氣」論、氣一元論などの概念を用いて、これまで明らかにされていることを簡單にまとめておきたい。

戸川芳郎氏は、先ず「氣」概念が文献にいつ頃から登場したかについて以下のように言う。[126]

①「氣」字の出現は戰國初期の銅器を待たねばならない。[127]
②生命現象としての氣息や、自然の運行を象徴する大氣は、戰國期に成立する諸文獻に一齊に現れてくる。[128]

としたうえで、こうした氣論が大きな思想的展開を遂げて、

③西漢後期……具象世界の陰陽二氣の持つ活源力の根元に、氣の始元たる「元氣」を想定した。
④『白虎通』天地篇に「故乾鑿度曰、太初者氣之始也。太始者形兆之始也。太素者質之始也。」とあるように、鄭玄の注を得て魏晉以後にも影響を與えた易緯『乾鑿度』は、氣・形・質の始元としての太初・太始・太素の三氣を想定した。
⑤この三氣説のみが、東漢において元氣の萬物生成の元始狀態を表現していたのではなく、趙咨は、臨終に際し薄葬を子の趙胤に遺書して、「夫亡者、元氣去體、定貞魂游散、反素復始、歸於無端。」（『後漢書』趙咨傳）と、氣魂は元氣の始元へと復歸することを言った。

と、漢代の生成論の中心に「氣」論が組み込まれていく過程を説明し、その萬物生成の根元である「氣」が當然にも「道」と一體化していくことを次のように説明する。

⑥張衡（七八～一三九）は、「太素之前、幽清玄靜、寂寞冥默、不可爲象。厥中惟虚、厥外惟無」（『後漢書』天文志上劉昭「注補」引）として、この宇宙「本元」論は、形象を取り得ない玄默で虚無の、永久なる「冥涬」界を太素以前の「道の根」とした。

⑦張衡の友人王符は、『潛夫論』本訓篇で天人相關思想のもとに統治支配の原理を説き、元氣と天人の「道」との論理的な關係を追究する「道氣」論を以下のように展開した。

上世之世、太素之時、元氣窈冥、未有形兆。萬物合并、混而爲一、莫制莫御、若斯久之。翻然自化、清濁分別、變成陰陽、陰陽有體、實生兩儀、天地絪縕、萬物化淳、和氣生人、以統理之。是故道德之用、莫大於氣。道者（氣）之根也。氣者、道之使也。必有其根、其氣乃生。必有其使、變化乃成。（傍點引用者）

この「道＝氣」論は天體自然の運行に關心の中心をおくのではなく、人閒社會のあり方を論ずるのに熱心であった。

また、無の世界から有の世界が生まれる契機については、やはり漢代の文獻を擧げて以下のように解説する。

⑧鄭玄が『乾鑿度』の「太初者、氣之始也。」に注して、「元氣之所本始。太易既自寂然無物也。焉能生此太初哉。則太初者亦忽然自生。」と、有と無の關係はこのように截然と隔絶しており、天地の有物は忽然として自生すると考えた。

⑨この「忽然自生」説、言い換えれば魏晉に發展した「無」の存在論は、その發生をこの鄭注『乾鑿度』に求めることができる。

このように、前漢末期から後漢にかけて、氣論は陰陽思想の基礎としての元氣論となり、緯書の形成に影響することとなったと言うのであるが、特に④~⑨の指摘は、『恆先』の氣論とも大いに關係してくるので、重要である。

また馮友蘭『中國哲學史新編』（一九八三年修訂本）は、第十七章（稷下黃老之學的精氣說）第三節（黃老之學關于〝精氣〟的思想）において、

⑩稷下黃老之學開始用〝氣〟以說明〝道〟、認爲〝道〟就是〝氣〟或精氣（二一〇三頁）

とか、

⑪稷下黃老之學認爲〝道〟就是〝氣〟。萬物都是從〝氣〟生出來的。（同）

と言って、「氣」と「道」を結びつけたのは稷下黃老學派であったとする。ところがそう結論づける根據を、

《內業》篇說、凡道無根無莖、無葉無榮、萬物以生、萬物以成、命之曰〝道〟。這是認爲〝道〟不是具體的個別東西。它認爲這種未規定的〝道〟、不是超自然的東西、而是〝一個有定的自然〟——〝氣〟。《管子・樞言》篇說、〝道之在天者、日也。其在人者、心也。故曰、有氣則生、無氣則死、生者以其氣〟。

と説明している。「氣」と「道」との閒に、こうした傾向のあることは否定できないものの、馮氏の言うように、果たして「道就是氣」と認識していたとしてよいかどうか、すなわち「道＝氣」論が展開されていたと見てよいかどうか疑問である。

福永氏が、『氣の思想』で、

⑫……これらの篇に（引用者注　『淮南子』原道篇・道應篇・謬稱篇を指す）「道」とは、具體的には天地宇宙の閒に遍滿する「氣」のあり方を説明するものにほかならず、「氣」のあり方を理念化し形而上化したものが「道」の概念である……「道」を「氣」とし、「元氣」を「道」とする氣一元論的な思考を加速度的に強めている……」（一四一頁）

と述べて、馮氏が言うように、「氣」を「道」などとともに議論の對象にしていたのは戰國中後期の稷下に活躍した黃老學派であったとしても、「氣」を「道」と結びつけて「氣一元論」的思考にまでまとめ上げていったのは、漢初を待たなければならなかったとしている。このことは『恆先』の記述とも決して矛盾しない。なぜなら『恆先』も萬物生成の根元としての「氣」の語は見えているものの、それを直ちに「道」と結びつけて論じていないからである。『恆先』は、當然「道＝氣」論以前の述作である。

なおここに見えている「氣一元論」は、「理氣二元論」に對立するもうひとつの存在論として考えると分かりやすい。いわゆる「理氣二元論」が、存在には「理」という形而上的存在と「氣」という形而下的存在との全く本質の異なる存在に分けることができ、形而下的存在たる「氣」は、「理」の支配を受けているとするのに對し、「氣一元論」

とは、「無」から「有」が生まれていく過程、すなわち宇宙の生成作用において、これを擔う理法的、物質的根據として「氣」が一元的にその役割を果たしているとする考えである。つまり、「氣」はそれ自體で自律的に萬物を生成させることができると言うのであるから、「氣」はそれ自體に理法的性格を內在させているとしなければならない。そうであるからこそ「氣＝道」とする認識ができあがっていったわけである。

「氣」の思想史を概觀した結果、「氣」と道家の關係をもう少し考察しておかねばならなくなった。節を改めて道家の「氣」論を見ておく。

第三節　道家の「氣」論 ―「道」の思想との關聯において

儒家が「心」を「氣」よりも重視していたのに對して、道家は「氣」を「心」よりも優先していたことが知られている[129]。では道家が「氣」を重視する理由は何だったか。

福永氏は、

> 先秦時代における道家の思想を同じく儒家の思想と比較するとき、……その最も大きな相違點は、儒家の思想があくまでも現實の人閒世界を問題とするのに對して、道家の思想は、この人閒世界の始まり、いな世界そのものの始まりを問題とするところにある……（『氣の思想』一二六頁）

と、その理由を述べる。これによれば、宇宙生成論を說く『恆先』はまさしく正眞正銘の道家文獻だと言えよう。し

かしながら、『楚辭』天問篇、『淮南子』天文訓などは、宇宙生成論を問題としているものの、必ずしも道家文獻であると言うことはできない[130]。そもそも宇宙の起源や生成について知りたいとする欲求は、必ずしも道家特有の問題意識であったとばかりは言い難い。だが、道家が「道」の思想を前面に押し立てて、「道」の屬性として時空を超えた永遠性・普遍性・絶對性を强調しようとする時、當然にも「道」は宇宙の起源や生成と關聯づけて論じられることとなったのは容易に理解できる。

また福永氏は、

先秦時代における道家の「氣」論は、これを大きく分けて、世界の始まり、天地と萬物の生成を「氣」によって説明する宇宙生成論的なそれと、天地宇宙の閒に生を稟けた人閒がどのようにして自己の生を全うし……得るかの英知を「氣」によって説明する養生もしくは養性論的なそれとの二つとすることができるであろう。そして宇宙生成論的な「氣」論と養性論的な「氣」論とが一應區分されながら、その根底においては相互聯關的な繋がりを持ち、究極的には一體のものであるとされるところに道家の「氣」論の特徵が見られる。（『氣の思想』一一七頁）

と述べて、「氣」の宇宙生成論と「氣」の養性論を究極的には一體のものとするところに道家の氣論の特徵が見られるとしている。ところが『恆先』においてはそうではなく、宇宙生成論と政治論が一體のものとされているところにむしろ大きな特色が見られると言うべきであるが、この點については　本論ではこれ以上の論及は行わない[131]。

第四節　『恆先』における「恆」の意義——道家の「道」と關聯させつつ

冒頭の「恆先無有」の句について、「恆」は天地宇宙生成の始原的實在と解されている。それ故、意味上は『老子』の「道」に相當すると言ってもよかろうけれども、果たしてその通りと認めてよいであろうか。(132)「恆」を中心とする『恆先』の宇宙生成論は、『老子』の「道」を中心とする宇宙論と相違することが指摘されており、再考を要する問題であろう。(133)

淺野裕一氏は冒頭の一節を「恆先無、有質靜虛」と切って讀み、「恆先」を「恆なる原初の段階」と釋す。すなわち「恆」を「宇宙の始原そのもの」を指す語と理解するが、「道の別稱だと見なすべきではない」と言う。(134)

趙建功氏のように、「恆」を「道であり、宇宙の本原である」とし、「先」を「初めであり、太初であり、宇宙演化の最初である」として、「恆」を「道」の意義に解釋することはそれほど誤りではないとしても、思想史研究の視點が脱落してしまう危惧がある。つまり思想史的に見れば、「道」の性質が「恆」の語で説明されることはあっても、その逆、すなわち「恆」が「道」で説明されることはあり得ないはずなのである。そうであれば「恆」が果たして「道」と同義であるとしてよいのか。このことを考察しておかねばならないだろう。

そもそも「道」の語の原義は、道義的意味は全くなく、單なる「人の歩く道」、目的地に向かうための「道筋」という意味であった。(135)そしてある目的を達成するための「手だて・方策」といった意味がそこから派生していった。そうして儒家において特徴的であるように、『論語』の「朝知道、則夕死可也」とか、『孟子』の「仁人之心也、義人之道也。」などのように、人の踏み行うべき正しい道（＝道理）といった道義的觀念を表す意味へとさらに派生していっ

たのである。

ところが、道家はこれに萬物の生成化育の理法としての意味を與え、その意味が形而上的に深められていったことはよく知られている。そして道家によってかかる形而上的意味附けがなされた「道」が、やがて『繫辭傳上』に「一陰一陽之謂道」と見えるように易學にも採用されていったのである。このような經緯を經て、天地宇宙の自然のはたらき、すなわち理法をも「道」と名附けるようになっていったことが分かる。

さらにこれに加えて『老子』には宇宙生成論が語られており、その際の宇宙生成の始原、つまり本體を意味する語としても「道」が用いられている。そこで『老子』における「道」の意味を整理すると、およそ三通りとなる。
（1）人の生き方や政治のあり方の規範としての「道」（＝「人之道」）。
（2）天地萬物の生成化育の理法としての「道」（＝「天之道」）。
（3）宇宙生成の始原・本體としての「道」。
傳統的な「道」の意味は（1）であり、道家が（2）の意味を附け加えたのであり、わけても（3）の意味は『老子』に特有のものであることに注意しなければならない。

ところで（2）と（3）の形成の前後關係であるが、（2）（3）が同時に形成されたか、もしくは（1）に近い意味を持つ（2）が先行し、これを（3）の形にして宇宙論にまで敷衍したと考えるのが妥當であろう。そうであれば『老子』における「道」の語は、道家の宇宙生成論が獲得した獨特かつ究極的な概念なのであって、他の語によってこの「道」を說明することはできても、この「道」の語は他のいかなる語によっても代替させることのできない最重要概念であると言わねばならない。

「恆」は萬物の始元的存在乃至本體として規定されているのであるから、「道」もその點では同様であると言える。

ところが『老子』の「道」は單に萬物生成の始元であるばかりでなく、その後の天地萬物の主宰者でもある。

これに對し『恆先』では、「恆」を萬物の始元的存在として規定した後、そこからやがて「氣」が自ら發生したことを言い、その「氣」から天地萬物が生成されていくプロセスにおいて、「氣」にすべてを委ねていて、「恆」は關與していないと斷言すらしている。從って、この點において「恆」が「道」と同義であるとは言えないのである。

次節に述べるように、『恆先』は萬物の生成化育を語る時に「道」ではなく「氣」の用語を用いている。「恆」は『老子』の「道」と同等たり得ないこと、換言すれば『恆先』の「恆」は『老子』の「道」のうち（2）の意味はなく、（3）の意味を共有するに過ぎない。では、『老子』の「道」の（2）の意味を擔うのは何であろうか。[136]

そこで問題にしなければならないのが「氣」の語である。既にこれまで詳細な分析によって明らかになったように『恆先』の宇宙生成論においては、「恆」に次いで重要な位置を占めていたのが、この「氣」だったのである。

第五節　『恆先』の「氣」論 ―「道」と同義か？

この問題を考察するには「恆先無有。……自厭不自忍。或作。有或焉有氣。有氣焉有有。有有焉有始。有始焉有往者。未有天地。」から始めなければならない。ここでは、「恆先」（＝時間も空間も物質も何もかも一切が存在しない始原の狀態）→有「或（域）」（＝空間、いわば眞空狀態が有るようになった狀態）→有「氣」（＝エネルギー、宇宙空間をエネルギーが充滿するようになった狀態）[137]→有「有」（＝宇宙空間を充滿するエネルギーが凝固して「物質」の形態を取るようになった狀態）→有「始」（＝時間の始まり、空間に時間が伴うこととなった狀態）→有「往」（＝運動の始まり。時間と空間の中に物質の運動が生まれた狀態）→未有天地（だが未だ天地は生成していない狀態）、と世界の始まりが準備された狀態をそれぞれの

段階毎に述べていく。その後ようやく天地が生成していくのだが、この生成も「氣是自生。恆莫生氣、氣是自生自作」とあるように、自動生成であって、相互の閒に因果關係はないし、また何らかの意識がはたらいて生成された結果でもない。文中で使われる「有〜、焉有〜」とは、そうした意味である。『老子』のように、「道」が「生」ぜしめたのではない點において大いに異なるのである。『老子』は第四十二章で「道生一、一生二、二生三、三生萬物。」と言い、第四十章で「天下萬物生於有、有生於無。」と言うなど、「道」＝「無」が「有」を「生」じたと、明確に「有」を「生」じたのが「無」であることを言って、「無」なる「道」が「母」に喩えられるのである。また『老子』の「道」は、萬物を生成せしめる根元的實在であると同時に、萬物を生育せしめる理法的實在でもあるが、「恆」は直接的にはその前者の意味すら與えられていない。しかも「恆」から自生した「氣」は、「自生自作」するところから「氣信神哉」と言われるように、そのはたらきは極めて靈妙なのである。その點では、『老子』の「道」の理法的な機能をこの「氣」が擔っているとして讀み取ることが可能である[138]。

　ところで「氣」とは、『莊子』知北遊篇・『禮記』樂記篇・『管子』樞言篇・『呂氏春秋』季夏紀名理篇などにある通り、「生物をして生あらしめ、生活活動を可能ならしめる力」であり、それは「人閒及びそれ以外の生物をも通じて言える觀念[139]」であって、宋學において理氣二元論が問題になったように、「氣」のみでは、實は萬物生成發展の理法は明らかにし難いのである。そこで「氣」をコントロールする何らかの理法的な役割をするものが求められることとなったのであるが、『恆先』では「氣」を「神」なるものとして論じていることから、「氣」それ自體にそうしたはたらきが內在していると考えていたとしなければならない。

　このように『恆先』を「氣」の概念を軸に分析していくと、「恆」よりも「氣」をこそ萬物の始元であるとしなければならず、その意味では確かに「氣一元論」といってよい內容であることが分かる。そこから「氣」が直接「道」

と結びつけられてはいないものの、本篇においては冒頭の「恆」ではなく、むしろ「恆」に次いで現れる「氣」こそが、「道」として理解されるべきであるとの見解を引き出すことが可能なのである。

さてそうなると『老子』の「道」と同義に解釋すべきは「恆」であろうか、それとも「氣」であろうか。もし「氣」であるとした場合、「恆」は「道」に先立つ實在として位置づけられねばならず、『老子』の宇宙生成論の始元を「道」におく發想と齟齬を來さざるを得ない。その反對に「恆」であるとした場合、「恆」から「氣」への發生は因果關係になく、しかも「氣」は「自生自作」したと言っている通り、萬物の始元は「氣」でこそあれ「恆」ではあり得ず、從って『老子』が萬物の始原として「道」を置いているのとやはり齟齬を來す。

つまり、『恆先』における「恆」と「氣」のいずれを『老子』の「道」と關聯づけて解釋しようとしても、整合的には解釋できない。『老子』の「道」は宇宙未生以前の根源的實在であると同時に、宇宙萬物を產み育んだ「母」なる存在なのである。ところが、『恆先』の「恆」も「氣」も、單獨ではそうした意味は全く持たないのであるから、結局『老子』の「道」の思想を用いて『恆先』を解釋することは斷念しなければならないことになる。このことはいったい何を意味するのであろうか。

むすび

『老子』の「道」の思想は、先秦道家における「道」の思想の最終到達點であったと考えると理解しやすい。すなわち、楚簡『老子』丙本の一部『太一生水』の天地生成論や『恆先』の宇宙生成論などが『老子』のそれに先行したのであるが、これらが道家の主要概念である「道」と整合的な關係を取ることができなかったために、『老子』にお

いて、「道」の思想を中核に据えて再構成されたと考えるべきなのである。[140] このように考えると、『老子』の成立はこれら諸本が世に出た後であるとせねばならないことが分かる。

『淮南子』天文訓冒頭部分の生成論は、本來「太始→虛廓→宇宙→氣」の順序を取っていて、本來「道」とは無關係に構想されていたと考えられるにもかかわらず、現行本は何人かの手によって「太始＝道→虛廓→宇宙→氣」と書き換えられたのであろうと王引之は指摘している。このことも宇宙生成論が本來道家の「道」の概念とは別個に構想されていたことを示唆している。

では、こうした宇宙生成論の由來をどこに求めるべきであろうか。それは『楚辭』天問篇の

遂古之初、誰傳道之。上下未形、何由考之。冥昭瞢闇、誰能極之。馮翼惟像、何以識之。明明闇闇、惟時何爲。陰陽三合、何本何化。

に求めることができる。この一節は、「遂古之初、上下未形、冥昭瞢闇、馮翼惟像、明明闇闇、陰陽三合……」とのいわゆる宇宙生成論について、句毎に疑問を投げかけていったものである。「遂古之初、誰傳道之」に施された王逸注に「遂、往也。初、始也。言往古太始之元、虛廓無形、神物未生、誰傳導此事也」とあることからも分かるように、天文訓と極めて類似する宇宙生成論が語られているものの、宇宙の本源に「道」が實在していたとは言っていない。このように宇宙生成論と『老子』の「道」の思想は本來無關係であったと考えることができる。

例えば馬王堆帛書のいわゆる黃帝四經中の『道原』には、更によく似た一節がある。すなわち、

恆无之初、迵同大虛。虛同爲一、恆一而止。濕濕夢夢、未有明晦。神微周盈、精靜不配（熙）。古（故）未有以、萬物莫以。古（故）无有刑（形）、大迵无名。天弗能復（覆）、地弗能載。小以成小、大以成大。盈四海之內、又包其外。在陰不腐、在陽不焦。一度不變、能適規（蚑）僥（蟯）。鳥得而蜚（飛）、魚得而流（游）、獸得而走、萬物得之以生、百事得之以成。人皆以之、莫知其名。人皆用之、莫見其刑（形）。

陳鼓應氏は、「虛同爲一、恆一而止」の「一」について、「指天一氣、實卽道」と注して、これを「道」についての論說であり、しかもその「道」は「氣」と言い換えることもできると言っている。(141) しかし、本文中に直接「道」の語が見えていないことに注意しなければならない。

その意味で、戸川氏の次の指摘は極めて重要である。

道家のいわゆる「道」の思想は、漢初の黃老思想の中で鍊成されたものであろう。……「道は一を生じ、……二を……三を……萬物を生ず」とする段階的な生成論は、陰陽家の自然觀（引用者注　同書一八三頁に「人閒を含む萬物すべてが一氣から生成され、……天地に遍滿する物質の氣は質的・量的にはそれぞれ差異を有するものの、人閒と自然とが、同元の氣から成り立っていることは、自然の運行を可能にしている大氣の運動と、人閒の生命現象としての呼吸運動とが、その根元において氣という物質の同一種類の活動力によって支えられている、ということ」とあるのがそれであろう。）とは無關係の獨自の道の思想であって、すでに他の諸思想の觀念を宇宙生成の本體としての道にすべて歸一せしめようと說く論理をあらわに示している。（『氣の思想』一九〇頁）

氏は、陰陽家によっていったん完成された「氣」を根底に据えた生成論が、道家によって「道」の概念で潤色されたとするのである。

このように考えてくると、『老子』の「道」の思想は、「道」の思想史の觀點に立つ限り、宇宙生成の始原を單に「恆」と稱してその理法的性格に言及していない『恆先』よりもさらに後出のものでなければならないと結論できる。但し、黄老思想の展開の中で完成していった『老子』の「道」の思想は、戸川氏のように漢初まで下げる必要はない。なぜなら、黄老思想は既に戰國中期から次第に發展を遂げていたと見られるからである。

附　論

「道原」とか「原道」とかの語は、「道」の思想が道家内部で更に深化していく過程で作り出された觀念であろう。例えば、『恆先』とほぼ同樣に「恆無之初、迵同太虛。虛同爲一、恆一而止。濕濕夢夢、未有明晦、神微周盈。精靜不熙。」で始まる馬王堆帛書『道原』であるが、『恆先』と大きく異なるのは、この後に「一者其號也。虛其舍也。無爲其素也。和其用也。是故上道高而不可察也、深而不可測也。」とか、「道弗爲益少、……道弗爲益多。」「服此道者、是謂能精。明者固能察極。」「上虛下靜而道得其正」「得道之本、握少以知多。得事之要、操正以正奇」「抱道執度、天下可一也」などと、「道」を主な主題として論じている點である。このことからも明らかなように、冒頭部分が「道」の屬性を述べていることは疑う餘地がない。

これは『淮南子』原道訓の場合も同樣である。原道訓では、その冒頭に「夫道者……」とあるように、「道」を前面に推し立てて論を展開していく。また、道について論じることが必ずしも直接の目的ではなく、天文についてその

生成から論じている天文訓においても、冒頭に

天墜未形、馮馮翼翼、洞洞灟灟、故曰太昭。道始于生虛霩、虛霩生宇宙、宇宙生氣。氣有涯垠、淸陽者、薄靡而爲天、重濁者、滯凝而爲地。……天地之襲精、爲陰陽、陰陽之專精、爲四時、四時之散精、爲萬物。

とあって、これについて王引之は、「太昭」を『易緯乾鑿度』や『楚辭』天問篇王逸注によって「太始」に改めるべきであり、「道始于虛霩」は本來「太始生虛霩」であったのを後人が改竄したのであろうと言うのであるが、これは現在の『恆先』の「恆」を一部の研究者が無前提に「道」の別稱として解釋してしまっているのと全く同類の發想がその背景にある。

さらに楠山春樹氏はこの冒頭部分の一部「故曰太昭。道始于生虛霩、虛霩生宇宙、宇宙生氣。」に注釋して、次のように言っている。

原本のままで讀むと「天地未形の馮翼たる狀態は太昭（始）と稱するが、それは道にほかならず、その道から虛霩を生じ、虛霩から宇宙を生じた…」となり、道家的生成論をいうものとして、これでも通ずる。しかし「天文篇」には、記述の性格もあって道家說は殆んど見えず、また王引之によった方が、太始→虛霩→宇宙→氣という生成の順序が整うので、これに從うこととした(142)。

この楠山說に從えば、こうした宇宙生成論が說かれる天文訓は、總じて道家思想とは直接關係しないと言ってよい

から、王引之の如くに改めることは許されるであろう。そうして、ここに説かれる宇宙生成論が道家思想とりわけ『老子』の宇宙生成論と極めて親和性の強い性格を持つものであることが明らかに見て取れる。そしてこの兩者を結びつけるうえで、その橋渡しの役割を演じたのが『老子』の「道」の思想であったことが明らかに知られるのであるが、これは言い換えれば、そうした概念操作を通じて、思索が深まると同時に、擴がることとなり、結果として道家の「道」の思想がより一層奥深い領域へと誘われていくこととなったのである。

第五章　『莊子』天下篇考

はじめに

『莊子』三十三篇中最後に置かれる天下篇は、福永光司氏の次のような解題によってその內容をおおよそ知ることができる。(143)

「天下」の篇名は篇首の二字をとって名づけたもの。『莊子』全體の後序的な性格を持つこの篇の內容は、……當代の學術を大觀し、墨翟・禽滑釐から關尹・老聃および莊周に至る諸學派の思想の特徵的な立場を解說批評する……その墨翟・禽滑釐・宋鈃・尹文・田駢・愼到・關尹・老聃らの思想を解說批評する立場は、內篇『莊子』の思想的立場に極めて近く、……先秦諸學派の思想を具體的に解說する資料としては現存最古のものであり、また內容的にも第一等の價値を持つ貴重な思想史研究資料である。（四七七～四七八頁）(144)

ところが近年、池田知久氏は、『道家思想の新研究――『莊子』を中心として――』（汲古書院　二〇〇九年）において、この天下篇を「道家による諸思想統一の構想」であると前提した上で次のように言う。

『莊子』天下篇という文獻は、……莊周の自筆でもなければ『莊子』の後序でもない。前漢、文帝期（紀元前一七

九年～前一五七年）乃至は景帝期（紀元前一五六年～前一四一年）の後期道家が著した、諸思想統一の構想の一つであると捉えなければならない。（七四七頁）

これは、福永氏の後序說を否定して、「思想統一」を構想して書かれたものだとする新たな見解である。[145] 天下篇が思想統一を念頭に書かれた文獻であることは、天下篇を讀み直してみれば容易に首肯できる。そしてこの事實は、天下篇が單なる學術的な關心に基づく哲學史的著述ではなく、明確な政治的目的意識の下に述作された文獻であることを意味する。[146] それは天下篇の目指した思想統一が、そのまま政治的天下統一の趨勢とパラレルであったということである。それこそがまさに戰國時代後半期の大きな思想潮流であった。[147]

本章では、天下篇は思想界の統一を目指して述作されたものとの前提に立ち、『老子』經典化こそは黃老道家の側からなされた思想統一の動きであったとの假說を立て、天下篇の分析を通して『老子』の經典化過程を考察することとしたい。

なお、『老子』の經典化過程を明らかにすることは、わが國では夙に武内義雄『老子原始』[148]・津田左右吉『道家の思想とその展開』[149]・木村英一『老子の新研究』[150] 等が取り組んでいるが、それらは皆、今本の體裁が整うまでの過程を探求するに止まり、いかなる動機と目的のもとに『老子』が形成されたかについては問うていない。

本章ではこの問いに答えることこそが、『老子』經典化過程を解明することになると考える。この作業は決して容易ではないが、近年相繼ぐ道家系出土資料によって、この難題にもようやく曙光が見えつつあるとの見通しのもとに、『莊子』天下篇の再檢討を行うものである。[151]

第一節　天下篇の構成

先ず天下篇の構成を概觀しておく。天下篇は周知の如く前半部のいわゆる哲學史概説部分と後半部の惠施哲學の解説部分とに二分できる。ここで問題にするのは、その前半部分のみである。

以下、本論考に關係する部分を抜き出しながら、分析を進めていく。

天下之治方術者多矣。皆以其有爲不可加矣。古之所謂道術者、果惡乎在。曰、無乎不在。曰、神何由降、明何由出。聖有所生、王有所成。皆原於一。不離於宗、謂之天人。不離於精、謂之神人。不離於眞、謂之至人。以天爲宗、以德爲本、以道爲門、兆於變化、謂之聖人。以仁爲恩、以義爲理、以禮爲行、以樂爲和、薰然慈仁、謂之君子。以法爲分、以名爲表、以操爲驗、以稽爲決、其數一二三四、是也。百官以此相齒。以事爲常、以衣食爲主、蕃息畜藏、老弱孤寡爲意、皆有以養、民之理也。

序論に相當する部分である。ここでは「聖」「王」こそが究極の「一」を據り所として天下に君臨するべきことを第一命題として掲げている。その「聖」「王」とは、「神人」「至人」「聖人」の要素をすべて兼ね備えていなければならず、「聖」「王」が君臨する天下世界は、その下に「仁」「義」「禮」「樂」を分擔する「君子」、さらに「法」と「名」を規範として實務に精勵する「百官」たちが、それぞれの役割を分擔することで「民」の暮らしが保證されると言う。これこそ一統天下が實現した後の壯大なピラミッド構造を構想していると讀み取れる。それだけに、そうした一統天

下を支える思想的枠組みは完璧でなければならず、百家に分かれて論争している現状を超克して「一」に收斂させなければならないと、次の如く述べる。

……天下大亂、賢聖不明、道德不一。……是故內聖外王之道、闇而不明、鬱而不發。天下之人、各爲其所欲焉、以自爲方。悲夫、百家往而不反、必不合矣。後世之學者、不幸不見天地之純・古人之大體。道術將爲天下裂。

ところが現實はそれにほど遠く、「天下大亂、賢聖不明、道德不一」が、天下篇作者の時代認識であった。先の序論部分でも「一」をめぐって議論が立てられていたと同樣、ここでも「一」の視點から問題が述べられていることが見て取れる。つまり、天下も、またそのために求められる思想も、すべて「一」に收斂されねばならないと說いているのである。

この後引き續いて、「內聖外王之道」としての究極の「道術」は關尹・老聃にありとして次のように說く。

建之以常無有、主之以太一、以濡弱謙下爲表、以空虛不毀萬物爲實。關尹曰、在己無居、形物自著。其動若水、其靜若鏡、其應若響。芴乎若亡、寂乎若淸。同焉者和、得焉者失。未嘗先人、而常隨人。老聃曰、知其雄、守其雌、爲天下谿。知其白、守其辱、爲天下谷。人皆取先、己獨取後。曰、受天下之垢。人皆取實、己獨取虛。無藏也、故有餘。巋然而有餘。其行身也、徐而不費、無爲也而笑巧。人皆求福、己獨曲全。曰、茍免於咎。以深爲根、以約爲紀。曰、堅則毀矣、銳則挫矣。常寬容於物、不削於人。可謂至極。關尹・老聃乎、古之博大眞人哉。

關尹と老聃の二人を「古之博大眞人」と絶贊して締め括っているので、次節で關尹と老聃についての論説を中心に考察する。[152]

第二節　關尹と老聃の思想的立場

『莊子』天下篇は、老聃と關尹の思想の要點を、「①建之常無有、②主之太一、③以濡弱謙下爲表、④以空虛不毀萬物」の四點にまとめる。以下これらを今本『老子』（以下『老子』と略稱）と對照してみよう。

① 「建之常無有」について

「常無有」の語は、そのままでは『老子』中に見出せないが、

……故常無欲以觀其妙、常有欲以觀其徼。此兩者同出而異名。同謂之玄。玄之又玄、衆妙之門。（第一章）

が參照できる。

福永前掲書は、「常無有」を「常無」と「常有」の概念に分解し、道の世界と萬物の世界の二元を言い表す語と捉えて、老子の學説の根本がここに説かれていると解釋する（五一五頁參照）。従ってよいであろう。

なお、楚簡『老子』甲・乙・丙本（以下「楚簡本」と略稱）には第一章相當部分は含まれていない。

② 「主之太一」について

天下篇は、關尹・老聃の思想において、「太一」がその主要概念、すなわち中心に位置する命題であることを言う

にもかかわらず、『老子』中には「太一」の語は出現しない。そこで、福永氏は、「太一」に相當する概念を別に取り出して來ざるを得ず、そうして探り當てたのが同じ第一章中の「玄」の概念であった。

氏は、「常無有」概念を第一章と關聯づけて解釋したと同樣に、同じく第一章の「此兩者同出而異名。同謂之玄。玄之又玄、衆妙之門」の「玄」こそが「太一」の言い換えであるに違いないとした。つまり、天下篇が要約する四つのうちの二つまでを第一章から取り出して見せることで、天下篇作者が第一章の重要性を認識していたと解釋し、次いで「太一」を、先の「常有」「常無」の二元を包攝するものとしての「玄」と同じ意味を持つとして、ここでの「太一」とは「一」のことであり、「一」とは結局「道」と同義だとした。

たしかに、『老子』中に「太一」の語は直接見られないものの、「一」の語やそれに基づいて語られる「道」の思想を指摘することは困難ではない。例えば、

○載營魄抱一、能無離乎。（第十章）

○視之不見、名曰夷。聽之不聞、名曰希。搏之不得、名曰微。此三者、不可致詰。故混而爲一。（第十四章）

○聖人抱一、爲天下式。（第二十二章）

○昔之得一者、天得一以淸、地得一以寧、神得一以靈、谷得一以盈、萬物得一以生、侯王得一以爲天下貞。（第三十九章）

○道生一、一生二、二生三、三生萬物。（第四十二章）

などである。

従って、「主之以太一」を「主之以一」に讀み替えて解釋することはあながち誤りであるとも言えないが、やはり「太一」と「一」は分けて考察するべきであろう。

既に述べてきたように、『老子』には「太一」の語は見えないものの、「一」の用例に限って見れば相當數を取り出すことができるにもかかわらず、楚簡本には「太一」ばかりか「一」さえも無いのであるから、「太一」や「一」を全く論じない楚簡本は、天下篇が言うような「太一」を「主」とする「關尹老聃」思想とは大きな隔たりがあると言わねばなるまい。

ところがここで、郭店楚簡『太一生水』（以下『太一生水』と略稱）を楚簡『老子』丙本の一部として組み入れるならば、楚簡本中には通行本にも見られなかった「太一」がはっきりと論じられていたこととなり、この天下篇との矛盾が解消する。なお、『太一生水』における「大一」が、『老子』におけると同様な天地萬物の究極の實在として位置づけられていることは既に論證されている。[153]

ただ楚簡『老子』中には「一」についての言説はなく、これが『老子』に含まれるのは帛書『老子』を待たねばならない。[154]

③「以濡弱謙下爲表」について

消極的敗北的な處世態度として否定されかねない「濡弱謙下」をむしろ「表」として積極的に評價していることをその特色としている、とする。贅言するまでもなく、こうした逆説的に語られる處世態度は『老子』において際立った特徴であって、天下篇のこの論評は實に的確である。しかもそれは『老子』においてもう一つの特色である「不爭」の徳に、しばしば結びつけて語られる。例えば、

○上善若水、水善利萬物而不争、處衆人之所惡。故幾於道。……夫唯不争、故無尤。（第八章）

○知其雄、守其雌、爲天下谿。爲天下谿、常德不離。……知其榮、守其辱、爲天下谷。爲天下谷、常德乃足。（第二十八章）

○大國者下流、天下之交、天下之牝。牝常以靜勝牡、以靜爲下。故大國以下小國、則取小國。小國以下大國、則取大國。故或下以取、或下而取、……夫兩者各得其所欲、大者宜爲下。（第六十一章）

○江海所以能爲百谷王者、以其善下之故、能爲百谷王。是以欲上民、必以言下之、欲先民、必以身後之。……以其不争、故天下莫能與之争。（第六十六章）

など隨所に見出し得る。いずれも、谷や水の比喩を用いてこうした「濡弱謙下」の處世態度の意義を導き出していることが共通する。

楚簡『老子』も、甲本中に第六十六章相當部分が含まれていることから、既にこうした處世態度が『老子』特有のものとされていたことが分かる。(155)

④「以空虛不毀萬物」について

「空」や「虛」という一見無價値に思える狀態が、萬物のはたらきを毀損するどころか、却って萬物にそのはたらきの場を與え、かつ「空虛」によってこそそれらが生き生きと作用し續けることができるとする逆説的價値觀も、『老子』において極めて特徴的な思想である。例えば、

○道沖而用之、或不盈。淵兮似萬物之宗。（第四章）

○（天地）……其猶槖籥乎。虚而不屈、動而愈出。（第五章）
○谷神不死、是謂元牝。元牝之門、是謂天地根。緜緜若存、用之不勤。（第六章）
○三十輻共一轂、當其無、有車之用。埏埴以爲器、當其無有器之用。鑿戶牖、以爲室、當其無有室之用。故有之以爲利、無之以爲用。（第十一章）
○大成若缺、其用不弊、大盈若沖、其用不窮、（第四十五章）

などは、皆そのことを言う。

『老子』は、これらの内、「空」や「虚」を「道」・「天地」・「谷神」などの偉大な或いは神祕な存在の屬性として評價しつつ、一方、車の「輻」・「器」・窓や扉のある「室」などの、具體的かつ卑近な事物が屬性として持つ「空閒」に引きつけて、その意義・役割を解き明かそうとする。

楚簡『老子』乙本に第四十五章相當部分が含まれている。[156] ここでの要點が第四十五章に盡きていると見れば、他はすべてそのバリエーションに過ぎず、楚簡本も天下篇作者が掲げるこの特徴を既に備えていたこととなる。

以上により、天下篇が掲げる關尹・老聃思想の四大特徴を『老子』からはすべて確認できたことになるが、楚簡『老子』では③④のみであったことに注意しなければならない。但し、『太一生水』を丙本と一體の文獻と見なす立場に立てば、楚簡本においても、②③④の三大特徴までは具備していることが確認できたことになる。[157]

そうなると、關尹・老聃の思想において最も根幹をなすと見られる①「建之以常無有」が楚簡『老子』に含まれないことが問題となる。もし楚簡『老子』を抄節本と假定すると、抄節者は『老子』の最も中心をなす思想成分を切り捨てて編集したことになるが、恐らくはそうではなく、むしろ天下篇作者が關尹・老聃の思想の特徴を掲出する際に

用いた『老子』テキストが楚簡『老子』とは別本であったことを強く示唆していると見るべきである。しかもそれは、今本・帛書本とも異なり、「太一」の語がはっきりと見えているテキストであったと推定される。ここから楚簡『老子』（『太一生水』も含む）に①の部分が加わったテキストが想定されてくる。以上により、天下篇の述作は、「大（太）一」の語が見える楚簡本よりは晩く、「太一」の語が「一」に取って代わられた帛書本よりは早いと推定できよう。

第三節　關尹言の考察

天下篇は、

關尹曰、「①在己無居、②形物自著、③其動若水、④其靜若鏡、芴乎若亡、寂乎若清、⑤同焉者和、得焉者失」⑥未嘗先人而常隨人。

と、關尹言を老聃言から獨立させて紹介する。これについて以下逐條的に検討してみよう。

①「在己無居」

自己に拘らないことの積極的意義を説くものである。福永氏は第二章「聖人不居」が參照されると言う。關尹言は「己」のこととするのに對して『老子』はこれを「聖人」のこととするが、いずれにせよ物事に拘らないことを理想としていると解し得るから、この關尹言と『老子』との閒には明らかな關聯を認め得る。

なお楚簡『老子』は、甲本に第二章相當部分が含まれており、既にこうした思想を有していたことが分かる。(158)

②「形物自著」

强制や干渉を排して自發性を貴ぶ意に解し得る。第十七章、第二十三章、第二十五章、第五十一章、第六十四各章に「自然」とあり、第三十二章に「自賓」「自均」とあり、第三十七章に「自化」「自定」とあり、第五十七章に「自化」「自正」「自富」「自樸」とあり、第七十三章に「自來」とあるなど、『老子』が他者によらずそれ自體が自發的に振る舞うことをよしとする思想を隨所に說いていることを參照すれば、やはりこの關尹言と『老子』との閒には關聯を認め得る。

なお楚簡『老子』は、甲本に第三十二章、第三十七章、第五十七章相當部分が含まれており、既にこの「自」の思想を有していたことが分かる。(159)

③「其動若水」

水の性質を範にとって行動することの意義を說く。福永氏は第八章の「上善若水」が參照されると言う。この「水」を運動體としての水、すなわち「川の流れ」と解釋すれば、第三十二章「譬道之在天下、猶川谷之於江海」や第六十六章「江海所以能爲百谷王者、以其善下之」を對應させることができ、兩者の關聯が判然とする。(160)

なお楚簡『老子』は第八章相當部分は含まれないが、甲本に第三十二章・第六十六章相當分に、既に「水」の性質に範を取る思想が說かれているのが見える。

④「其靜若鏡、芴乎若亡、寂乎若清」

「靜」や「清」を貴ぶの意である。これは例えば、第十五章「濁以靜之徐清」、第十六章「守靜篤」、同「歸根曰靜」、第二十六章「靜爲躁君」、第三十七章「不欲以靜」、第四十五章「靜勝熱」、同「清靜爲天下之正」、第五十七章「我好靜而民自正」、第六十一章「牝常以靜勝牡」、同「以靜爲下」など、「靜」や「清」を貴ぶ思想は隨所に見出すことが

でき、やはりこの關尹言との關聯は明らかである。

なお楚簡『老子』は、第十五章・第十六章・第三十七章・第五十七章相當部分が甲本に、第四十五章相當部分が乙本にそれぞれ含まれており、第二十六章、第六十一章に相當する部分は含んでいないものの、概ねこうした思想を既に有していたことが分かる。[161]

⑤「同焉者和、得焉者失」

凡そ同化しようとすれば和合できるのに、積極的に手に入れようと振る舞えば却って失ってしまう、の意であろう。福永氏は第二十九章・第六十四章「執者失之」と同類の思想表現と見る。

「同焉者和」の意味は判然としないが、「和」の意義を説いたものと解すれば、例えば第五十五章「終日號而不嗄、和之至也。知和曰常、知常曰明。」や第五十六章「塞其兌、閉其門、挫其鋭、解其分、和其光、同其塵、是謂玄同。」なども同時に參照されてよい。いずれにせよ、このような積極的能動的な振る舞いが却って所期の成果を擧げ得なくするとの思想は、『老子』に特徴的であると言ってよく、それが兩者に共通していることは十分注意されてよい。

なお楚簡『老子』は、第六十四章・第五十五章・第五十六章相當部分が甲本に（第六十四章部分は丙本にも）含まれており、第二十九章部分は含んでいないものの、概ねこうした思想を既に有していたことが分かる。[162]

⑥「未嘗先人而常隨人」

これは關尹言ではなく、天下篇作者による關尹評であるが、人の先に立たず、後について行くことをよしとするの意で、第七章「聖人後其身而身先」、第六十六章「以身後之……」、第六十七章「舍後且先死矣」などが參照できよう。これも『老子』特有の逆説的表現を用いた處世術と共通性を有しており、關尹思想全體が『老子』の思想と分かち難く緊密であったことを物語っている。

なお楚簡『老子』は第七章・第六十七章相當部分は含んでいないものの、第六十六章相當分は甲本に含まれており、やはりこうした一見消極的な處世態度をこそ是とする思想を含んでいたことが分かる。(163)

以上①~⑤は、天下篇が「關尹曰……」として紹介する語句であり、これを關尹言と稱することができるわけだが、表現方法はいささか異なるものの、『老子』中にこれらに類する語句が含まれていたことが明らかとなった。ここで重要なことは、天下篇作者が、關尹・老聃の思想を一體的に紹介した後、老聃言とは別に關尹言を紹介している點で、しかも關尹言とされたそれらの思想も皆、『老子』竝びに楚簡『老子』中に含まれていたことが確認できた點である。とりわけ、楚簡『老子』にもそのすべてが含まれていたことが確認できた意義は大きい。

以上によって、天下篇作者は、關尹言・老聃言をそれぞれ分けて紹介しているものの、『老子』の僅か四〇%に過ぎない楚簡『老子』において、關尹言のすべてが含まれていたとしてよいこと、そしてそれ故に、楚簡『老子』述作時點で、既に、兩者の思想は嚴密に區別されることなく一體的に扱われていたことが明らかとなったのである。(164)

第四節　老聃言の考察

天下篇は、これら關尹言に引き續いて、

老聃曰、①知其雄、守其雌、爲天下谿。②知其白、守其辱、爲天下谷。③人皆取先、己獨取後。④受天下之垢。⑤人皆取實、己獨取虛。⑥無藏也、故有餘、巋然而有餘。⑦其行身也、徐而不費。⑧無爲也、而笑巧。⑨人皆求福、己獨曲全。⑩苟免於咎。⑪以深爲根。⑫以約爲紀。曰、⑬堅則毀矣、銳則挫矣。⑭常寬容於物、不削於人也。

と、老聃の言説を紹介する。[165]

以下、これら老聃言を『老子』竝びに楚簡『老子』と對照しつつ、天下篇作者所引老聃言がどのような特徴を持っているか、前節と同様な方法を用いて分析していく。

以下の③⑥⑦⑧⑪⑬⑭は、『老子』・楚簡『老子』共に關聯部分を指摘できる。

③「人皆取先、己獨取後」

『老子』中に同一文言はないものの、第六十六章に「以身後之」とあり、第六十七章に「不敢爲天下先」とあるのに對應している。しかも、これは先の關尹思想の特色としている⑥とも共通する處世態度であり、『老子』において特徴的な思想の一つであることは言うを待たない。

楚簡『老子』甲本に對應部分が指摘できることは既に述べた通りである。

⑥「無藏也、故有餘、巋然而有餘。」

福永氏は、第四十四章「多藏必厚亡」の意であるとともに、第三十三章「知足者富」の意でもあると言う。こうした逆説的な論法が『老子』に特徴的であることはやはり言うを待たない。

楚簡『老子』甲本に第四十四章相當部分「厚藏必多亡」がほぼそのまま含まれているものの、第三十三章相當部分の語句は含まれていない。[166]

⑦「其行身也、徐而不費。」

福永氏は、第四十四章「甚愛必大費」が參照されると言う。楚簡『老子』甲本に第四十四章相當部分「甚愛必大費」がほぼそのまま含まれている。[167]

⑧「無爲也、而笑巧」

福永氏は、第五十七章「人技多巧、奇物滋起。……我無爲而民自化」と同義であると言う。楚簡『老子』甲本に第五十七章相當部分がある。[168]

⑪「以深爲根」

福永氏は、第五十九章「深根」が參照されると言う。こうした根を深く張ることの意義を思想として表現することは『老子』の特徴の一つとして差し支えなかろう。

楚簡『老子』乙本に第五十九章相當部分が含まれているものの、ここに相當する部分「深根固柢」がちょうど殘缺していて確認できないが、文脈から判斷して、殘缺部分四字分を『老子』で補うことは許されよう。[169]

⑬「堅則毀矣、銳則挫矣」

福永氏は、第七十六章「堅強者死之徒」や第九章「揣而銳之不可長保」がそれに當たるとしている。やはりここにも『老子』に特徴的な逆說的處世態度を見ることができる。

楚簡『老子』は、第七十六章に相當する部分は含まれないが、甲本に第九章に相當する部分が「湍而羣之、不可長保也」として見える。[170]

⑭「常寬容於物、不削於人也」

福永氏は、第十六章「知常容」、第三十五章「往而不害」がそれに當たるとしている。寬容さやその裏返しとしての不害・不爭の德が說かれているという意味で、やはり『老子』に特徴的な思想と言えよう。

楚簡『老子』では、「知常容」の語は無いが、丙本に第三十五章相當部分「往而不害」が含まれる。[171]

ところが、以下の①②④⑤⑨⑩⑫各部分は、楚簡『老子』に對應箇所を認めることができない。すなわち、

①「知其雄、守其雌、爲天下谿。」

②「知其白、守其辱、爲天下谷。」

いずれも第二十八章にほぼそのままの表現で見えており、天下篇作者所引老聃言がそのまま『老子』に見えることは、『老子』が老聃言を祖述していると見てよいことを確かめ得るのであるが、楚簡『老子』には、「谷」を比喩に取った言説は少なくないにもかかわらず、これに一致する語句は含まれていない。

④「受天下之垢。」

第七十八章「受國之垢。」が對應するが、楚簡『老子』にはこれに相當する語句は含まれていない。

⑤「人皆取實、己獨取虛。」

福永氏が、第二十章「衆人皆……我獨……。」と關聯ありとしているように、自他の態度の違いを對照的に際立たせるレトリックは『老子』に特徴的であるといえるが、楚簡『老子』にはこうしたレトリックは見えず、これに類似する句も含まれていない。

⑨「人皆求福、己獨曲全。」

「曲全」について、福永氏は第二十二章「曲則全」が參照されるとするが、楚簡『老子』に該當句は含まれない。

⑩「苟免於咎。」

福永氏は、第五十二章「無遺身殃。」が參照されるとするが、楚簡『老子』に該當句は含まれない。

⑫「以約爲紀。」

福永氏は、第六十七章「儉故能廣。」が參照されるとするが、『老子』中に「約」をこのような意味で用いている例はなく、兩者の關聯についてはなお愼重を要する。が、「約」の意味を「儉約」の意義に解するならば、福永氏の指

摘も頷けるものの、楚簡『老子』は「約」「儉」いずれの用例も見えないので、本句との關聯を示唆する箇所は含まれない。

以上により、楚簡『老子』が老聃言を含むことは閒違いないが、天下篇所引の老聃言全てを含むものではないことが明らかになった。すなわち楚簡本は、天下篇中の關尹言に通じる思想は全て持っているとしてよいものの、老聃言に通じる思想はその半ば程しか持っていないこととなる。ここからも、天下篇述作者が依據した『老子』テキストが、楚簡『老子』成立以後帛書本成立までの閒に新たに老聃言が附加されてできたものであったことを強く示唆している。いずれにせよ楚簡『老子』・帛書『老子』・今本『老子』全てにおいて、老聃言ばかりか關尹言も含まれることが明らかとなったことが重要で、これによって『老子』テキストは、現在知り得る限りにおいて、關尹言と老聃言とが合成されてできたものと推定しなければならないのである(172)。

第五節　關尹とはいかなる人物か

天下篇所引の關尹言と老聃言の特色をそれぞれ抽出してみると、老聃言は關尹言に比べてより多く引かれていることが明らかに知られるが、その內容は、現實世界での失敗や敗北を避け、確實に成功や榮譽を得るための祕訣としての、いわば卑近で具體的な處世の教訓ばかりであることに氣附く(173)。そこには、今本に展開される宇宙論・生成論などの形而上的な老子哲學は全く見られず、その點では、むしろ關尹言とされる言說の方に哲學的深みがあると言わなければならない。

このことは、「關尹老聃」の思想が、天下篇に書き込まれる時點で、師老聃の思想が弟子關尹の思想と一體不可分になっていたばかりでなく、關尹によって深化展開を遂げていたことを推測させる。

ところで、關尹と老聃の關係を考えていくとさらに疑問が湧く。すなわち天下篇は、なぜ「老聃關尹」ではなく「關尹老聃」（＝〝關前老後〟）なのか、という疑問である。天下篇作者が關尹言と老聃言とを分けながらも一體的に論じているのは、兩者の思想的親近性によることは間違いないが、それが師弟關係に起因するのであれば、師の老聃をこそ前に置いて、弟子の關尹を後に置くべきであろう。

そもそも老聃と關尹は、例えば孔子とその弟子との閒に見られるような師弟關係にあったと考えてよいのだろうか。老聃は、傳説によれば孔子と同時代かややそれよりも前の人物とされている。一方、關尹は戰國時代中期の稷下學者とされるのであるから、師弟關係の可能性は全くないと言わなければならない。それなのになぜ「關尹は老聃の弟子であった」といった傳説が生まれたのであろうか(174)。

そこで關尹を初めとして天下篇が掲げる思想家について次に檢討する。

第六節　天下篇と稷下學者

天下篇は、「墨翟・禽滑釐」→「宋鈃・尹文」→「彭蒙・田駢・愼到」→「關尹・老聃」→「莊周」の順で解説を加えている。いわば、墨家から道家に至るまでの思想史を概觀していると見ることができる。これは當然時閒軸に沿って竝べられていると見るべきである。

錢穆『先秦諸子繫年』「附諸子生卒年世約數」は、

墨翟……前四八〇～三九〇年
禽滑釐…前四七〇～四〇〇年
彭蒙……前三七〇～三一〇年
莊周……前三六五～二九〇年
宋鈃……前三六〇～二九〇年
環淵……前三六〇～二八〇年
愼到……前三五〇～二七五年
田駢……前三五〇～二七五年
尹文……前三五〇～二八五年

と編年している。どれも確實な年代ではあり得ず、おおよその推定でしかないが、彼らの相對的前後關係はほぼこれで分かる。なお、錢穆のこの表に老聃は無い。

一見して分かるように、天下篇の記載順序と錢穆氏の編年順序とに些かの不一致が見えるが、彭蒙から尹文まではほぼ同時代といってもよいほど相互の年代が接近していることから、無視できるほどの齟齬である。だが、天下篇が關尹と老聃を連稱しているからといって、老聃を關尹らと同時代人として扱ってよいとは言えまい。

またこの「關尹」が、『史記』孟荀列傳に「環淵、楚人、學黃老道德之術、因發明序其指意、著上下篇」とある「環淵」と、また『漢志』諸子略道家者流「蜎子十三篇」班固自注に「名淵、楚人、老子弟子」とある「蜎淵」と同

一人物と見なし得ることは、銭穆前掲書所收「環淵卽關尹」「蜎子卽環淵」に明らかである。本論でも、この銭穆説に従って「關尹」と「環淵」「蜎淵」は同一人物として扱うこととする。

ところで、關尹（環淵）は、『史記』田敬仲完世家に、

> 宣王喜文學遊説之士、自如鄒衍・淳于髡・田駢・接豫・愼到・環淵之徒七十六人、皆賜列第、爲士大夫、不治而議論。是以齊稷下學士復盛、且數百千人。

として見えているように、彼は田駢・愼到らとともに稷下で活躍した學士であったことが分かる。[175] ここに宋鈃・尹文の名は見えないことから、この二人は彼らよりやや先輩であったのだろう。

宋鈃は、『漢志』小説家に「宋子十八篇」が著録され、その班固自注に「孫卿道宋子、其言黃老意」とある人物を指しているとされる。また『漢志』名家「尹文子一篇」の班固自注に「説齊宣王、……」とあり、また顔師古注に「劉向云、與宋鈃倶游稷下」とあるように、彼は齊宣王時、稷下において尹文とともに活躍していたらしいことが窺える。このため銭穆前掲書所收「稷下通攷」は、宋鈃を宣王・湣王時代の稷下學士として扱っている。

以上、天下篇が掲げる宋鈃・尹文・彭蒙・田駢・愼到・關尹（環淵）までの六人は皆、ほぼ同時代に活躍していた稷下學士であったことが推定できた。このことから、天下篇の作者は、齊威王・宣王在位の頃、卽ち戰國時代中期を中心に活躍した稷下學士を中心に、墨翟・禽滑釐（この二人は稷下學士ではなく、時代も戰國中期よりは少し早い）から莊周までの思想史を敍述しようとしたことが分かる。こうした中にあって、同じ稷下學士の一人であった關尹を老聃と連稱して最大級の評價を與えていることに注意しなければならない。

むすび

『莊子』天下篇における老聃言は、楚簡『老子』を基本にした場合、關尹言との共通點ほどには占める割合が多くないことが確かめられた。これにより、天下篇には楚簡『老子』のみならず今本にすら含まれていない老聃言が引かれていたこと、従ってまた『老子』經典化に際して採用されることがなかった老聃言說が當時相當程度流布していたことが看取できる。つまり『老子』に取り込まれていった老聃言と、終に取り込まれることがなかった老聃言とが、共に傳承されていた時代が存在したのである。天下篇はそうした『老子』經典化の途上に述作されたのであり、また同様な理由から、楚簡『老子』も『老子』經典化途上のテキストであったことが推測できるのである。

最後に、關尹は老聃の弟子とされながら、天下篇が、「老聃關尹」とせずに「關尹老聃」とした理由、すなわち〝關前老後〟の理由を考えてみる。

環淵（關尹）は、『史記』や『漢志』の記載によれば、楚地から齊地に赴き、老聃（老子）の弟子として、ほぼ戰國時代中期に稷下に滯在していたことが推定できる一方、老聃は、『史記』老子傳の孔子問禮説話などによれば、春秋末期の孔子とほぼ同時代人でなければならないから、關尹との閒には一五〇年以上の年代差を想定しなければならず、現實に關尹が老聃に師事したとは到底考えられないことは既に述べたとおりである。とすれば、ここで考えられることは、楚人である關尹は、楚地で數多くの傳承を殘していた老聃の思想を繼承し發展させた後に、老聃の弟子を自ら喧傳しつつ齊の稷下に赴いたのではないかということである。その結果、老聃の思想は稷下において廣く知られることとなり、そればかりか稷下での様々な思想との出會いからそこに新たな思想成分が加わることとなったのである。

このように考えていけば、『老子』經典化の功績の一端は、老聃にではなく關尹にこそ歸せられるべきであろう。すなわち天下篇作者が〝關前老後〟としたのは、關尹の思想と老聃の思想を一體的に評價したばかりか、關尹を通して老聃の思想を評價するのが當然のように見なされていたからである(176)。

天下篇の作者が、關尹と老聃の思想を一括りにして述べた後、關尹言を先に、老聃言を後にして紹介しているのは、兩者の違いを一應意識していたからである。ところがテキストとしての『老子』の中では、關尹言と老聃言がいずれも融合一體化してしまって區別されていない。それほどに、『老子』經典化に關尹の果たした役割は大きかったのである(177)。そればかりか今本『老子』の形成には、關尹のみならず齊の稷下も大きく關與したであろうことも間違いあるまいと思われる(178)。

なお楚簡『老子』では既に天下篇所引關尹言が老聃言と共に全く區別されることなく含まれていたことから、それが、關尹言を取り込みつつ『老子』經典化が進行していた途上のテキストであったことを推測させる。しかしその經典化がなお未完成であったことは、老子がやがて黃帝と結びつけられて、黃老道家經典として完成していく過程を檢討することによって明らかとなるのだが、これについては次章で考察する。

第六章　いわゆる黄帝言考

はじめに

本章では、先秦傳世文獻中に見える黄帝言の分析考察を通して、『老子』經典化の過程を探っていく。

傳世文獻において黄帝の名が最も多く見えるのは『莊子』であり、とりわけ、外篇・雜篇に多い。[179]これに『列子』と『管子』が續く。[180]また、『列子』には黄帝篇があり、『老子』中には黄帝の語は見えないが、『列子』天瑞篇中の「黄帝書」と同一文が含まれている。總じて言えば道家思想に占める黄帝言の重要性が窺えるものとなっている。さらに出土資料を加えると、言うまでもなく馬王堆帛書のいわゆる黄帝四經が加わる。[181]

黄帝と老子が併稱された「黄老」の概念があったことは、『史記』などによって古くから知られていたのであるが、それが具體的にどのような思想でありかつ思想史上にどのような位置と重要性があるのかについては、十分な知見が得られず、長い間中國古代思想史上の疑問とされてきた。[182]ところが一九七三年馬王堆帛書の出現によって、次第にその內容が具體的に明らかにされるようになり、以來現在に至るまで、黄老思想を研究する論文・著書も次第に數を增してきた。[183]

本章で解明を試みるのは、傳世文獻中の黄帝言が『老子』經典化過程においてどのような役割を果したかという問題である。從來は、『莊子』『列子』などに見える黄帝言中に今本『老子』と一致する語句があるのは、『老子』中の語句を引用してこれを黄帝に假託したと考えて、その著作權はあくまでも老子にあるとしてきた。確かに黄帝に著

作權がないことは言うまでもなく、何者かによる假託であることは間違いないのであるが、それだからと言って、黄帝から著作權を奪って直ちにそれを老子に與えてよいことにはならないであろう。(184) かかる黄帝言が何者かによる虚構であることは當然としても、本論で詳しく考察するように、それら黄帝言が『老子』經典化の過程において『老子』中に取り込まれていったと考えなければ辻褄が合わないことこそが重要なのである。

前章では、『莊子』天下篇を分析することによって、天下篇が關尹・老聃の二人を併稱してその思想の特色を紹介しつつ、その一方で老聃言と關尹言とに分けてそれぞれの特色を紹介していること、しかも關尹言として紹介するその内容がほぼそのまま今本『老子』中に含まれていることから、今本『老子』は、老聃言のみならず、關尹言も取り込んでいたことを確認した。さらに、本書第一章では、少なくない黄帝言を取り込みながら、今本『老子』が形成された可能性を論じた。

ところでこの『老子』經典化とは、戰國中期以降の天下統一の潮流に連動して起こった趨勢であり、當時の道家學派による天下統一イデオロギーを形成するための思想的營爲の産物である。もちろんこうした天下統一イデオロギー形成は、道家だけではなく儒家側においてもなされていた。これを單純化していえば、儒家が堯舜を理想の聖王として押し立てて一統天下を描いていたのに對し、道家は黄帝を押し立てて一統天下を描き出していったと言える。

詳細な分析は終章に讓るが、當時の道家が構想した一統天下は、一人の聖人によるいわば Soft-dispotism（柔軟な專制主義）とも言うべきものであった。(185) つまり、天下を自足自閉した共同體に分割し、それらを相互に交流させることなく直接統治するのである。ここにおいて複雑な法律制度や統治組織は必要とされず、「一」なる「道」を把握した聖人＝帝王によってこそ、あたかも全宇宙が「道」の原理に則って圓滿具足しているように、天下も完璧に統治されるとするのである。(186)

第一節　『莊子』知北遊篇における黃帝言について

本節では、黃帝言そのものを分析するために、『莊子』中、黃帝の用例が最多の知北遊篇を取り上げて検討していく。知北遊篇は十種の説話を載せており、その冒頭に置かれているのが、以下に引用する知・無爲謂・狂屈・黃帝ら四人による問答說話である。(187)

知北遊於玄水之上、登隱弅之丘、而適遭無爲謂焉。知謂無爲謂曰、「予欲有問乎若。何思何慮、則知道。何處何服、則安道。何從何道、則得道。」三問而無爲謂不答也。非不答也、不知答也。知不得問。反於白水之南、登狐闋之上、而睹狂屈焉。知以之言也、問乎狂屈。狂屈曰、「唉、予知之。將語若。」中欲言、而忘其所欲言。知不得問。反於帝宮、見黃帝而問焉。黃帝曰、「無思無慮、始知道。無處無服、始安道。無從無道、始得道。」知問黃帝曰、「我與若知之、彼與彼不知也。其孰是邪。」黃帝曰、「彼無爲謂眞是也。狂屈似之。我與汝終不近也。夫①知者不言、言者不知。故②聖人行不言之教。道不可致、德不可至。仁可爲也。義可虧也。禮相僞也。故曰、③失道而後德、失德而後仁、失仁而後義、失義而後禮。禮者、道之華、而亂之首也。故曰、④爲道者日損。損之又損之、以至於無爲。無爲而無不爲也。今已爲物也、⑤欲復歸根、不亦難乎。其易也、其唯大人乎。生也死之徒、死也生之始。孰知其紀。人之生、氣之聚也。聚則爲生、散則爲死。若死生爲徒、吾又何患。故萬物一也。是其所美者爲神奇、其所惡者爲臭腐。臭腐復化爲神奇、神奇復化爲臭腐。故曰、通天下一氣耳。聖人故貴一。」知謂黃帝曰、「吾問無爲謂、無爲謂不應我。非不我應、不知應我也。吾問狂屈、狂屈中欲告我而不我告。非不我告、中欲告而

忘之也。今予問乎若、若知之。奚故不近。」黄帝曰、「彼其眞是也、以其不知也。此其似之也、以其忘之也。予與若終不近也、以其知之也。」狂屈聞之、以黄帝爲知言。

傍線部①~⑤は、今本『老子』に共通する箇所である。すなわち、①と第五十六章「知者不言、言者不知」が、②と第四十三章「不言之教、無爲之益、天下希及之」が、③と第三十八章「故失道而後德、失德而後仁、失仁而後義、失義而後禮、夫禮者、忠信之薄而亂之首。[188]」が、④と第四十八章「爲學日益、爲道日損、損之又損、以至於無爲、無爲而無不爲。」が、⑤と第十六章「夫物藝藝、各復歸其根」が、それぞれ對應しており、これらは『老子』思想としてはどれもよく知られた特徴的なものばかりであって、結局『老子』から引用されて黄帝に假託された可能性が高い。

このうち「故……」もしくは「故曰……」とあって、引用らしく見せているのは②③④のみで、①と⑤は明示的ではない。こうした違いは何を意味するのか明らかではないが、「故曰……」としていながら『老子』中に該當箇所を見出せない語句もある。それが波線部「故曰、通天下一氣耳。聖人故貴一。」である。[189]

ここに「一」の重視が見られることを注意したい。今本『老子』中には「貴一」の語はないものの、「得一」「抱一」の語が見え、意味はそれほど違わず、それらとの關聯性が明らかに看取できる。なお、楚簡『老子』には「一」の概念そのものが含まれていないという事實を考慮する必要がある。[190]

つまり『老子』中に初めから「一」の思想があったのではなく、楚簡『老子』以後に取り込まれていった可能性が高い。とは言え、その當時、未だ「一」の思想がなかったと言うのではない。『凡物流形』のように「執一」の思想に貫かれた文獻も恐らくは當時成立通行していたのである。[191]知北遊篇の黄帝言に「一」の思想が含まれ、楚簡『老子』に「一」の思想が含まれないのは、『老子』が「一」の思想を取り込んでいくのとほぼ同時期に知北遊篇の黄帝説話

も創作されたことを推測させる。

そうしてこれが最も重要なことであるが、『老子』經典化過程において、『老子』が「一」の思想を取り込んだ事實こそ、一統天下を掲げるイデオロギーの書として、換言すれば經典として、『老子』が形成されつつあったことを示唆していると考えられる。その時期は、出土資料を基準にして言えば、楚簡『老子』の述作から帛書『老子』の述作の間であろうから、戰國後期のことであったと推定できる。

福永光司氏は、知北遊篇中の黄帝言に『老子』に關聯する語句が比較的多く見えていることについて、「この説話の成立が漢初に盛行した〈黄老の學〉と關聯することを推測させる(192)」としながらも、『老子』の思想が單純に敷衍されているのではなく、「『老子』の思想が内篇『莊子』のそれと折衷され、しかも全體の論調が次第に『莊子』的なものに移行している(193)」とか、「『老子』や『易』と共通する思想表現の多く見られる(194)」などと指摘したうえで、本篇の成書年代について「『易』と老莊思想が折衷される戰國末期の中國思想界の動向を反映する作品と見ていいであろう(195)」と結論づける。だがそうなると、老子言がなぜ黄帝言としてここに假託されたのかについての疑問が殘る。なぜなら、『老子』がこの時點で既に經典化を終えていれば、このようなことは起こりにくかったであろうと考えられるからである。從って、戰國末期とするよりはもう少し早いと見るべきであろう。

そもそも『老子』が『道德經』（或いは『德道經』）と稱されることがあったのは、楚人老聃という地域性や個人性を離れて、戰國時代末期における黄老道家經典として形成されつつあったことを物語っているのであろう。こう考えることによって、『老子』中に黄帝言が含まれていることの理由が理解できるのである。

第二節　『莊子』知北遊篇における老聃言について

知北遊篇は、その第四番目の說話として老聃と孔子の對話を載せている。それは以下のような內容となっている。

孔子問於老聃曰、今日晏閒。敢問至道。老聃曰、「汝齋戒、疏瀹而心、澡雪而精神、掊擊而知。夫道、窅然難言哉。將爲汝言其崖略。夫昭昭生於冥冥、有倫生於无形、精神生於道、形本生於精、而萬物以形相生。故九竅者胎生、八竅者卵生、其來无迹、其往无崖、无門无房、四達之皇皇也、邀於此者、⑥四枝彊、思慮恂達、耳目聰明、其用心不勞、其應物无方。⑦天不得不高、地不得不廣、日月不得不行、萬物不得不昌。此其道與。且夫⑧博之不必知、辨之不必慧。⑨聖人以斷之矣。若夫益之而不加益、損之而不加損者、聖人之所保也。⑩淵淵乎其若海、巍巍乎其若山。終則復始也。運量萬物而不匱、則君子之道。彼其外與。萬物皆往資焉而不匱。此其道與。中國有人焉。非陰非陽。處於天地之閒、直且爲人、將反於宗。自本觀之、生者喑醷物也。雖有壽夭、相去幾何。須臾之說也。奚足以爲堯桀之是非。果蓏有理。人倫雖難、所以相齒。聖人遭之而不違、過之而不守。調而應之、德也。偶而應之、道也。帝之所興、王之所起也。人生天地之閒、若白駒之過郤、忽然而已。注然勃然、莫不出焉。油然漻然、莫不入焉。已化而生、又化而死。生物哀之、人類悲之。解其天弢、墮其天袠、紛乎宛乎、魂魄將往、乃身從之、乃大歸乎。⑪不形之形、形之不形、是人之所同知也。非將至之所務也、此衆人之所同論也。彼⑫至則不論、論則不至。⑬明見無値、辯不若默。⑭道不可聞、聞不若塞。此之謂大得。」

もちろんこうした對話は、前節に取り上げた黄帝説話同様、虚構されたものではあろうが、福永氏は、この老聃言が『老子』と全く無關係に假構されたものではなく、『老子』中の思想と對照して考察することのできる部分が散見されるとして、次のように指摘する。(196)

傍線部⑥「四枝彊、思慮恂達」は、第三章「聖人之治……强其骨」及び第十章「明白四達能無爲乎」が參照できると言う。

同⑦「天不得不高、地不得不廣、日月不得不行、萬物不得不昌」は、第三十九章「天得一以淸、地得一以寧、……萬物得一以生」に本づく、としている。

同⑧「博之不必知、辨之不必慧」は、第八十一章「知者不博、博者不知」「善者不辯、辯者不善」が參照できる、としている。

同⑨「聖人以斷之矣」は、第二十章「絶學無憂」・第十九章「絶聖棄智」・第二章「聖人行不言之教」が參照できる、としている。

同⑩「淵淵乎其若海」は、第二十章「澹兮其若海」が參照されるとしている。

同⑪「不形之形、形之不形」を解釋するのに第五十章「出生入死、……人之生、動之死地云々」を參照したと、閒接的ながら兩者の關聯を認めようとしている。

同⑫「至則不論、論則不至」は、第五十六章「知者不言、言者不知」を敷衍したものとしている。

同⑬「明見無値、辨不若默」は、第三十五章「視之不足見」・第十四章「視之不見」が參照できるとしている。

同⑭「道不可聞、聞不若塞」は、第三十五章「（道）聽之不足聞」と同類の思想であるとしている。

但し、一覽して明らかなように、福永氏の指摘通り兩者閒に少なからぬ關聯性があるにせよ、そのどれも閒接的な

意味上のつながりを指摘し得るに止まっており、先の黄帝言のように『老子』中の言葉そのものとの明確な對應關係が全く見られないところにこそ注意すべきなのである。つまり、知北遊篇においては、『老子』中の語句が老聃言の中にではなく黄帝言の中にある事實である。これを如何に解釋すべきであろうか。

このことも、前節に述べた『老子』が既に老子（老聃）から離れつつあったことを示唆していると考え得る。つまり『老子』經典化は、實は老聃個人の言説から次第に離れて進められていったことを示唆している。

これは、天下篇でも、『老子』の思想が、老聃のみに限定されずに、關尹老聃の思想として扱われていたことと無關係ではない。しかも、關尹との關係で言えば、時代的にもその著名度においても明らかに〝老聃關尹〟とすべきであるのに、〝關尹老聃〟となっていることも、ここに想起しなければならない(197)。

實はこれと同様なことが『列子』においても言えるのではなかろうかと思われるので、次に『列子』における黄帝言を分析してみる。

第三節　『列子』に見える黄帝言について

『列子』については、古來僞作説が盛んに言われてきたこともあるので、先ず本文獻の辨僞をしておこう。

武内義雄「列子寃詞(198)」は、馬敍倫『列子僞書考』が唱えた魏晉僞作説を「今の莊子を標準にして列子をかれこれいうのは見當違いな話である」（二八七頁）と批判して、「要するに劉向の敍と張湛の序とを信ずれば列子の書はさほど怪しくはないはずである」（二八六頁）とか、「その雜駁なところに先秦道家の歴史を考えるによい資料が保存されている」（二八七頁）と言って、ひとまずその資料的價値を肯定的に判斷している。

小林信明『列子』（明治書院新釋漢文大系二二　一九六七年）は、その解題で、

總じて列子書は、戰國期以來の列禦寇に關聯する說話を中心として、更にこれらと交錯する所論を古人の遺言や諸書の記載に求めて一書を成したものであって、その成書の年代は、少なくとも『莊子』よりは後にあり、その資料となったものには、古くからの傳承になるものと、比較的新しい部分とがあったとしても、既に戰國末期、遲くとも漢初には、その大體を存していたのではなかろうか。（九頁）

と述べて、やはり條件附きながら先秦思想史を研究する際の資料的價値を肯定している。

小林勝人『列子』（岩波文庫　一九八七年）も、その解題で、

……『列子』は『呂氏春秋』・『莊子』などと共通・類似する古いものから、前漢末期頃のものや佛敎傳來以後のもの、魏晉頃のものなど、およそ數百年閒にも涉るかと思われるような記事內容が種々混淆しているらしいので、……その成立の年代を前期（先秦・漢代以前の作）・中期（漢代の作）・後期（後漢以後・魏晉時代の作）の三期に區分してみたいのである。……つまり成立年代の最上限と最下限との閒には相當甚だしい時閒的な隔たりのある文獻かと思われる。（三〇六頁）

……その成立年代の最上限と最下限との閒には少なくとも實に五百年という長い時閒的な隔差があるようである。（三〇七頁）

と述べて、魏晉時代の僞作部分があったとしても、それは全體の一部であろうとする。

以上により、ひとまず愼重な資料操作を前提とすれば、本論の考察に使用することは許されるとしてよいであろう。

さて、次の①②③は、すべて天瑞篇中の黃帝言である。

①黄帝書曰、谷神不死、是謂玄牝。玄牝之門、是謂天地之根。綿綿若存、用之不勤。
②黄帝書曰、形動不生形而生影、聲動不生聲而生響、無動不生無而生有形。
③黄帝曰、精神入其門、骨骸反其根、我尚何存。

①は『老子』第六章「谷神不死、是謂玄牝。玄牝之門、是謂天地根。緜緜若存、用之不勤。」と全く同一文である一方、楚簡『老子』には含まれていない。②は『老子』中に同一表現はないが、無から有が生じるとする思想は第四十章「天下萬物生於有、有生於無」と共通し、同樣に③の骨骸がその根に反るとする發想は第十六章の「歸根」に共通する。つまり、黄帝言のどれもが『老子』とは無關係ではないことが分かる。そうして、①が楚簡『老子』に含まれていないことによって、『老子』經典化の過程でこれが第六章として取り込まれたと推測することが可能である。また、②③は『老子』中の「無」の思想や「歸根」の思想を黄帝に假託して語らせたのであろうから、この點からも、『老子』が必ずしも老聃なる一個人に歸屬していなかったことを知るのである。

次いで、老聃の語は、黄帝篇の老聃楊朱問答、周穆王篇の老聃尹文問答(199)、竝びに老聃秦人逢氏問答(200)、力命篇の老聃關尹問答(201)、楊朱篇の楊朱言(202)などに、老聃言が見えている。なお、仲尼篇には老聃言そのものはないが、『老子』に關聯する語句が見えるので注意しておく必要がある(203)。

本論と直接關係してくるのが、以下に引く黄帝篇の老聃楊朱問答である。

楊朱南之沛、老聃西游于秦。邀于郊。至梁而遇老子。老子中道仰天而嘆曰、始以汝爲可教、今不可教也。楊朱不答。至舍、進涫漱巾櫛、脫履戶外、膝行而前曰、向者夫子仰天而嘆曰、始以汝爲可教、今不可教。弟子欲請夫子辭、行不閑、是以不敢。今夫子閑矣。請問其過。老子曰、而睢睢、而盱盱、而誰與居。大白若辱、盛德若不足。楊朱蹴然變容曰、敬聞命矣。……楊朱過宋東之于逆旅。逆旅人有妾二人。其一人美、其一人惡。惡者貴而美者賤。楊子問其故。逆旅小子對曰、其美者自美、吾不知其美也。其惡者自惡、吾不知其惡也。楊子曰、弟子記之。行賢而去自賢之行、安往而不愛哉。天下有常勝之道、有不常勝之道。常勝之道曰柔、常不勝之道曰强。二者亦知而人未之知。故上古之言、强先不己若者、柔先出于己者。先不己若者至于若己則殆矣。先出于己者亡所殆矣。以此勝一身若徒、以此任天下若徒、謂不勝而自勝、不任而自任也。粥子曰、欲剛必以柔守之、欲强必以弱保之。積于柔必剛、積于弱必强。觀其所積、以知禍福之鄕。强勝不若己、至于若己者剛。柔勝出于己者、其力不可量。老聃曰、兵强則滅。木强則折。柔弱者生之徒、堅强者死之徒。（黄帝）

老聃と楊朱は年代が離れており、いわゆる楊朱學派が老聃の流れを汲むものであることを前提として構想された架空問答であることは間違いない。そしてここの老子（老聃）言には傍線で示したように第四十一章「大白若辱、廣德若不足」と第七十六章「堅强者死之徒、柔弱者生之徒」がほぼそのまま取られていることが直ちに知られる。

ところでここに問題にしたいのは、波線部の「上古之言」として引かれる「强先不己若者、柔先出于己者」と、「粥子曰」として引かれる「欲剛必以柔守之。欲强必以弱保之」である。これらはいずれも剛强よりも柔弱を良しとする『老子』特有の思想であると言ってよいのに、老聃言とされていない。加えてこうした柔弱の德を說く箇所を『老子』中から拔き出してみると次のようになり、しかもこれらはいずれも楚簡『老子』には含まれていないことが

指摘できる。[204]

柔弱勝剛强。（第三十六章）

天下之至柔馳騁天下之至堅。（第四十三章）

守柔曰强。（第五十二章）

人之生也柔弱、其死也堅强、萬物草木之生也柔脆、其死也枯槁。故堅强者死之徒、柔弱者生之徒。是以兵强則不勝、木强則折、强大處下、柔弱處上。（第七十六章）

天下莫柔弱於水、而攻堅强者莫之能勝。以其無以易之、弱之勝强、柔之勝剛、天下莫不知、莫能行。（第七十八章）

従って、『老子』中の柔弱が剛强に勝るとする思想は、楚簡『老子』以後の『老子』經典化の過程で編入された可能性が高い。しかもその年代はこの黄帝篇が述作された時期[205]からは大きく外れないと考えることができる。

以上により、

1、天瑞篇では、「黄帝書」として『老子』と同一文が引かれ、また「黄帝曰」として『老子』の思想が參照できる文が引かれている。このことから、天瑞篇では黄帝言として扱われていた語句が、『老子』經典化過程で『老子』中に取り込まれていった可能性を考え得る。逆に、ここにおいて老子言が黄帝言にすり替えられた可能性の考えにくいことは、既に考察してきた通りである。

2、黄帝篇の「老聃」言・「上古之言」・「粥子」言の内容が、今本『老子』中には含まれているにもかかわらず、楚簡『老子』に含まれていない事實が明らかとなったことにより、これらも『老子』經典化過程で『老子』中に取り込

まれていった可能性を考え得る（なお、「老子曰、……大白若辱，盛德若不足」は、楚簡『老子』乙本に含まれる）。

この二點を指摘できる。

第四節　『説苑』敬慎篇について

本節では、漢代の編纂とされる『説苑』敬慎篇及び『孔子家語』觀周篇に、孔子が周に赴いた際に見たとされる「金人」の背に刻まれた銘文（いわゆる「周金人銘」）に老子言らしき言説がまとまって見えるので、黄帝言としては見えていないが、『老子』經典化過程を考える上で重要と考えられるので、併せて考察しておきたい。

その銘文とは、

古之慎言人也、戒之哉。戒之哉。①無多言、多言多敗。無多事、多事多患。安樂必戒、無行所悔。勿謂何傷、其禍將長。勿謂何害、其禍將大。勿謂何殘、其禍將然。勿謂莫聞、天妖伺人。熒熒不滅、炎炎奈何。涓涓不壅、將成江河。綿綿不絕、將成網羅。靑靑不伐、將尋斧柯。誠不能慎之、禍之根也。口是何傷、禍之門也。②强梁者不得其死、好勝者必遇其敵。盜怨主人、民害其貴。③君子知天下之不可盡也、故後之下之、使人慕之。④執雌持下、莫能與之爭者。⑤人皆趨彼、我獨守此。⑥衆人惑惑、我獨不徙。⑦内藏我知、不與人論技。我雖尊高、人莫我害。⑧夫江河長百谷者、以其卑下也。⑨天道無親、常與善人。戒之哉。戒之哉。（『説苑』敬慎篇）(206)

武内義雄『老子原始』は、この點に夙に着目して、波線部①は、第五章「多言數窮」との關聯を、同②は、第四十

二章「强梁者不得其死」との一致を（なおこれは『老子』特有の不爭の德に通じる思想である）、同③は、第七章「聖人後其身而身先、外其身而身存。非以其無私邪、故能成其私。」との關聯を、同④は、第二十八章「知其雄、守其雌、爲天下谿、爲天下谿、常德不離。復歸於嬰兒。知其白、守其黑、爲天下式。爲天下式、常德不忒、復歸於無極。知其榮、守其辱、爲天下谷。爲天下谷、常德乃足」との關聯を、同⑧は、第六十六章「江海所以能爲百谷王者、以其善下之」との關聯を、同⑨は、第七十九章「天道無親、常與善人」との一致を、それぞれ指摘している（七一～七二頁）。

この他、武内氏は指摘していないが、傍線部⑤及び同⑥などの自他を對比してその態度の違いを際だたせる表現法は、第二十章「衆人熙熙、如享太牢、如春登臺。我獨泊兮、其未兆、如嬰兒之未孩。儽儽兮、若無所歸。衆人皆有餘而我獨若遺。我愚人之心哉。沌沌兮。俗人昭昭、我獨昏昏。俗人察察、我獨悶悶。澹兮其若海、飂兮若無止。衆人皆有以而我獨頑似鄙。我獨異於人而貴食母」との關聯を窺わせる。

また、同⑦[207]に見える、一種の韜晦・謙下の思想は、第七章「聖人後其身而身先、外其身而身存、非以其無私邪、故能成其私。」・第八章「夫唯不爭、故無尤。」・第二十二章「夫唯不爭、故天下莫能與之爭。」・第二十九章「爲者敗之、執者失之。……是以聖人去甚去奢去泰。」・第三十九章「故貴以賤爲本、高以下爲基。是以侯王自謂孤寡不穀。此非以賤爲本邪、非乎。」・第六十六章「是以欲上民、必以言下之。欲先民、必以身後之。是以聖人處上而民不重、處前而民不害。是以天下樂推而不厭、以其不爭故、天下莫能與之爭。」など、『老子』に特徴的な思想との關聯が窺える。

以上により、「周金人銘」と『老子』本文との對照比較からは次のことが言えよう。

1、右銘文中から今本『老子』に相當する部分を見出だすことができる。

2、右銘文中には、文言は一致しないが、意味內容において今本『老子』と一致する箇所がある。特に波線を施した不爭・謙下の思想は、『老子』においてとりわけ特徴的な思想要素を構成している。

3、『老子』と同一もしくは類似の思想が右銘文中に集中的に含まれている。

ところがこれらはどれも今本『老子』との對照において關聯が見出し得るのであって、楚簡『老子』との對照では、⑦⑧に對應する第六十六章が甲本に見られる他は、①に對應する第五章、②に對應する第四十二章、③に對應する第七章、⑨に對應する第七十九章、更には⑤⑥に對應するとした第二十章、⑦に對應するとした第七章・第八章・第二十二章・第三十九章などは全く含まれていないのである。このことから、「周金人銘」が『老子』から引用して制作されたと考えるより、むしろ楚簡『老子』抄寫以後、『老子』は、その經典化途上で、こうした銘文などから幾つかの言説を取り込んでいった可能性を考えるべきであろう。

この「周金人銘」がいつ制作されたのかについては不明としなければならないが、『老子』經典化がほぼ完了した後の漢代に編纂された『説苑』『孔子家語』などの儒家文獻中に、『老子』經典化と何らかの關わりを持つ言説が含まれていることは、『老子』經典化が、老子（老聃）言、すなわち老聃という特定の人物に固有の思想としてではなく、黄老道家最大の經典として多様な要素を新たに取り込みながら次第に整えられていったことを傍證している。

むすび

戰國時代後半期、すなわち楚簡『老子』抄寫前後の時期は、當時の老子（老聃）言が今本のような體裁を整えておらず、またそれとは別に黄帝言が傳承されていたらしいこと、しかもその黄帝言は、今本『老子』に含まれていたり、或いは文言は異なるものの思想内容としては一致する例が見られたこと、この二つの事實から考えると、楚簡『老子』は、『老子』經典化途上の過渡的なテキストであるとしなければならないことがいよいよ確實となった。

楚簡『老子』丙本と『太一生水』は本來一つのテキストであったはずであることは既に第二章で論證してきた通りであるが、このことは、楚簡『老子』が述作された頃、『老子』はその經典化に向けてなお流動的であったことを示唆している。

また天下篇の作者は、關尹老聃の思想の特質を、『太一生水』にも見える「太(大)一」にありとしていたのであるが、その後の『老子』經典化の過程で、一統天下の大きな政治目標を掲げる黄老道家思想の形成發展に伴って、「太一」は「一」に言い換えられていき、これに連動して、『太一生水』部分は楚簡『老子』丙本から切り離され、丙本部分だけが甲本・乙本とともに今本『老子』に收斂していったと推測できる。

『老子』經典化とは、先に述べたように、一統天下のイデオロギーの書としてこれを思想界に君臨させることをその目的とするものであった。[208] 傳世文獻だけではこの過程を到底跡附けることができなかったのであるが、これまで論じてきたように、近年の新出土資料はそうした思想史の展開過程を具さに檢證することを可能にしたのである。

なお、『老子』經典化がひとまず終えたことを確實に知ることのできるのは、漢簡『老子』によってである。これまで帛書『老子』乙本に「德」「道」の文字が記されていたことから『老子』が上下に分割されてそれぞれに名がつけられていたことは分かったのであるが、それが經典としての扱いを受けていたのかどうかについては確證がなかった。それがこの漢簡『老子』も同じく上下に分割され、しかもそれぞれに「老子上經」「老子下經」の書名が記されていたことによって、漢代のある時期から『老子』が確かに經典として扱われていたことが確認できたのである。[209]

第七章　『淮南子』道應訓所引『老子』考

はじめに

本章は、前漢文景帝期、黄老道家による『老子』經典化過程の最終段階において、そうした經典化の流れとは別に、老子が黄帝とではなく莊子と結びつけられて論じられていく過程を、淮南王劉安によって編纂された『淮南子』のとりわけ道應訓の分析を通じて明らかにしようとするものである。

このために先ず『老子』の思想が道應訓においてどのように解釋されているかを考察する。すなわち道應訓は歴史故事などを老子言で根據附けながら、その經としての正しさを具體的に證明しようとする手法を取っているのであるが、その場合往々にして獨自の解釋を與えている場合のあることが分かっている。そうしてその獨自な解釋が『莊子』への接近によってもたらされた結果であることが考えられるのであるが、この事實から『淮南子』道應訓が『老子』解釋史における一つの轉機をなしていることが窺え、既に要略篇が明らかにしているように、それが戰國期から續いた黄老道家の立場とは異なる老莊道家の立場であったと考えられる。

右の如き假説を論證することによって、前漢文景帝期において、すなわち武帝期を待たずに、少なくとも淮南の地においては、「黄老」ではなく「老莊」の立場から『老子』を再解釋しようとする動きが明確に存在していたことが確認でき、その事實こそが、とりもなおさず『老子』經典化の最終過程において、『老子』が從來のような黄老道家の經典としての役割とは別な指向がその頃に芽生えつつあったことが明らかに見て取れるのである。

ところで中央においては、ほぼ同時期、景帝の母・竇太后が『老子』をたいそう好んでおり、景帝はじめ宮中では『老子』は「不得不讀」文獻であったとされることをもって、當時、黄老思想が甚だ流行していたとされている。しかし、むしろ「不得不讀」の表現こそが、『老子』が必ずしも積極的に讀まれていたわけではなかったことを暗示している。[210] 景帝はじめ宮中の者たちは竇太后から『老子』を讀むように強制されることに對して内心必ずしも快く思ってはいなかったと思わせるのが、轅固生の「老子家人言」發言騒動をめぐる景帝の對應である。[211] この後、程なくして武帝が景帝を繼いで卽位してからは、儒家が日增しに力を得ていったことは周知のことである。[212]

第一節　道應訓の立場

（1）老莊の術――「道」を媒介として

この問題の考察に入る前に、『淮南子』全書の立場について確認しておきたい。周知の如く、『淮南子』第一原道訓は老子の思想を、第二俶眞訓は莊子の思想を、それぞれ中心に置いており、このことは『淮南子』が「老莊」道家によって基礎附けられていることの十分な根據となり得ている。加えて、要略篇では道應訓について「老莊之術」の語を用いてその内容を概說していることも注意される。この點については金谷治著『老莊的世界―淮南子の思想―』に詳しいのでここで繰り返す必要はない。[213]

ところがその一方で、『淮南子』が編纂された文・景帝期は「黄老」思想が盛期を迎えていた時代として知られている。「黄老」思想とは言うまでもなく、黄帝と老子を竝稱したものであり、當然ながら老子と莊子を竝稱した「老莊」思想とは別個の思想概念である。問題は、まさしくここにあると言ってよい。すなわち「黄老」がなおもてはや

されている時代の中で、『淮南子』が「老莊」を稱揚したのはなぜかという問題である。

本章では、道應訓の分析を通じて、『淮南子』がなぜ「黃老」ではなく「老莊」への指向を強めたのか明らかにしていく。すなわちそれは老子が黃帝から切り離されて莊子に接近していく過程を明らかにすることに他ならない。

道應訓は、老子言で根據附けながらの論說（歷史故事・寓言などの體裁を取ることが多い）を列擧するところに特色を持つのであるが、しかし老子言に止まらず、莊子言、愼子言、管子言も各一例ずつ引用している。また論說には、『呂氏春秋』などにも取られ當時よく知られた歷史故事から多くの材料を得ていること、及び數は少ないものの『莊子』からも材料を得ていることが注意される。

例えば、〔一〕[214]は『莊子』知北遊篇から、太清・無窮・無始三者による「道」の認識に關わる問答說話を引用してきており、これ以外にも、〔七〕齧缺と被衣との「道」の獲得に關わる問答說話、〔三十四〕大司馬とその帶金職人との「道」の實踐に關わる問答說話、〔四十五〕光耀と無有との「無」に關わる問答說話の四件は皆知北遊篇からの引用と見なしてよい[215]。

道應訓は、要略が「欖掇遂事之蹤、追觀往古之跡、察禍福利害之反、考驗乎老莊之術、而以合得失之勢者也（遂事の蹤を欖掇し、往古の跡を追觀し、禍福利害の反を察し、老莊の術に考驗して、以て得失の勢を合する者なり）」と解說するように、過去の出來事（「遂事之蹤」・「往古之跡」）を「老莊之術」に基づいてその「得失之勢（＝行方《ゆくえ》）」を明らかにすることを目的として著作されたとある。その「老莊之術」がどのような術であるかについては具體的な言及がないので、道應訓それ自體の分析を通じて明らかにする他はない。

道應訓冒頭の說話〔一〕は『莊子』が得意とする寓言そのものであるから、〔二〕以下の「遂事之蹤」「往古之跡」などの歷史故事一般ではなく、〔七〕齧缺被衣問答說話や〔四十五〕光耀無有問答說話などと同樣な性格、すなわち

いずれも「道」の認識に關わることを主題とする寓言である。つまりこれら「道」を認識する主體の確立こそが、「考驗乎老莊之術」の第一歩として求められているわけである。

次にこの「老莊之術」が「道應」という篇題とどのように關わっているかであるが、そもそも「道應」とは、「道」という實體を持たない抽象的實在を、具體的な歴史故事の中にその「應」（「あらわれ」や「しるし」）として見出すことを主眼として命名されたと解釋されている。(216) そうした中で、既に言及したように歴史故事とは言えない寓言を『莊子』から取ってきて、その「應」として『老子』の一節をこれに對置させるのは、『莊子』の寓言に彩られた思想と『老子』の現實的な思想とを、抽象的で實體の捉えにくい「道」を媒介にして、兩者を重ね合わせることにより新たな論説を構築しようと意圖したものと推察できる。これこそが「考驗乎老莊之術」ということなのであろう。

（2）『莊子』知北遊篇と『老子』――老莊折衷の立場

特に『老子』の「道」と最も密接に關聯づけられている上記四例の出典となっている『莊子』知北遊篇とは、そもそもどのような性格の篇なのであろう。

例えば、福永光司『莊子　外篇雜篇』（朝日新聞社　一九六七年）は、

內篇『莊子』の思想を『老子』のそれによって解説し、若しくは兩者を折衷しようとする意圖が顯著に窺える。（六三一頁）

とか、

> 『老子』の思想が内篇『莊子』のそれと折衷され、しかも全體の論調が次第に『莊子』的なものに移行している事實に注目すべきであろう。（六四〇頁）

と言い、さらに

> 莊子の思想と老子の思想を折衷融和しようとする傾向の顯著に看取される……（六五九頁）

とか、

> 現行本『老子』と共通する思想表現が多く見えている……（六八〇頁）

と、老莊を折衷したところに大きな特色があるとして、とりわけ知北遊篇冒頭の黄帝・知・無爲謂・狂屈の四人による問答說話に關しては、

> この章が黄帝の言葉として現行本『老子』と一致する語句を多く引いている點をわれわれは注目すべきであろう。……この說話が漢初に盛行した「黄老の學」と關聯することを推測させる。（六三九頁）

と、福永は「黄老」道家との關聯に言及しつつ、「老莊折衷」の事實を指摘している。本論の考察を進めていくうえで、重要な指摘として注意しておきたい。

金谷治『莊子　第三册』（岩波文庫　一九八二年）は、知北遊篇について

『老子』の語を引くところも多く、老莊折衷の趣が見られる……（一三九頁）

と同樣なことを指摘している。

以上から、知北遊篇は『莊子』中にあってとりわけ老莊を折衷しているところに特色のあることが分かる。この事實を踏まえて、知北遊篇と道應訓との關聯を改めて見直すと、兩者には「老莊」という明らかな共通點のあることが決して偶然ではないことが看取でき、そしてこの事實から、道應訓が知北遊篇と同じ思想的背景のもとに述作されたと考え得ること、しかも『莊子』と異なり『淮南子』は明確に「老莊」の語を用いていることからしても、明らかに知北遊篇の思想が踏まえられて『淮南子』が述作されたことが分かる。

（3）『管子』宙合篇とその老莊的立場

さらにこれと關聯して、〔五十二〕の說話を根據づけている『管子』宙合篇についても見ておきたい。『管子』からの引用は一例のみであるが、この宙合篇は、金谷氏が既に指摘する通り「內容は概ね政治思想」であり、「道家的な道の思想」が說かれ、それは「萬物の多樣さ、天地の廣さに應じて、そのすべてを包攝する立場」であり、「これに似た思想を『莊子』天下篇に見出すことができる」として、その「天下篇の作者」が取るのは「老聃・莊周の道の立

場を強調する」ものであり、「同様の立場は『淮南子』のものでもあった」として、この宙合篇の老荘折衷的立場が『莊子』天下篇を媒介としつつ『淮南子』に直結するものであると論じている（同氏著『管子の研究』岩波書店　一九八七年　二九一〜二九二頁參照）。かかる氏の説によって、「老莊」道家的傾向を持つ宙合篇が道應訓で引用されているのは、偶然ではなく、かかる思想的要請に基づいてのことであったことが看取できる。(217)

（4）『淮南子』の黄帝觀

ところで、知北遊篇冒頭の説話でも黄帝が登場しているが、そこでは天下を統一支配した至上の帝王としてではなく、むしろ不完全な帝王として見えていることに注意したい。すなわち黄帝自身の口から、「彼無爲謂眞是。狂屈似之。我與汝終不近也。夫知者不言、言者不知。故聖人行不言之教。（彼の無爲謂は眞に是なり。狂屈は之に似たり。我汝と終に近からざるなり。夫れ知るものは言わず、言う者は知らず。故に聖人は不言の教を行う。）」と、『老子』のいわゆる「知者不言、言者不知」・「聖人行不言之教」・「失道而復德、失德而後仁、失仁而後義、失義而後禮、禮者道之華而亂之首也」・「爲道者日損、損之又損之、以至於無爲、無爲而無不爲也」を引用しつつ、自ら不完全不充分であることを述懐させるのは、黄帝に對する無條件の評價を留保しているからに他なるまい。(218)

加えて以下の『淮南子』中の四例はいずれも理想の帝王としての位置づけでないばかりか、ことごとく否定的ニュアンスに滿ちていることにも注意しなければならない。

及世之衰也、至伏羲氏、其道昧昧芒芒然、含德懷和、被施頗烈、而知乃始昧昧楙楙、皆欲離其童蒙之心、而覺視於天地之閒、是故其德煩而不能一。及至神農・黄帝、……於此萬民睢睢盱盱然、莫不竦身而載聽視、是故治而不

能和。（俶眞）

ここでは黄帝の治世を、伏羲氏の世と共に「世之衰」と見ていることが分かる。とりわけ黄帝の世は、「萬民睢睢盱盱然、莫不竦身而載聽視。是故治而不能和（萬民は睢睢《きき》盱盱《くく》然として、身を竦《そびや》かして聽視を載《こと》とせざること莫し。是の故に治まりても和する能わず）」、つまり人々は耳目をいつも聳たせて緊張していたために、治まってはいるが和やかさには缺けていたと言う。これは、俶眞訓が理想とする「聖人呼吸陰陽之氣、而群生莫不顒顒然、仰其德以和順。當此之時、莫之領理、決離隱密而自成、渾渾蒼蒼、純樸未散、旁薄爲一、而萬物大優、是故雖有羿之知而無所用之」の世にはほど遠いものだとする。つまり伏羲・黄帝の世は必ずしも理想の世ではなく、究極の理想の世はそれよりも更に溯ると言うのである。

昔者、黄帝治天下、而力牧・太山稽輔之、以治日月之行、律陰陽之氣、節四時之度、正律歷之數、別男女、異雌雄、明上下、等貴賤、使強不掩弱、衆不暴寡、人民保命而不夭、歳時熟而不凶、百官正而無私、上下調而無尤、法令明而不闇、輔佐公而不阿、田者不侵畔、漁者不爭隈、道不拾遺、市不豫賈、城郭不關、邑無盜賊、鄙旅之人相讓以財、狗彘吐菽粟於路而無忿爭之心、於是日月精明、星辰不失其行、風雨時節、五穀登熟、虎狼不妄噬、鷙鳥不妄搏、鳳皇翔於庭、麒麟游於郊、青龍進駕、飛黄伏皁、諸北儋耳之國、莫不獻其貢職。然猶未及虛戲氏之道也。（覽冥）

ここでは黄帝の理想の世を實現したとも見える治世が延々と語られるのであるが、しかしそれとても「虛戲氏之道」

には及ばなかったと言う。

兵之所由來者遠矣。黄帝嘗與炎帝戰矣、顓頊嘗與共工爭矣。故黄帝戰於涿鹿之野、堯戰於丹水之浦、舜伐有苗、啓攻有扈。自五帝而弗能偃也、又況衰世乎。夫兵者、所以禁暴討亂也。炎帝爲火災、故黄帝擒之。共工爲水害、故顓頊誅之。（兵略）

これは、今の世と同様はるか黄帝の世においても戰爭は不可避であったことを言うもので、必ずしも黄帝の世を理想化して述べるものではない。

黄帝生陰陽、上駢生耳目、桑林生臂手、此女媧所以七十化也。（説林）

これは、耳目を作った上駢、臂・手を作った桑林とともに陰陽（男女の性器とされる）を作った黄帝がいたからこそ、女媧は七十回も造化を繰り返すことができたことを言うもので、「黄老」道家によって理想化された黄帝とは全くかけ離れた神話的存在として描かれる。

故黄帝亡其玄珠、使離珠、捷剟索之、而弗能得之也、於是使忽怳、而後能得之。（人閒）

黄帝が玄珠を亡くしてこれを忽怳（定まったかたちのないもののこと、忘我の喩え）に探させたこの寓話は、『莊子』天

地篇にも見え、そこでは象罔（形象のはっきりしないもので、無心の譬え）が探し出してきたことになっており、これもおそらくはそこから引いてきたのであろうが、天地篇では、この説話は「無爲自然の政治が黄帝の有爲の政治、彼の支配者意識を持つ支配によって損なわれ失われたことを寓話化した」（福永光司『莊子　外篇』一五八頁）と言われるように、いわゆる黄老思想の側から構想された寓話でないばかりか、それに批判的な立場からなされたと見るべきであって、これが『淮南子』にも共通する論説であることが注意される。(219)

……世俗之人、多尊古而賤今、故爲道者必託之于神農・黄帝而後能入說。亂世闇主、高遠其所從來、因而貴之。爲學者、蔽於論而尊其所聞、相與危坐而稱之、正領而誦之。此見是非之分不明。（脩務）

ここでは、黄帝や神農といった古の帝王に託して「道」を說く者は世俗の「尊古而賤今」の風潮に便乘しているに過ぎず、これを有り難がるのは「亂世闇主」であると言って、黄帝を評價していないばかりか、「黄老」道家への批判とも讀める內容である。

以上いくつかの黄帝觀を通して分かることは、それらは『淮南子』が「黄帝」ひいては「黄老」道家と一定の距離を置いていたことを思わせるに十分な證據となり得ていることである。從って、『淮南子』が「老莊之術」を言うのは、それまで漢初に廣く流行した「黄老」から離れて「老莊」に移行しつつあった明らかな證據ではないかと思われるのである。

次節では、道應訓が『老子』を引用する際の視點を分析して、この點をより具體的に檢證していくことにしたい。

（5）『老子』は經だったのか

ところで、『淮南子』道應訓が専ら『老子』の價値を顯彰しているにもかかわらず、これを「經」として扱っていたかについては疑問なしとしない。なぜなら『老子』を「經」として扱っていたのならば、徹頭徹尾『老子』を引用することでそれは果たされるべきであろう。しかるに、道應訓は『老子』の他に、『莊子』・『管子』・『愼子』を各一例ずつ引用している。それらを合計しても僅か三例に過ぎない。だが一體何のために統一性を害するようなことをわざわざしたのだろうか。『老子』だけでは十分ではなく、他の文獻から引用する必要がどこにあったのであろうか。道應訓作者にとって、『老子』とこれら三種の文獻との閒には經典とそうでない諸子の書という決定的な差別化が圖られてはいなかったのではなかろうか。つまり、道應訓作者が『老子』を「經」として位置づけているのならば、これら三種の文獻も「經」かもしくはそれに近い價値が與えられていなければならないであろうし、もし『莊子』など三種の文獻が諸子の書としての扱いに止まっているのであれば、『老子』は「經」でありながら諸子と同程度に扱われていたことになってしまう。道應訓作者は『老子』を「經」として扱うことに對しては立場を留保していたと考えざるを得ない。

なぜなら道應訓は、これら三種の文獻から引用することをせず『老子』のみを典據に用いることによってむしろ篇としてのまとまりをいっそう確實にできたはずであるのに、そうせずにそれら三種の文獻を、『老子』と竝列させてしまうことによって、却ってその效果を失わせてしまったと考えられるからである。ここに『韓非子』における解老・喩老兩篇とは異なる態度を見出すことができる。つまりこれら「經」とは言い難い三種の文獻を『老子』と共に引用することは、これらを『老子』と同等の「經」としての位置を與えていたか、あるいはその逆に『老子』を「經」として扱っていなかったかのどちらかであったと考えざるを得ない。果たして道應訓は『老子』を「經」として扱っていた

のであろうか、以下に道應訓を詳細に分析することでこの點を解明していくこととしたい。

第二節　道應訓末尾武王・太公問答説話の分析

（1）武王・太公問答説話の主題

知北遊篇と同じ寓言を引いて、これを『老子』の言説で根據づけている冒頭部分が、要略の「老莊之術」の立場を暗示するものとして解釋できることは前節で述べた通りであるが、このことと關聯して注意されるのは、末尾に置かれた武王太公問答説話である。

本説話は他の大部分の説話同様に『老子』の言説で根據づけられているのだが、問題はこの説話それ自體の内容である。やや長くなるが全文を以下に引いておこう。

武王問太公曰、「①寡人伐紂天下、是臣殺其主而下伐其上也。吾恐後世之用兵不休、鬬爭無已、爲之奈何。」太公曰、「甚善、王之問也。夫未得獸者、惟恐其創之小也。已得之、唯恐傷肉之多也。②王若欲久持之、則塞民於兌、道令爲無用之事、煩擾之教。③彼皆樂其業、佚其情、昭昭而道冥冥、④於是乃去其瞀而載之朮、解其劍而帶之笏。⑤爲三年之喪、令類不蕃。⑥高辭卑讓、使民不爭。⑦酒肉以通之、竽瑟以娛之、鬼神以畏之。⑧繁文滋禮、以亶其質。厚葬久喪、以亶其家。含珠・鱗施・綸組、以貧其財。深鑿高壟、以盡其力。⑨家貧族少、慮患者寡。⑩以此移風、可以持天下弗失。」⑪故老子曰、化而欲作、吾將鎭之、以無名之樸也。

文中の太公とは太公望呂尙のことであろう。太公望は、殷周革命の折、謀略によって殷の紂王を滅亡に追いやった戰略家として後世名を馳せた傳說的な人物であり、『史記』齊太公世家冒頭にその傳記が見え、『漢書藝文志』六藝略道家者流には「太公二百三十七篇　謀八十一篇、言七十一篇、兵八十五篇」が著錄されて、班固の自注によれば「或有近世又以爲太公術者所增加也。」とあるように、漢代に至ってなお太公に因む說話が虛構されていたことが知られている。(220) 本篇に見える太公と武王との問答說話も、當時既に流布していたか或いは道應訓作者によって新たに創作されたかのいずれにせよ、太公ならばこのようなことを言ったであろうという共通の認識が當時の思想界にはあったと思われる。その意味では、全くの虛構とするよりは、太公に假託して語ることが最もふさわしい內容と考えられていたことであろう。太公に假託することが最もふさわしい思想とは、言うまでも無く權謀の術である。(221)

（2）黃生と轅固生の「受命」「弑殺」論爭

そこで先ず注意されるのが武王言中の傍線部①である。武王が、自らが行った紂王討伐は主君殺しに他ならないのではないか、自らの行爲は結局「受命」ではなく單なる「弑殺」ではなかったのかと思い惱む設定である。

殷周王朝の交替は、そもそも「弑殺」の結果か、それとも「受命」によるのかという歷史評價については、漢代に論爭のあったことが『史記』儒林傳轅固生傳に見えている。(222) すなわち、

轅固……與黃生爭論於景帝前。黃生曰、「⑫湯武非受命、乃殺也。」固曰、「不然。夫桀紂虐亂、天下之心皆歸湯武、湯武與天下之心而誅桀紂、桀紂之民不爲之使而歸湯武、湯武不得已而立、非受命爲何。」黃生曰「冠雖敝、必加於首、履雖新、必關於足、何也。上下之分也。今桀紂雖失道、然君上也。湯武雖聖、臣下也。夫主有失行、

臣下不能正言匡過以尊天子、反因過而誅之、代立踐南面、非弑而何也。」

である。

「黄生」の名が見えるのは『史記』『漢書』通じてここ儒林傳のみで、どのような人物であったのかその事績はほとんど傳わらないが、『史記』太史公自序には「太史公……習道論於黄子」とあり、その『集解』に、「徐廣曰、儒林傳曰黄生、好黄老之術」とあるので、おそらく「黄子」と「黄生」は同一人物であったと考え得る。また、この黄生乃至黄子が司馬遷の父司馬談に「道論」を教授したこと、また、景帝の母である竇太后が「黄老」好き（老子好き）であったこと、そして景帝の御前で、殷周革命の評價をめぐって轅固生と論爭していることなどを考え合わせると、黄生（黄子）は漢代「黄老」道家を代表する人物であったことが分かる。[223]

さて黄生と轅固生との閒で戰わされた論爭のテーマ、すなわち武王は紂王を單に弑したに過ぎないのか、それとも受命によって放伐したのかという問題が、ほぼそのまま、しかし極めて簡潔にここに見えているのであるから、これだけは他の歴史説話群とは別な位置づけがなされており、同時代の論爭が殷周革命に假託されて記述されたものとして解釋しなくてはなるまい。

（3）道應訓が武王・太公問答に假託したもの

道應訓中の武王言、とりわけ傍線部①は、轅固生と黄生の論爭における黄生の發言、すなわち『史記』中の傍線部⑫「武王は受命したのではなく單に弑殺したに過ぎない」との見解に共通している。道應訓に武王・太公問答説話が虚構された背景には、既に言及したように殷周王朝交替の評價をめぐる儒家と黄老道家の閒の論爭が當時あったと考

えられる。

この故に、武王・太公問答說話は、殷周王朝交替は受命によるのではなく、武王が紂王を弑殺した結果であるとの黄生側の主張を前提として構想されたと考える他なく、すなわちこれこそが「黄老」道家、少なくとも景帝時の黄生によって代表される「黄老」道家の思想的立場を表明するものであったとしなければなるまい。

從って本篇最後の歷史故事だけは、單に老子言で根據づけるために利用されたとのみ見ることはできない內容を含んでいると考えざるを得ない。かかる武王の問いかけに對する太公の應答內容には、當時の「黄老」道家の思想的立場が描かれていると見なければならないからである。以下この點を詳細に分析していくことにしよう。

武王言中の傍線部①に續く「吾恐後世之用兵不休、鬭爭無已、爲之奈何」は、殷から天下を奪い取った後、何如にして平和裏にこれを統治すべきかを問うものである。

これに對する太公の回答は以下の通りである。

先ず②において、民を從順ならしめるためとして「塞民於兌」、つまり民の目や耳を塞ぎ、外部からの情報を遮斷すること、かくして「無用之事」に從事させ、「煩擾之教」を受け入れさせ、價値のないことをあたかも價値があるかのように思い込ませたり、內實はないけれども形式ばかり細かいことを教え込むことであると言う。これは明らかな愚民政治である。

以下、この「無用之事」「煩擾之教」の內實が以下に次第に明らかにされていく。つまり、③「彼皆樂其業、佚其情」とあるように、目や耳を塞がれた民は日々の仕事を樂しんで逸樂に耽るばかりとなり、「昭昭」すなわち明晰な知性は失われて、やがて「冥冥」すなわち愚昧になっていくように、民が現實を正しく把握しかつ的確に對處できないように仕向けていくべきことを言う。ここに『老子』の「常使民無知無欲、使夫智者不敢爲也」（第三章）を彷彿と

させる側面があることは否定できない。

續く④の冒頭に「於是」とあるように、③の如く民が愚昧になった結果として、民は戰時に被る「瞀《ぼう》」、すなわち兜を手放して、代わりに平時の冠、すなわち「朮《じゅつ》」を被り、腰に下げた「劍」の代わりに「笏《こつ》」を身につけるようになり、その結果平和が到來すると言う。文脈を辿っていけば直ちに知り得ることであるが、その平和が愚民政治によってもたらされる平和であることは間違いない。

次に、⑤「爲三年之喪」として、孝を尊ぶ儒家流の政策を忠實に履行することによって、「令類不蕃」の結果が得られると言う。これは「三年之喪」を口實にした人口抑制策に他ならない。確かに「三年之喪」を徹底することによって、民間では結婚や妊娠出産の機會は奪われ、ひいて子孫は增えず、その結果人口が抑制されて、武王を脅かす勢力の增大を食い止めることが可能となるわけで、『史記』が記す太公が得意とした「陰謀」「奇計」とはまさしくこうしたことを指すのであろうと思われる。

續く⑥「高辭卑讓」は、明らかに「辭讓」を旨とする禮の實踐を意味する語で、禮の忠實な履行が、結果として「使民不爭」となると言う。爭いのない平和な世の到來である。とはいえ、民の自由な行動や抵抗の意志を未然に摘み取ってしまうことによる平和であることは⑤の分析からも明らかである。

⑦の「酒肉」の宴會で人々が情を「通」じ、「竽瑟」の音樂で「娯」を共有し、「鬼神」の祭祀によって「畏」の氣持ちを持たせるとは、こうした日常生活の折々の儀禮が人心を安定させるものとしての意義が與えられていることによるものと思われるが、ここでもその眞意は人心を自足させて不滿や敵意、あるいは野心を持たせないことにあり、これまでと同樣な論旨が貫かれている。

⑧「繁文滋禮」は、⑥「高辭卑讓」と對をなす句で、儀禮的行爲をますます煩瑣にすることを意味する。つまり②

で見たような「煩擾之教」の具體的內實であり、それは同時に「無用之事」とも言い得ようが、これによって形式をやかましくし、外見を飾り立てさせるのである。儒家が推進し墨家が激しく批判した「厚葬久喪」という禮の規範に忠實に振る舞わせることが、實際には膨大な財の消費を強制することであると明言している。「煩擾之教」を受け入れてしまった結果、「含珠・鱗施・綸組」「深鑿高壟」という膨大な財の消費を餘儀なくさせられる行爲、その意味で「無用之事」とも言える行爲を無批判に受け入れさせることができると言うのである。その結果、民は「亶其質（本來の質樸さを失わせ）」、「亶其家（家產を蕩盡させ）」、「貧其財（財產を消耗させて貧しくし）」、「盡其力（へとへとに疲れる）」させられてしまうこととなり、⑨に描かれるような「家貧族少、慮患者寡（家は貧しく家族は少ないが、惱みを抱える者も少ない）」という理想的な社會狀況が實現すると言う。ここに描かれるのはまさしく『老子』第八十章の「小國寡民」の世界と言ってもよいのではなかろうか。

しかも、これらのことを眞意を見拔かれることなく、手際よくやってのけることができれば、⑩「以此移風、可以持天下弗失（社會風俗を變革して、天下の支配を持續させる）」の最終目的が實現すると言う。

從って、⑤⑥⑦⑧では儒家風のことが言われているが、それはいわば方便としての儒家思想の尊重であり、太公の眞意がそこにないことは明らかである。

（4）武王・太公問答說話に見る愚民政治と『老子』の思想

この後に⑪「故老子曰、化而欲作、吾將鎭之以無名之樸也。」[224]と第三十七章部分を引いて本篇を結ぶ。

道應訓はかかる愚民政治を肯定しているのであろうか。そのために『老子』の第三十七章所引の一句でこの歷史故事を根據づけているのであろうか、この點が最後に殘った問題である。

その問に取り組む前に、先ず、道應訓所引の部分を含むこの『老子』第三十七章「道常無爲而無不爲。侯王若能守之、萬物將自化、化而欲作、吾將鎭之、以無名之樸。無名之樸、夫亦將無欲。不欲以靜、天下將自定」の意味を確認しておく必要があるだろう。

第三十七章は、「道」の屬性である「無爲而無不爲」を行えば、天下は自ずからに定まるものであるが、時にその支配に背こうとする者がいても「道」のもうひとつの屬性、すなわち「無名之樸」によって鎭壓すればよい、と述べていると解釋してよい。[225] 總じて言えば、反抗してくる民を治者はいかに鎭壓するべきかその方法を說いていると見ることができる。そうしてその方法として示されるのが「無名之樸」の概念である。これを用いることにより、民は無欲になり、無欲であることによって反抗する者は現れず、やがて天下は何事も無かったかのように定まると言う。

それではこの「無名之樸」とはどのような政策を意味するのであろうか。從來の解釋に據れば、「素樸の政治」（楠山）、「名を超えた道の素樸なありよう」（金谷）、「荒木のような名を持たぬ無爲の道」（福永）、「名を持たない樸」（蜂屋）、「無名のままの自然の樸《あらき》すなわち道」（池田）等と譯される。これではあまりに抽象的で、具體的にどのような政策なのか全く捉えにくい。ところがこれを道應訓に即して解釋していくと、太公の口を通して語らせているような策略を凝らすことによって民力をそぎ落とし、ついに反抗する氣力すら失わせてしまうという至って狡猾な政策であることが分かる。

太公言によれば、たしかに武力による强權的な鎭壓とは言えず、しかもそれが上からの鎭壓だとは氣附かれることもなく、また民からすれば自らの意志で行っていると思うように仕向ける無言の鎭壓行動なのである。つまり爲政者から見れば、いささかも强制力を行使することなくあくまでも民による自發的な行動に他ならないのであり、民から見れば、上からの强制によってではなくあくまでも自らの意志に基づく行動なのである。だがしかし、こうした「無

名之樸」が効果を上げるためには、豫め「煩擾之教」によって「無用之事」をなさしめるための操作が行われていなければならない。下線部⑨「以此移風」とはそのことを言っている。

なぜ道應訓は、このような愚民主義的な統治を内容とする武王・太公問答説話を用いて、『老子』第三十七章に卽した統治方法としてこれを篇の末尾に置いたのであろうか。そもそもこのような太公言の内容は『老子』の思想を忠實に敷衍したものといってよいのであろうか。從來取られてきた『老子』解釋とは大いに齟齬するのではないだろうか。本說話は、太公が周王朝による支配を盤石にするための具體的な政策を武王に進言したものであるが、果たしてこれを當時の黃老道家が目指した老子に依據しつつ實現することを目指した理想的治世と見てよいのだろうか。

確かに黃老道家の政治思想には一面で愚民政治があり、專制政治があった(226)。黃老道家は、黃帝による天下統一をひとつのモデルとして、これに『老子』の思想を結びつけることによって一統天下の實現を目指したものであった。從って、道應訓の結びの位置に置かれている〔五十六〕の歷史故事が當時の黃老思想の一面を寫し取ったものであったと見ることは可能である。しかしそれは、國を保ち或いは身を保つことに關わる言說が多く見られる道應訓全體の思想傾向とは明らかに整合しないばかりか、道應訓作者自身はこうした治世に對しては否定的であったか、或いは少なくとも懷疑的であったとしか考えられない。そうすると道應訓の立場は、當時の黃老道家に對して一定の距離を置いていたとしなければ辻褄が合わない。では道應訓が『老子』解釋に取った立場とはどのようなものであったのか。これが次に解明すべき問題である。

第三節　『老子』の解釋を通して見る道應訓獨自の立場

本節では、道應訓が獨自の『老子』を解釋していたと考えられる箇所について分析を進めていく。道應訓の構成は、既に紹介したように、あるよく知られた歷史故事と『老子』のある部分を組み合わせることによって、『老子』の「道」思想の現實的有效性を實證乃至檢證すること（「應」）を目的としている。それ故、讀者をして『老子』の「道」思想が持つリアリティを納得させ得るのでなければならない。讀者とは、言うまでもなく文景帝期の治者の地位にある者で、これの獻上を受けた卽位閒もない武帝こそ、想定された讀者の一人であったろう。武帝はこれを讀み早速「愛祕」したと傳えられるからである[227]。

道應訓が揭げる五十六話のうち、寓言であることが明らかな〔一〕太淸と無窮・無爲・無始らとの問答寓話、〔七〕齧缺被衣の問答寓話、〔四十四〕罔兩と景の問答寓話、〔四十五〕の光耀と無有の問答寓話の四話を除いて、殘る五十二話が、史實であるか虛構であるかは別として、『呂氏春秋』などにも收められて比較的よく知られた故事となっている。そうしてそれらの故事がおのおの『老子』の一節を根據づける役割を果たしている。別な言い方をすれば、道應訓作者は『老子』はこう讀まれなければならないとのメッセージをそこに込めたとも言える。しかしそのメッセージが讀者に受け入れられるためには、故事の內容と老子言とが正確に對應していなければならないはずであるが、從來の一般的な解釋による限り、必ずしもそうはなっていないことに氣附く。以下にそのことを具體的に分析していく。

（1）『老子』解釋の獨自性

〔九〕では、惠盎なる人物が勇を好む宋康王に、勇力にも勝るのは孔墨の仁義の教えであると説く故事を、第七十三章「勇於不敢則活」で根據づける。しかし、この句は、威壓による刑罰主義への批判として「思い切らないで保留することに勇敢であると、罪人は生きのびる。」（金谷『老子』二一九頁、楠山『老子を讀む』二五七頁も同じ）「なにごとにもぐずぐずと尻込みする者は生かされる」（蜂屋『老子』三二九頁）などと現在では解釋されていて、河上公注の「勇於不敢有爲則活其身」とも近いのであるが、ここでは「勇力」によらず「仁義」によって「愛利」の心を呼び起こして服從させる方が、むしろ治績は容易に上がることを根據づけるために引用するのである。道應訓の作者が「仁義」という儒墨の掲げる德目を肯定的に扱っており、少なくとも盤石な統治を效率的に成し遂げるための手段として「仁義」が有效であると言おうとしていることは明らかである。

〔十〕では、堯のような帝王でも有能な輔佐を得て始めて治績を上げることができたとする主旨の故事とそれに關聯する蟨と蛩蛩駏驉が互いに助け合って生きているとの傳承を、第七十四章「夫代大匠斲者、希不傷其手」で根據づける。

この一節は、「人間のさかしらな裁斷を棄てて、大きな自然の法則にすべてを委ねよう。なまじい天に代わって刑戮の斧をふるうのは、へたな大工が名工の代わりをするようなもので、自分の手を傷つける、いやそれ以上に大きな災害を身にうけることになるだろう、という」（金谷前掲書二二四頁）とか、「爲政者が天然自然の死刑執行者に代わって人民を殺すというのは嚴罰主義の法家的な君主がその代表であろうが、そうなると君主自身もその報いをうける、ということを言っている」（蜂屋前掲書三三六頁）などの解釋は、河上公注の「人君行刑罰、猶拙人代大匠斲、則方圓不得其理、還自傷。代天殺者、失紀綱、還受其殃也」とも近いのであるが、ここではこのような解釋は取られてい

ない。(228)

〔四十八〕では、尹需が車御の術を苦心して學んでいるうちに、その熱意が實って夢の中でその極意を授けられたとする故事を、第十六章「致虛極、守靜篤、萬物竝作、吾以觀其復也」で根據づける。そもそもこの句自體難解であり、現在では「世界の眞相が見拔けるのはなぜか。……虛靜の立場にわが身を沈めること、すなわち無心無欲になって自分の本來性に目ざめることである。それは特殊な一種の精神狀態として、その獲得はひとつの修行であるとも見られる。そして、そこから見えた實相。それは復歸とよばれる萬物の始原への回歸であった。」（金谷前揭書三六頁）とか、「文意は、徹底的に成見・主觀を排除して客觀的に自然を觀察すれば、自然の生成反復の攝理が看取される、ということ」（蜂屋前揭書七五～七六頁）などと解釋され、古く河上公注は、「致虛極」には「得道之人、捐情去欲、五內淸淨、至於虛極」と、「守靜篤」には「守淸淨、行篤厚」と、「吾以觀其復也」には「言吾以觀見萬物無不皆歸其本也。人當念重本也」と注釋しており、そのような解釋を前提にしては道應訓の說話との對應をつけるのは難しい。やはりここでも道應訓獨自の解釋が取られていると見るべきである。(229)

（2）保身の術としての解釋

道應訓獨自の立場を示す例として、保身の術を老子言で根據づけている例を幾つか擧げておきたい。

〔二十二〕では、晉文侯が公子重耳だった頃の曹國での歷史故事を、『老子』第二十二章「曲則全、枉則直」で根據づけている。明らかにこれも天下統治の術としてではなく保身の術を說くことに主意があり、『老子』もその意味で解釋されている。(230)

〔三十〕では、功を他人に歸して己のものとしない子發の態度を、第二章「功成而不居。夫唯不居、是以不去」で

根據づける。この道應訓所引が「功成而不居。……」と「功」を主語にして句を作っているのに對して、漢簡『老子』が「成功而弗居、……」に、帛書『老子』甲本が「□功而弗居也、……」に、同乙本が「成功而弗居也。……」と、いずれも「功」が目的語の位置に置かれている。(231) つまり「功が成る」と「功を成す」との閒には主體の側の積極的な意圖の有無が關わってこよう。黃老道家系のテキストは後者であるにもかかわらず、道應訓所引は前者に作っていることに氣附く。

黃老道家系のテキストに從って讀めば、「功」を積極的に成し遂げておきながら、それに拘らぬ態度を見せることで却って保身に成功することを言うもので、そこに老獪とも見える計算をより強く見て取ることができるように思われるが、道應訓は單に子發の巧みな保身の術を『老子』で根據づけているに過ぎず、ここにも「黃老」道家とは異なる立場にあることが窺える。

〔三十三〕では、謙遜によって人々からの反感を買わずに己の身を全うできるとして、「貴」「高」な者は「賤」「下」を基礎に置かねばならぬとの說を、第三十三章「故貴必以賤爲本、必高以下爲基」で根據づける。ところが漢簡『老子』他出土本はすべて「是故必貴以賤爲本、必高以下爲基」に作っている。ここでの「必」字は、「貴が賤を以て本と爲すこと」「高が下を以て基と爲すこと」が必定であるとの意味であり、一方の道應訓所引の「必」字の意味は、「貴」であり「高」であるためには、「賤を以て本と爲すこと」、「下を以て基と爲すこと」が必須であることを言うものである。つまり前者は客觀的な道理・法則を述べたものであるのに對し、後者は教訓を述べたものである。道應訓は、保身の教訓を述べたものとしてこれを解釋していることが窺える。

（3）老・莊結合の試み

『莊子』中の寓言を『老子』で根據づけているものが幾つかあることは既に指摘した通りである。例えば、始めに取り上げた冒頭〔一〕は『莊子』知北遊篇と共通であり、「道」の認識が主題であり、老・莊の結合が見られる。

〔十八〕では、桓公が讀んでいた「聖人之書」など「聖人之糟粕」に過ぎないと言った輪人と桓公との問答説話を、第一章冒頭「道可道、非常道。名可名、非常名」で根據づける。この問答は『莊子』天道篇中にも見え、道は言を以てしては傳えられないことを言うもので、道應訓の作者もこれと全く同様な解釋をしており、ここも『莊子』に近い解釋を示すことで老・莊の結合を意圖したと思われる。[232]

〔三十九〕では、顏回と孔子の『莊子』大宗師篇に見えるのとほとんど變わらない坐忘問答を、第十章「載營魄、抱一、能毋離乎。專氣至柔、能如嬰兒乎」で根據づける。「抱一」「專氣至柔」が、「坐忘」の境地を説明する「隳支體、黜聰明、離形去知」に對應するとして、兩者が同じ境地を言ったものと解釋しているようである。

なお河上公注は、「抱一能無離」を「言人能抱一、使不離於身、則長存。一者道始所生、大和之精氣也。故曰一。」と、「專氣至柔」を「專守精氣使不亂、則形體能應之而柔順」と、「能如嬰兒乎」を「能如嬰兒、內無思慮、外無政事、則精神不去也」とそれぞれ注釋しているから、それほどかけ離れた內容のことを言っているようには思われないが、老・莊を結合しようとする道應訓獨自の立場は明らかである。[233]

〔四十二〕の盧敖遠遊説話は、人の聰明には限界があることを言おうとするもので、これは例外的に『老子』ではなく『莊子』で根據づけている。これも老・莊の結合を意圖したからであろう。

〔四十四〕では、『莊子』齊物論篇に出典を持つ罔兩と景の問答寓話を通して「神明」の偉大さを言う。その際、「神明の若きは、……四海の外を撫す」とあるように、「撫」（鎭撫の意）の語が使われていることが注意を惹く。「神

明」をあたかも滿天下を支配下に收める帝王の如き存在として描いているからである。これを第四十三章「天下之至柔、馳騁於天下之至堅」で根據づける。つまり「神明」が老子の「天下之至柔」に結びつけられており、從って神明＝帝王＝「天下之至柔」との關係がそこに見えてくる。道應訓は老子言の本來の意味から逸脱したうえ、さらに『莊子』齊物論篇にも見える影と罔兩の問答にこれを强引に結びつけている。ここにも老・莊を結合しようとする道應訓獨自の立場が見て取れる。(234)

〔四十五〕では、『莊子』知北遊篇に出典を持つ光耀と無有の問答寓話を、第四十三章「無有入于無閒、吾是以知無爲之有益也」で根據づける。「有無」を超えた「無無」の境地が說かれるのであるが、ここからも莊子の思想に接近していることが讀み取れる。(235)

むすび

以上檢討してきたように、道應訓所引『老子』は、ほぼ漢初「黃老」道家が使用したテキストと同系統でありながらも、道應訓の立場は決して黃老道家とは言えないものであった。道應訓による『老子』解釋は黃老道家の政治主義からは程遠いものだったからである。また、自說に都合良く『老子』の一部分が巧みに書き換えられることもあった。「黃老」道家系テキストのままでは不都合だったからではあるまいか。このように『老子』は既に經典化を終えていたとはいえ、それは「黃老」道家によるものであって、それとは異なる立場に立つ者にとっては自說に合わせて書き換えることも、他の文獻を『老子』と混在させて引用することもさして抵抗なくできたのであろう。

道應訓の思想的立場は、保身を說くところもあり、保國・治國を說くところもあり、一言では集約しきれないが、

その最も特徴的な立場は、要略の所謂「老莊之術」を説くところにあったことは間違いない。『淮南子』道應訓と『莊子』知北遊篇が共に「道」を主題としている點に近似性があるものの、兩者における最大の相違點は、知北遊篇は「道」を哲學的に語ることを意圖しているのに對し（尤も冒頭に道は言語化できないとする說話を置くけれども、事實は「道」の何であるかを論じるところに主意があることは間違いない）、道應訓は極めて卑近な立場からの『老子』の本來は難解な言說に對し、これに具體的な說話を對應させて、保身の術を中心に處世や治世の教科書としての『老子』を分かりやすく解き明かそうとしている點にあると言える。道應訓は、知北遊篇ほど觀念的抽象的に「道」を論じようとしていないことは明らかである。その意味で道應訓と知北遊篇が共に老莊の立場に立つことでは共通していたにせよ、道應訓は知北遊篇とは別な觀點から『老子』を解說しようとしたと考える方がよいと思われる。つまり數多のよく知られた歴史故事を『老子』で根據附けるのは、『老子』を事實に卽して分かりやすく解說するためであり、これこそが要略に言う「言道而不言事、則無以世浮沈、言事而不言道、則無以與化游息。故著二十篇」に他ならないのである。

要するに『淮南子』は「黃老」道家の立場から編纂されたのではないとするのが本章の結論である。『淮南子』編纂の時代は、黃老思想盛行の時代と見なされやすいが、既に流行のピークは過ぎていたと言うべきであろう。漢帝國の支配が固まるにつれて政治思想としての「黃老」道家の役割は急速に儒家に取って代わられつつあった。政治思想としての役割を終えた「黃老」道家は、やがて保身養生を專らとする「老莊」道家に道を讓りつつあった。その過渡期において編纂されたのが『淮南子』であり、それが「老莊之術」といわれる概念の內實だったのであろう。

なお、老子と切り離された黃帝は、『史記』武帝本紀や封禪書に典型的に示されているように、神仙的存在として神格化を深めていくこととなる。(236)

第八章　『史記』老子傳に隱された眞實

はじめに

多くの先秦思想史研究者が信頼し得る歴史資料の一つとして常に司馬遷の『史記』を利用していることからも明らかなように、『史記』が先秦思想史研究にとって不可缺な一級資料であることは今更言うまでもない。それ故、同書中の老子傳が『老子』研究において最も基礎的かつ重要な文獻として扱われることには何らの問題もないかに見える。しかし、例えば老子の出身地についての記事、孔老會見記事、老子出關記事、老子長壽傳承記事、更には司馬遷自身が確信を缺いたまま記す老耼・太史儋・老萊子の三人の老子記事等をすべて史實として無批判に承認することには常に大いなる疑義が投げかけられてきたことも事實である。

とは言えこうした斷片的な記事で構成される『史記』老子傳を信が置けないとしてこれを退けてしまうことは賢明とは言えず、またこれを無批判に肯定することは更に賢明とは言えない。いずれの見解を取るにせよ、紀元前二世紀末頃には、そのような不確實な傳承が老子を繞って存在したことは疑うことのできない事實だからである。

このような『史記』老子傳を、われわれ思想史研究者はどのように扱えばよいのだろうか。なぜ老子は「隱君子」と稱されたのか。「孔子問禮」傳說や「老子出關」傳說はそれぞれ何を傳えようとしているのか。老子は長壽だったとされるが、それは本當か。そのような長壽が凡そ非現實的で到底史實ではあり得ないとすれば、なぜそのような長壽傳說が生まれたのか。それら傳記の一つ一つが史實ではなく虛構だとしても、そこに込められたあるなにがしかの

意味、つまりmetaphor（隱喩、暗喩）として讀み取るべきものが隱されているのではないだろうか。それら一つ一つの傳說の裏に眞實が隱されているのではないだろうか。このように考えて、改めて『史記』老子傳を分析考察することにより、その中に埋もれてしまった老子の眞實を掘り起こそうというのが本章の目的である。[237]

そこで先ず『史記』老子傳全文を、內容每に九分割して、それぞれに段落番號を施した上で、逐條每に檢討を加えることにする。

（1）老子者、楚苦縣厲鄕曲仁里人也。姓李氏、名耳、字聃、周守藏室之史也。

（2）孔子適周、將問禮於老子。老子曰、「子所言者、其人與骨皆已朽矣、獨其言在耳。且君子得其時則駕、不得其時則蓬累而行。吾聞之、良賈深藏若虛、君子盛德容貌若愚。去子之驕氣與多欲、態色與淫志、是皆無益於子之身。吾所以告子、若是而已。」孔子去、謂弟子曰、「鳥、吾知其能飛。魚、吾知其能游。獸、吾知其能走。走者可以爲罔、游者可以爲綸、飛者可以爲矰。至於龍、吾不能知其乘風雲而上天。吾今日見老子、其猶龍邪。」

（3）老子脩道德、其學以自隱無名爲務。居周久之、見周之衰、迺遂去。至關、關令尹喜曰、「子將隱矣、彊爲我著書。」於是老子迺著書上下篇、言道德之意五千餘言而去、莫知其所終。

（4）或曰、「老萊子亦楚人也、著書十五篇、言道家之用、與孔子同時云。」

（5）蓋老子百有六十餘歲、或言二百餘歲、以其脩道而養壽也。

（6）自孔子死之後百二十九年、而史記周太史儋見秦獻公曰、「始秦與周合、合五百歲而離、離七十歲而霸王者出焉。」或曰、「儋卽老子」、或曰「非也」、世莫知其然否。

（7）老子、隱君子也。

（8）老子之子名宗、宗爲魏將、封於段干。宋子注、注子宮、宮玄孫假、假仕於漢孝文帝。而假之子解爲膠西王卬太傅、因家于齊焉。

（9）世之學老子者則絀儒學、儒學亦絀老子。道不同不相爲謀、豈謂是邪。李耳無爲自化、淸靜自正。

第一節　「老聃卽老子」說の眞實

『史記』老子傳中最も主要な部分、すなわち（2）孔子問禮傳說と（3）老子出關傳說は、人物としての老子の偉大さを孔子にも優るものとして强調し、書物としての『老子』が述作されるまでの顚末を、それぞれ記している。しかしこれらはいずれも虛構とされてきた[238]。なぜなら（2）は、老子が孔子をはるかに凌駕する人物であったことを强調するところに目的があり、しかも儒家を代表する孔子が、道家を代表する老子に向かって、儒家思想の核心でありかつ『老子』が嚴しく批判している「禮」について教えを請うなどとは、同傳（9）を見ても明らかな矛盾だからである[239]。

（3）では關令尹喜が『老子』の成立に深く關わっていることを記す點が注意される。これも何らかの意圖なり背景なりがあって構想された虛構であろうと推測できる。本書第五章で明らかにしたことであるが、關尹（環淵）なる人物は、『莊子』天下篇に見るように、老聃と極めて緊密かつ重要な關係にあったこと、一方で老子傳中に登場する關令尹喜も『老子』を世に殘す上で極めて重要な役割を演じたのであり、このように老子にとって緊密かつ重要な位置にあるのが關尹であり、關令尹喜であったからである。

ここに見られる關尹と關令尹喜の名の類似性は決して偶然ではないだろう。兩者には何らかの暗合が潛んでいるに

違いないと考えたほうがよい。つまり『老子』傳中の關令尹喜と『莊子』天下篇中の關尹は、同一人物だった可能性が高い。もちろん『史記』の傳記が虛構とすれば、關令尹喜も實在の人物ではある可能性は極めて低くなる。一方關尹は、以下に述べるように、ひとまず實在したと考えてもよいことから、關尹をもとに關令尹喜なる人物像が虛構された可能性について、考察してみる。

關尹とは一體如何なる人物であるのか。關尹の名が見えるのは天下篇だけであるが、『史記』孟荀列傳に「環淵、楚人、學黃老道德之術、因發明序其指意、著上下篇」とある「環淵」、また『漢志』諸子略道家者流に「蜎子十三篇」とあり、同班固自注に「名淵、楚人、老子弟子」とある「蜎淵」と同一人物であるとしてよいことは、錢穆『先秦諸子繫年』「環淵卽關尹」「蜎子卽環淵」によって論證されている。本章でも、この錢穆說に從って「關尹」と「環淵」「蜎淵」は同一人物として扱うこととする。

關尹（＝環淵）の人物像を追っていくと、いろいろなことが見えてくる。一つは、關尹（＝環淵）は老子（この場合は老聃）の弟子を自稱して楚國を出て齊國の稷下に現れたことである。彼は、恐らくその時、原『老子』（關尹が楚地から齊地にもたらした『老子』テキストを、假にこう稱しておく。楚『老子』とも言い得よう）を携えていた。あるいは、その時點で既に老子の弟子を自稱していたのであるから、師の老子の言說に自己の言說を加えて、さらに融合發展させていたことも考えられる。[240]

ところがここに大きな問題が横たわることとなった。老子の時代と關尹の時代とがとてつもなく離れてしまうことである。老子と關尹との間に幾人かの人物を介在させればよいが、それでは「老子弟子」を自稱する關尹の言說が意味を持たなくなる。そこで、關尹が考え出した虛構が、老子は極めて長壽であったとすることではないか。『史記』老子傳はそれをもとにして、（5）に見るように、その壽命は百六十歲とも二百歲とも言われると記したのである。[241]

百六十乃至二百歳であるとすると、春秋末期の老子から戰國中期の稷下學者關尹の閒を結びつけることができ、關尹が自らを老子の弟子を自稱することとも辻褄が合うのである。

さらに、關令尹喜が老子から「道德之意、上下五千餘言」を受けたとあるのも、原『老子』をもとにして關尹が編纂し、完成させた關尹『老子』（今假にこう稱しておく）に權威を與えるために虛構された傳承であったと考えることができる。言い換えればこの（3）老子出關傳說こそ、關尹が『老子』を編纂したという事實を暗示していると理解できるのである。

もっとも、關尹は自ら編纂した書物を『老子』と稱していたのか『道德經』と稱していたのか、あるいはそのいずれでもなかったのか、それは不明である。と言うのも、關尹によって『老子』經典化が完成したわけではなく、關尹以後も『老子』は樣々な思想を取り込みつつ經典化に向かっていたと考えられるからである。(242)

第二節　或說「太史儋卽老子」の眞實

「老聃卽老子」說で老子の傳記を終えることができなかったのは、司馬談・遷父子の世に、老子の子孫を自稱する人物がおり、これを全く無視することができなかったからであろう。このために、老子傳は、老聃とは別に、或說（6）、及びそれと關聯する（8）を附け加えたのであるが、この或說（6）については否定する者、すなわち「老聃卽老子」說の立場を取る者もおり、甚だ確證を缺いたので、「或曰儋卽老子」の後に續けて「或曰非也、世莫知其然否。」の一節が附け加えられたと考えてよい。(243)

本節では、この「太史儋卽老子」說についてさらに分析を加えてみようと思う。

まずこの太史儋であるが、本傳の他に周本紀・秦本紀・封禪書にも次のように、ほぼ同文が見えている。

烈王二年、周太史儋見秦獻公曰、始周與秦國合而別、別五百載復合、合十七歳而覇王者出焉。（周本紀）

獻公……十一年、周太史儋見獻公曰、周故與秦國合而別、別五百歳復合、合十七歳而覇王者出。（秦本紀）

周太史儋見獻公曰、秦始與周合、合而離、五百歳當復合、合十七年而覇王出焉。（封禪書）

武内は「太史儋が秦の獻公に見えたる記事は周本紀、秦本紀、及び封禪書にも出で信ずべきに似たり。」（武内前掲書一六頁）として、太史儋實在に信を置いているようであるが、ここで改めて太史儋の言説について檢討を加えておきたい。

まずこれら三箇所における太史儋の言説は、いずれも周と秦が離合を繰り返すことを言う點で全く同じ内容である。この始めの「合」は、『索隱』によれば、秦嬴が周に封建された時のこと、すなわち凡そ前八〇〇年代のできごとを指していると言う。その後「別（＝離）」とあるのは、『集解』によれば、秦襄公が初めて諸侯に列せられた時のこと、すなわち前七七七年頃のできごとを指しており、そして再び「合」したのは、『集解』・『索隱』によれば、前二五六年に周王が秦の昭王五二年に三六城を獻上した時のことを指しており、また『正義』によればこれは周の顯王が文武の胙を秦の孝王に獻じた前三三四年の時のことを指している。また「覇王出」の記事については、『集解』は前三〇六～前二五一年在位の秦昭王から前二二一～前二一〇年の始皇帝までの時代を指すとしており、『索隱』はこれを始皇帝のこととし、『正義』は在位前三六一～前三三八年の孝公を「覇」、前三三七～前三一五年在位の惠王から始皇帝までを「王」に當てて解釋している。

ところで太史儋が獻公に會見したのは前三七四年（獻公一一年）のこととされているのであるから、「復合」が『集解』『索隱』の言うように前二五六年であれ、『正義』の言うように前三三四年であれ、太史儋にとっては未來のことに屬するはずである。そうするとこの「復離」「霸王出」はすべて太史儋による未來豫言であったことになる。

武内氏は、この太史儋に關する記錄が三箇所に見えていることから、「信ずべきに似たり」としているが、どれも皆、太史儋が秦獻公に向かって秦がやがて霸王になることを豫言したとする點で共通しており、老子傳のも含めてすべて典據は同一であろうし、しかもそれが豫言を内容としていることから、こうした史實がすべて出そろった後に創作されたものであることは容易に想像でき、たとえ『史記』中三箇所に見えていようとも、これをもって獻公の時代に確かに太史儋が實在し、かつ獻公に會見したことの證據とは到底見なし難いのである。

この「太史儋卽老子」説を記錄した司馬遷を基準にすれば、太史儋が秦獻公に面會した年（秦獻公一一年、周烈王二年、前三七四年）は戰國時代中期のことであり、『史記』が完成したとされる前九七年からおよそ二百年近くも遡らねばならないことに注目すれば、豫言者めいた太史儋にまつわるこのような傳承が、司馬遷の時代になってもなお無視し難いほどに定着していたことは確かなこととして認めてよいであろう。ではこのような太史儋傳説がなぜ生まれたのであろうか、その由來を考えてみたい。

このことを考える際に有力なヒントを與えるのが、

（8）老子之子名宗、宗爲魏將、封於段干。宋子注、注子宮、宮玄孫假、假仕於漢孝文帝。而假之子解爲膠西王卬太傅、因家于齊焉。

である。楠山前掲書は、この（8）について大變興味深い分析を示している。

ここに膠西王卬とは、……呉楚七國の反亂に連座して惠帝三年（前一五四年）に罪死した人物である。思うに武帝の在位年代（前一六四～前八七）と殆ど一致する時期に生を享けていた司馬遷にとって、膠西王卬（前一六四～前一五四年在位）の太傅であったという解は、ほんのひと昔前の人ということになる。……八代にわたる子孫の系譜が全般として虛構に出ることは、ここにいうまでもない。ただ膠西の地に老子の子孫と稱する解なる人物がおり、膠西王卬の太傅をつとめていたという傳承は、それが司馬遷にほど近い時期のことであるだけに、一概に否定し去ることはできないように思われる。……ここに留意されるのは、膠西の地が黄老の中心的存在である蓋公居住地であったことである。……思うに蓋公の居住地である膠西附近は、おそらくは漢初黄老の中心地であった、と考えられる。……文景期に老子の子孫と稱する解なる人物が存在したという老子傳の記事は、さまざまな意味でむしろ肯定的に受けとめてよいのではないか……。（二一三～二一五頁）

つまり、假・解父子は、漢初齊地における黄老思想の中心人物であったと言うのである。かつて、戰國中期に老子の弟子を自稱して齊の稷下に乘り込んだ關尹が、自らの思想を附け加えつつ原『老子』の内容を充實させた關尹『老子』（今假にこう稱しておく。その内容はほぼ『莊子』天下篇によって窺うことができる。恐らく楚簡『老子』はこの關尹『老子』ではなかったかと思われる[244]）を述作したように、彼ら父子がその關尹『老子』にさらに黄老思想成分（例えば、聖人による「執一」を指導理念とする專制政治・愚民政治）を附加して、黄老『老子』とも稱すべき内容に增補述作したと想定することができよう。[245]

但し、この黄老『老子』が正統なテキストとして承認されるためには、相應の根據が必要であったことは言うまでもない。それが自らを老子の子孫であるとする主張であった。そのために系圖によって證明しなければならないのだが、解が老子八代の子孫を自稱するのであれば、一世代三〇年として遡ってもせいぜい二四〇年程度で、孔子の時代までは到底遡ることはできず、戰國中期までが限度となってしまう。そこから或説「太史儋卽老子」が必要とされる背景があった。そしてこの「太史儋卽老子」説を唱えたのは、他ならぬ老子の七・八代子孫を自稱する假・解父子であったとすると辻褄が合う。

確かに、（6）の太史儋が孔子の死の三九年後に秦に赴いたとの傳説は、假・解父子によって漢代に虛構されたと見るべきであろう。なぜならこの「太史儋卽老子」説にとっても好都合だったのが、關尹の場合と同樣に、（5）の老子長壽説だからである。孔子の死後一二九年を經ていても老子は生存していたとすれば、自分たちは老聃の子孫であると主張しても辻褄は合う。にもかかわらず老聃ではなく太史儋なる人物像を新たに設定したのはなぜであろう。

從來言われているように、そもそも太史儋は老聃の影に相違ないのである。老聃が「周の守藏室の史」とされていたのがいつしか「太史」となり、しかも「聃」が音通の「儋」に置き換えられていったのであろうとの推理は、恐らくその通りである。[246] つまり、「太史儋卽老子」説は「老聃卽老子」説と別個に虛構されたものではなく、これを下敷きにして作られた虛構なのである。先に「影」と言ったのはそうした意味である。ではこの「太史儋卽老子」説が、孔子死後一二九年（前三五〇年頃）という時代設定の中で虛構されたのはなぜかという疑問が生じるであろう。

この「太史儋卽老子」説の時代設定が、關尹の時代と重なることに注意する必要がある。關尹が齊の稷下に赴いたのは『史記』田敬仲完世家に、

宣王喜文學遊說之士、自如鄒衍・淳于髡・田駢・接豫・愼到・環淵之徒七十六人、皆賜列第、爲士大夫、不治而議論。是以齊稷下學士復盛、且數百千人……

として見えているように、齊宣王（前三一九～前三〇一在位）の世であった。[247] 錢穆氏によれば、環淵の生卒年は前三六一～前二八〇年である。[248] 關尹は齊稷下學全盛の時代とほぼ時を同じくしていたことが分かる。[249] 孔子死後一一九年とはまさしくこの稷下學全盛の時に相當する。これとても決して偶然ではあるまい。

つまり、太史儋傳說は關尹を媒介として老聃傳說と繫がってくるのである。關尹が述作した關尹『老子』を齊地で繼承し、これに先に述べた要素を附加して、黃老『老子』として完成させたのが漢初黃老道家としての中心的存在であった假・解父子だった、と見ることが可能であるとすれば、彼らこそは關尹の子孫であった可能性も出てくる。少なくとも齊における繼承者であったことは間違いない。

司馬遷が、一方で否定的な說もある中で、結局無視することができずに或說として記さざるを得なかった「太史儋卽老子」說は、齊地における關尹の子孫が、自己の祖先を關尹から老子にすり替えて傳承してきたことに起因している可能性が考えられる。そしてこの「太史儋卽老子」說を强力に押し出したのは、楠山前揭書が指摘する通り黃老道家であったことは確實である。[250]

さて、この「太史儋卽老子」說形成の理由は、しかし「漢初黃老の人々にしてみれば、その奉ずる老子像として、もう少し現實政治の世界に關與し、影響を持つ老子が求められた……天下の大勢を見通して周の滅亡と秦の興起を豫測し、遠く秦にまで赴いて、獻公にその旨を述べたという太史儋は、孔子に對して苦言を呈するに終始する老聃に比べて、はるかに彼らの理念に近い存在として映った」（楠山前揭書二八頁）からだけではあるまい。先にも述べたよう

に、戰國中期の關尹以後も黄老派による『老子』經典化が引き續き行われていたことを暗示すると考えるべきであろう。しかも「太史儋卽老子」說の形成は漢初に下るわけであるから、「老聃卽老子」說から「太史儋卽老子」說形成までの閒、すなわち戰國中期以後の黄老思想の形成發展に連動してテキストとしての『老子』はなお增補なり改訂なりが行われていたと見るべきである。つまり、黄老經典としての『老子』(卽ち黄老『老子』)の形成である。

そしてまさにこの時、(9)に記されるように儒家批判が强められるとともに、新たに「執一」思想と愚民政治と專制政治成分が組み込まれ、今日見るような『老子』としてほぼ完成したものと考えられる。[251]

なおこの(9)に見られるような老子思想の反儒家的性格であるが、既に明らかなように楚簡『老子』には今本第十八章に典型的な反儒家を鮮明にした表現は採られていないことから、『老子』の反儒家傾向はそれ以後の思想界の動きに連動して强まっていったと見る方が適切であろう。[252]これは同じ道家文獻である『莊子』においても外篇雜篇では反儒家傾向が顯著になっていることからも、道家思想が當初からその性格において反儒家的であったとしても、これを鮮明に打ち出していったのは、やはり儒道の思想對立の先鋭化が反映している。當然これに呼應するように、儒家側も『孟子』にはなかった道家批判が『荀子』では激しさを加えているのである。戰國後期の天下統一の機運の中で展開していった思想統一の動きが、道家と儒家の對立を一層鮮明且つ決定的にしつつあったことを示していると見るべきである。

この時の道家とは政治思想としての性格を次第に强めつつあった黄老道家であった。そうしてこの黄老道家思想は、先の假・解父子が專ら齊地で活動していたこと、また齊地の思想の集大成とも言うべき『管子』中にも黄老思想が顯著に見ることができることから、戰國後期に急速に進んだ『老子』經典化も、齊地の黄老道家の手によって進められたと見るべきである。

以上で、『史記』老子傳についての分析はほぼ終えるのであるが、最後に殘った問題が（4）「老萊子卽老子」說である。このような或說がどうして生まれたのかを檢討しておきたい。楠山前揭書は、

『莊子』外物篇に、老萊子なる隱者風の人物が、孔子に處世のあり方を諭すという趣旨の物語があり、そこには……『史記』中の老子言を彷彿させる言葉が見える。『莊子』に孔老の會見をいう記事が八箇條も見えることは上述したが、要するに老萊子と孔子との會見譚もその一種なのである。（同一九頁）

として、「內容としてはむしろ孔老會見譚を中心とする前半部に密接するものといえよう」（同）と結論する。つまり老聃以外の人物で孔子と會見し、しかも老子風（＝隱者風）の言葉を孔子に向かって語ったのが老萊子だったとの傳承があったために、彼を老子とする說が生まれたのだとするものである。老萊子が、楚人であったこと、書十五篇を著して道家の用を言ったこと、孔子と時を同じくしたこと、などは皆老聃と共通する傳承を持っていたことが分かる。こうしてみると、「老萊子卽老子」說は、老聃孔子問答傳承の一部が老萊子孔子問答傳承にすり替わってしまったことによって生じたと見ることができるであろう。老萊子は後に『孝子傳』に取り上げられて名聲が傳わるのであるが、それはいささかも老萊子が老子であるとする傳承には結びつかない內容になっている。「太史儋卽老子」說同樣、この「老萊子卽老子」說も、老聃の影がここに投影されて生まれた或說である可能性は否めない。

第三節　老子の生地・名前が語る眞實

以上論じてきて、改めて（1）について考察してみたい。なぜならば、老子傳の核心は、やはり老聃だからである。『史記』の列傳中、老子傳のように詳細に生地・名・字を記す例は他にない。多くは、出身地を記すにしても國名に止まり、鄕や里を記す例はない。また、姓名を記す例は少なくないが、これに加えて字を記す例は極めて少ない。それ故、生地として國名・縣名・鄕名・里名を記し、名については、姓・名・字のすべてを記す例は、老子傳の他には皆無である。但しここに例外がひとつある。それは孔子世家である。世家は本來個人の傳記ではないので、筆法が異なるのだが、孔子世家に關して、その筆法は老子傳に共通する。孔子世家冒頭は、

孔子生魯昌平鄕陬邑。其先宋人也、（中略）故因名曰丘云。字仲尼、姓孔氏。

とあって、國名としての「魯」、鄕名としての「昌平」、邑（里と同樣に最小區畫單位）としての「陬」が記され、さらに姓としての「孔」、名としての「丘」、字としての「仲尼」のすべてが記されている。これは、奇しくも老子傳と全く同じである。

ここからも、『史記』が孔子と老子の二人を特筆しようとしたことが窺われる。だがしかし、こうした意圖があったことは事實として認めてよいとしても、そこに記されていることが事實であることの保證にはならない。むしろその逆で、他の列傳よりも一層詳細に記そうとすればするほど、却って正確さは失われ曖昧な傳承によらねばならなくなるのは避けられない。孔子のようにその子孫や弟子についての記録が大量に殘っている場合はよいが、老子のようにその傳承が斷片的な場合はなおさらである。

このように考えると、老子傳中の「苦」縣「厲」鄉「曲仁」里の、「苦」「厲」「曲仁」は作爲されたものではないかと思えてくる。特に「曲仁」は、その意味からして孔子がその思想の中心においた「仁」に對する批判的なニュアンスに滿ちているのを否定することはできない。地名が一般的に言って、美稱でこそあれ、このような儒家理念を批判するような否定的ニュアンスに滿ちた文字が地名に用いられるとは凡そ理解し難いことだからである。だが、これも道家によって虚構されたとすれば頷ける。これと同様に「苦」「厲」[253]などが地名として用いられているのも全く不可解なことである。

第四節　「隱君子」老子の眞實

（7）「老子、隱君子也。」は、從來（6）に直接續く一句として見なされてきたのは、「或曰儋卽老子、或曰非也、世莫知其然否。」とあるように、老子の實像がわからないのは「隱君子」だったからだとの解釋に基づくのであるが、そう解釋することに問題は無いであろうか。

「隱君子」の「隱」が隱者・隱逸と言う時の「隱」と同じ意味であるとすれば、なぜそうした人物が「周太史」なる身分を持ち、かつ時の權力者秦獻公に會見するのであろうか。しかも「史記……」とあるように、史官による公式の記錄とされている。周本紀・秦本紀・封禪書に同樣の記事が見えるが、それらは本傳と同樣に皆「太史儋見秦獻公……」と記されている。つまり太史儋が主語で、秦獻公が客語である。秦獻公が周の國內で太史儋に會った可能性も否定できないが、恐らくは太史儋が秦に赴き獻公に會見したと解釋すべきであろう。もしもそうだとすると、太史儋を隱君子と稱することは到底できない。從って、この一句を段落（6）の一部として扱うことはできない。しかし一方で

（8）に繫げて、この段落冒頭の一句であるとすることもできない。ここでは、老子の子の宗が魏の将軍であったことをはじめ、その子孫たちが〝隱士〟どころか〝顯士〟であるといっても差し支えない地位についていることが强調されており、この（8）は（7）「老子、隱君子」說と大いにそぐわない内容になっているからである。

そうすると、やはり（7）は獨立した一句として扱わなければならなくなるのであるが、實はこの句と最もつながりがよいのは、

（3）老子脩道德、其學以自隱無名爲務。居周久之、見周之衰、迺遂去。至關、關令尹喜曰、「子將隱矣、彊爲我著書。」於是老子迺著書上下篇、言道德之意五千餘言而去、莫知其所終。

である。「自隱無名爲務」とあることからもそれは明らかである。やはり、關令尹喜、實は關尹と老聃の關係の中でこの「隱君子」の意味が生きてくるとしなければならない。『老子』を世に喧傳したのは楚の隱君子であった老子ではなく、彼の弟子を自稱して楚から齊の稷下に赴いて學士らと交流した關尹であったことを暗示していることが、ここからも讀み取れるのである。

むすび

以上述べてきたように、戰國中期における關尹による『老子』經典化の最初の試みが段落（3）（5）（7）の傳承を生み、『老子』經典化過程の最終段階における漢初における黄老道家による經典化の試みが、（6）（8）を生み、やや遲れて司馬遷の時代には、『老子』經典化がほぼ完成すると共に、それが儒家と明確に對立する思想であること、また儒家の孔子に拮抗しもしくは優位に立つ人物像として老子が構想されて、（1）（2）（9）の傳承が作爲された

のであろう。

なお、「老莱子卽老子」說の（4）については本章第二節で述べた通りである。

このように『史記』老子傳を「釋古」作業を通じて分析していくと、その實像が次第に浮かび上がってくるのであり、そうした分析作業を通じてこそ、初めて思想史上に果たした老子及び『老子』の意義と役割を知ることができるのである。

第九章　北大漢簡『老子』の學術價値 ――「執一」概念を中心に

はじめに

一九七三年、中國湖南省長沙市馬王堆漢墓から發見された帛書『老子』甲・乙本（帛書『老子』甲・乙本と略稱する）、一九九四年、湖北省荊門市郭店村から發見された郭店楚墓竹簡『老子』甲・乙・丙本（楚簡『老子』甲・乙・丙本と略稱する）、そして二〇一二年末に正式公開された北京大學藏西漢竹書『老子』（漢簡『老子』と略稱する。なお當該簡は盜掘簡であるため正確な出土地點及び下葬年代を知る手がかりはないが、湖南湖北地方ではなく、中國大陸東部、すなわち安徽・江蘇邊りであるとの未確認情報もある）など、出土資料の度重なる發見は、『老子』研究において、これまでにない多くの收穫をもたらした。

本章では、これら三本に傳世本を加え、相互に比較對照しながら、『老子』が『道德經』として成立していく過程を檢討していくこととしたい。

また、本章で取り上げる「執一」概念については、本書第三章においてこれが黃老思想と關係が深いことを論證している。

第一節　北大漢簡『老子』における「執一」の語をめぐって

漢簡『老子』の出土によって、極めて興味深い事実が明らかとなった。それは、帛書『老子』甲・乙本と漢簡『老子』がともに、第二十二章の、今本では「是以聖人抱一爲天下式」（傅奕本のみ「是以」の二字を缺く）に相當する部分を「是以聖人執一以爲天下之牧」に作っていることである。

實は、帛書『老子』が甲・乙本ともに「抱一」ではなく「執一」と記していることには、これまで大きな注意が向けられてこなかった。「執一」と「抱一」との間には大きな意味上の差異はあるまいと考えられていたからであろう。

しかしこれまで論じてきたように、楚簡『老子』にはこの第二十二章に該當する部分が含まれていないばかりか、そもそも「一」の用例が皆無であることから、この「一」をめぐる思想は『老子』の經典化の過程とも大きく關聯していると考えられた[254]。すなわち「執一」と「抱一」の表記上の違いは、偶然に生じた、ある意味でどうでもよい違いなどではなく、兩者の間には思想的に極めて重要な違いが内在していることを詳細に分析考察する必要が出てきたのである。そうして、

1、楚簡『老子』にはなかった「執一」の思想が、帛書『老子』・漢簡『老子』が書かれるまでの間に、何者かによって『老子』に書き加えられた可能性。

2、帛書『老子』・漢簡『老子』では「執一」としていたのが、傅奕本・想爾注本・河上公注本・王弼注本などの傳世本が書かれるまでの間に、何者かによって「抱一」に書き換えられた可能性。

――すなわち、これらの書き加えや書き換えが『老子』經典化の過程の中で發生した可能性を想定しなければならな

いことが明らかとなってきたのである。

しかも、この問題は「執一」か「抱一」かの概念（用語）の書き換えに止まるものではない。上に引用しておいたように、「天下之牧」が「天下式」へと書き換えられているのである。この「牧」から「式」への變化も決して偶然の産物ではなく、明らかな書き換えであって、それは當然「執一」から「抱一」への書き換えと連動してなされたものと見るべきなのである。

本章では、このような書き換えがなされた理由を思想史研究の觀點から明らかにしていこうと思う。これは『老子』經典化過程を解明する上で極めて重要な作業でもある。

第二節　先秦・漢代の傳世文獻竝びに出土文獻に見える「執一」の用例とその意味

詳細は、本書第三章第三節を參照されたいが、便宜上ここに「執一」の用例がどのように見えているか再掲しておく。

まず先秦・漢代の文獻（傳世文獻）では、以下の通り。

『孟子』に、

○孟子曰、「楊子取拔一毛而利天下、不爲也。墨子兼愛。摩頂放踵利天下、爲之。子莫執中、執中爲近之。執中無權、猶執一也。所惡執一者、爲其賊道也。擧一而廢百也。」（盡心上）

『管子』に、

①「執一之君子執一而不失。能君萬物。日月之與同光。天地之與同理。聖人裁物。不爲物使。心安是國安也。心

治是國治也。治也者心也。安也者心也。治心在於中。」（心術下）

②「一物能化謂之神。一事能變謂之智。化不易氣。變不易智。惟執一之君子能爲此乎。執一不失。能君萬物。君子使物。不爲物使。得一之理。治心在於中。治言出於口。治事加於人。然則天下治矣。一言得而天下服。一言定而天下聽。公之謂也。」（內業）

『韓非子』に、

○用一之道、以名爲首。名正物定、名倚物徙。故聖人執一以靜、使名自命、令事自定。不見其采、下故素正。因而任之、使自事之、因而豫之、彼將自舉之。正與處之、使皆自定之。（揚權）

『荀子』に、

○堯問於舜曰、我欲致天下。爲之奈何。對曰、執一無失、行微無怠、忠信無勸、而天下自來。執一如天地、行微如日月、忠誠盛於內、賁於外、形於四海。天下其在一隅邪。夫有何足致也。（堯問篇）

『呂氏春秋』に、

①天地陰陽不革、而成萬物不同。目不失其明、而見白黑之殊。耳不失其聽、而聞淸濁之聲。王者執一、而爲萬物正。軍必有將、所以一之也。國必有君、所以一之也。天下必有天子、所以一之也。天子必執一、所以摶之也。一則治、兩則亂。今御驪馬者、使四人、人操一策、則不可以出於門閭者、不一也。（執一）

②故古之聖王、審順其天而以行欲、則民無不令矣、功無不立矣。聖王執一、四夷皆至者、其此之謂也。（爲欲）

③執一者至貴也。至貴者無敵。聖王託於無敵、故民命敵焉。（爲欲）

④先王不能盡知、執一而萬物治。使人不能執一者、物感之也。（有度）

『淮南子』に、

①故聖王執一而勿失、萬物之情（既）〔測〕矣、四夷九州服矣。夫一者至貴、無適於天下。聖人（記）〔託〕於無適、故民命繫矣。（齊俗）

②民有道所同道、有法所同守、爲義之不能相固、威之不能相必也、故立君以壹民。君執一則治、无常則亂。……故君失一則亂、甚於無君之時。（詮言）

である。

なお、『莊子』には「執一」の用例は無い。

次に出土文獻では以下の通り。

馬王堆帛書『經法』論篇に、

①天執一、明【三、定】二、建八正、行七法、然后□□□□□□□之中无不□□矣。

②岐行喙息、扇蜚（飛）耎動、无□□□□□□□□不失其常者、天之一也。天執一以明三。日信出信入、南北有極、【度之稽也。……】

同『十大經』順道篇に、

○大庭氏之有天下也……執一毋求。

上博楚簡『凡物流形』に、

○「能執一則百物不失。如不能執一則（百物具失。）」（第二二號簡）

など少なくない用例を數えることができる。

右の用例から「執一」の主體の多くが天下に君臨する爲政者である點を見ても、それが極めて實踐的な意味での政治思想を説くために構想された概念であることが直ちに見て取れよう。

加えて天地宇宙の運行が圓滑圓滿であるのは、「天」が「執一」しているからだとする帛書の思想は、廣大無邊の宇宙すら「執一」によってその秩序は確保されていることを言うものである。恐らくは後者に見られるような發想から類推的に導き出されたのが、廣大無邊の天下を治めるのも同樣に「執一」によるべきであるとする理論だったのであろう。このことは、『管子』①や『荀子』の用例がこの相關關係を明示的に說いていることからも確認できる。

從ってこの政治思想としての「執一」とは、天下を統一し天下を統治することを前提として構想された思想に他ならず、これこそ戰國中期以後の天下統一の趨勢に促されて現われた極めて重要な思想のひとつであったと考えられる。この故に、『老子』が戰國後期から漢初にかけて天下統一を視野に入れた黃老道家の手によって政治哲學書として經典化していく過程において、この「執一」思想が取り込まれていったのはむしろ當然のこととしなければなるまい。

しかも、このことは續く「天下之牧」の表現からも傍證できる。すなわち「牧」の語である。この點については次節で考察していくこととしよう。

第三節　先秦・漢代の傳世文獻竝びに出土文獻に見える「牧」の用例とその意味

先秦漢代の傳世文獻中、最も「牧」字の用例が多く見えているのは『管子』であることは既に周知のことである。金谷治『管子の研究』（岩波書店　一九八七年）は、このことについて次のように言う。

まず牧民篇第一は、民を牧するという篇名どおり、民を治める政治のあり方を述べるものである。篇名は初めの「およそ地を有し民を牧する者は[255]」という句から採ったものであろうが、この「牧民」という言葉にはやや特色が感じられる。『管子』の書中では、このあと「經言」の權修篇[256]・「外言」の法法篇[257]・「內言」の問篇[258]の他、輕

重甲篇に至るまで、たびたび見えているが、先秦の書物ではそれほど頻繁に見えることばではない[259]。儒家や道家の資料に見えないだけでなく、法家でも『韓非子』に一見（外儲説右上篇）で、「牧天下」（大體篇）、「牧臣下」（説疑篇）を併せても三見するだけ[260]、『商君書』では見えず、他に『國語』では魯語上篇に一見するといった状況である。一般にもちろん「治民」ということばが使われる。牧の字はもともと牛を追う形であろうから、「治民」の治と同じに使われるのは牧畜の意味からの轉義であろう。そして、この篇の作者がもしことさらにそうしたことばを使ったものだとすれば、その政治思想にも特別な意味があったとしなければならない。（六九〜七〇頁）

確かに金谷氏の指摘の通り、「牧」の語を「治」の意味に用いている例は『管子』に集中している。とすれば、この「牧」の語はまず『管子』において使用され、やがてその影響を受けて、法家の『韓非子』などにも取り込まれていったのであろうと推測できる[261]。

一方、出土文獻では、帛書のいわゆる黄帝四經について見ると「治」字はしばしば見られるものの、「牧」字は全く見えないので、この用例は帛書『老子』及び漢簡『老子』だけに見られる特異な用語であるとしなければなるまい。ところでこの「牧」字が多用される『管子』は齊地の思想風土の中から生まれた文獻である。齊地こそは戰國時代中期以降の稷下の學を生み出すほどに思想活動が極めて活發に行われてきた土地柄である。様々な政治思想が構想され、互いに鎬を削っていたに違いない。

そうした中、春秋時代の桓公に仕えて覇業を成し遂げた管仲とその思想を繼承しようとする管子學派が最も多用した「牧」字が、なぜどのような經路を辿って帛書『老子』及び漢簡『老子』の中に取り込まれていったのであろうか。

既に私は拙稿「『管子』と『老子』」において、『老子』が現在見るような内容に完成を見たのは恐らくは齊地においてであったこと、そしてそれを促したのがやはり齊地において發達を見た黄老思想であったことなどを論證して

きた。[262]

それ故、帛書『老子』及び漢簡『老子』において管子學派に特有の概念といっても差し支えない「牧」字が、同じく黄老道家の中心的思想であった「執一」概念とともに用いられることとなったのは、齊地における思想展開の中で構想されたと考えて全く問題ないのである。

次に「爲」と「以爲」の違いについて一言しておこう。すなわち帛書『老子』甲乙本及び漢簡『老子』には「聖人執一以爲天下之牧」とあり、傳世本には「聖人抱一爲天下式」とあるように、前者は「以爲」に作っており、後者は「爲」に作っていることとの意味の違いについてである。これについては、大西克也「『史記』中的「爲」和「以爲」及其相關句型——古漢語的語態試探之一」[263]で次のように述べていることが注意される。

『史記』中廣泛使用的「Z立／封X爲Y」式、我推測是「Z立／封X以爲Y」式中「以」字脫落而成的。（九〇頁）

と、「～爲～」の句法は、本來「～以爲～」であったのが、「以」字が脫落して「爲」だけ殘ったものであろうと推測し、また、

『史記』中「Z立爲Y」句共有二五九例、「Z封X 爲Y」句共有一三六例、但「Z立X以爲Y」句和「Z封X以爲Y」句分別只有一例和二例、……先秦的「Z立／封X以爲Y」式是連謂式、這是「Z立／封X」式和「Z以爲Y」的縮略形式。后來「以」字的脫落引起了結構的變化、把連謂式變成遞系式。（九〇～九一頁）

と述べるところでは、『史記』中には「～爲～」の句法が大部分を占め、同樣な意味での「～以爲～」の句法を取る箇所は僅か一二例に止まると指摘する。そうして、この事實から、

漢代常用的「Z立／封X爲Y」是從「Z立／封X以爲Y」演變而來的。（九六頁）

と、漢代に見られる「～爲～」の句法は「～以爲～」から變化してきた結果であろう結論する。

この大西説は、『老子』の該當箇所を直接取り上げて考察したものではないが、これをそのままここに適用させることは差し支えないであろうと思われる。すなわち、出土本が「以爲」に作っているところを今本が「爲」に作っているのは、恐らく漢代頃までは「以爲」であったのが、次第に「爲」に改められたのである。つまり、これは時代に伴う單なる表記の變遷と見るべきで、意味内容の變化として捉えるべきではないのである。

むすび

以上述べてきたように、漢簡『老子』によって、帛書『老子』だけでは解明しきれなかった點、すなわち漢代においては比較的廣く流通していたと思われる黄老『老子』テキストが、今本に至るまでの間に、何者かによって書き換えられていたことが明らかとなった。そうして、この書き換えが、第七章における考察と考え併せてみれば黄老思想の衰退を意味するものであったことは閒違いあるまい。

終　章

はじめに

『老子』そのものは僅か五千言程度の分量であるにもかかわらず、『老子』について考察された論文は内外古今を問わずそれを遙かに超える膨大な量にのぼる。だが、それらは專ら傳世文獻に基づいて考察されたものが大部分であって、一九七二年發見の帛書『老子』甲本・乙本[264]、一九九三年發見の楚簡『老子』甲・乙・丙本、更に二〇一二年に刊行された漢簡『老子』などの出土文獻を用いての新たな『老子』研究がなされるようになってからはまだ日が淺く、今後の研究の進展に委ねられている問題は少なくない。

とりわけ、帛書『老子』では「德」「道」とあるのみで、「經」字はなかったのであるが、最新の漢簡『老子』には「老子上經」「老子下經」のように「經」字がはっきりと記されていることが注意されよう。更に、『老子』研究にとって強力な援軍とも言うべき出土資料として、上博楚簡『恆先』や同『凡物流形』などがあり、『老子』研究は新たな局面を迎えていると言ってもよい。

『老子』が「老子道德經」あるいは單に「道德經」と言われる由來のひとつに、『史記』老子傳の「老子廼著書上下篇、言道德之意五千餘言……」があった。しかし『史記』老子傳に示されているのは、「老子」が「五千餘言」からなる「上下篇」を著作し、そこに「道德之意」を述べたことだけであり、「經」の語はおろか「老子」なる書名すら見えない[265]。それが後に「老子道德經」（あるいは單に「道德經」）と稱されることとなる文獻であるにせよ、少なくとも

ここではそうした書名として全く見えていないことは注意すべきである。[266] 言い換えれば、司馬遷の時に、『老子』が既に「經」典としての扱いを受けていたかどうかはなお不明としなければならない。

文獻によって、『老子』が經典としての地位を得たことを確認できるのは『漢書藝文志』を待たなければならない。『漢志』には、

老子隣氏經傳四篇　姓李、名耳、隣氏傳其學

老子傅氏經説三十七篇　述老子學

老子徐氏經説六篇　字少季、臨淮人。傳老子

劉向説老子四篇

のように、最後の「劉向説老子四篇」は措くとしても、前三者は、『老子』が經書とされてこれに「傳」もしくは「説」が附されていたことが分かる。これは、『老子』が漢代においては儒家の經傳と同様な扱いを受けていたことの證左である。[267]

ここに『老子』經典化の問題があると言える。すなわち『老子』がいつからまたどのような經路を經て「經」典としての地位を得るようになったかという問題である。これまで論じてきたように、『老子』經典化は、戰國中期から末期にかけての一統天下の趨勢に呼應する形で、黄老道家の手によって進められ、かつその過程において今本『老子』に見られるような獨特の「道」の哲學が次第に完成していったと考えられる。

本終章では、各章で個別に論じてきたことを總合しつつ、『老子』經典化の過程を素描して本書の結びとしたい。

第一節　「經」とは何か

これまで「經」もしくは「經書」というと、經學との關係も深いことから、專ら儒家の典籍を念頭に置くことが多かった。しかし、序にも述べたように『老子』も經典としての地位を與えられていたし、『墨子』にも「經」篇と「經說」篇があり、『管子』にも「經」篇があり、同時にその「解」篇が收められている。[268]『韓非子』には專ら『老子』を解釋ないし解說したと思われる「解老」「喩老」の兩篇があるが、これには「經」や「解」の語は用いられていないので、『老子』を經典として扱っていたかどうかは保留されなければならない。內容から見ればむしろ極めて恣意的に『老子』中の一部分のみを取り上げて、これに解說を施したに過ぎず、「經」に對する「傳」もしくは「解」といった趣きからはほど遠いと言わざるを得ない。このことは、『管子』の經篇及び經解篇と對照して見れば容易に見て取ることができる。

そこで、本章では、まず「經」とはそもそも何であるかを確認しておきたい。これに有益な示唆と展望を與えてくれるのが、平岡武夫著『經書の成立』である。本書の刊行は一九四六年で、今から半世紀以上も遡るのであるが、その視點と分析手法はなお有效であると思われる。

氏は言う、

○經をもつて百代に通行すべき天地閒の常道（傍點引用者。以下同じ）となす感慨が貫いてゐないものは無い……。

（六頁）

○我々は中國の書物において、「經」字が「常」の意味に用ひられることが最も多く、それから「法」「理」「義」等の意味を現はしてゐることを思ひ起こす……形而上的な常の道を意識してゐた……。（十二頁）
○かかる「經」の持つ字義の傳統が、決して漢代以後の經典の學に端を發するものではなく、從つて後儒の捏造になるものではなく、それより前に、周の銅器銘の昔において、既に確立してゐる……。（十二頁）
○竹簡を編綴したことにおいて、それが直ちに「經」になるのではない。それらの竹簡が恆常の道を載せるものであることにおいて、始めて「經」となるのである。「天地の常道」とか、「先王の鴻教」とかの概念を否定し、あるいは無視するところに、「經」の概念は成立し得ない。（一六頁）
○儒家ならぬものが言う時にも、「經」が常に「恆久の至道」なる概念を伴つてゐることは、上述するところより、當然のことである。墨子の教典が「墨經」の名において呼ばれてゐたことは、莊子天下篇に見える。荀子解蔽篇には、「道經曰。人心之危。道心之微」の語がある。管子はその篇目の構成に「經言」「外言」の別を立て、韓非子は「內儲說」「外儲說」の構成に「經」と「傳」の形式を用ひてゐる。卽ち經學の徒ならぬこれらの諸子も、自己の信奉する「道」を主張するのに、やはり「經」の名を用ひてゐる。我々は古來の中國人が「經」と言ふ時、そこには常に道を慕ふ熱い心がはたらいてゐるのを見る。（同頁）
○我々が「經」の本義を問題にする時、率直に思ひを傾けねばならぬものは、實にこの「經」に對して抱き持つてゐた中國人の傳統的な情意であらねばならない。それ故に、經の成立を論ずるものは、何よりも先づ經のかかる傳統的な性格に目を注ぐべきである。經が經として存在してゐること、或いはゐたことは、中國精神文化史上の嚴然たる事實である。この事實が如何なる精神のいとなみによつて成立したのか、この經書成立の背後にあり、その根底をなすものを究明すること、この點にこそ、經書成立の考究の眼目がある。（一七頁）

このように、氏によれば、「經」とは「百代に通行すべき天地間の常道」であり、それは「形而上的な」性格を持つものであった。しかもそうした「經」の概念は、「周の銅器銘の昔において、既に確立して」おり、漢代儒家によって初めて唱えられたわけではない。従ってすべての書物が無條件に「經」と稱されるわけではなく、「恆常の道を載せるものであることにおいて、始めて〈經〉となる」のであった。

われわれがここに探求するのは、まさしくそうした意味における『老子』の「經」典化である。『老子』がどのような過程を經て「經」典となっていったのか、言い換えれば、どのようにして「天地間の常道」とも、「恆常の道」とも、「恆久の至道」とも稱し得る內實を備えるに至ったのかである。

このように見てくると誰でも思い起こすのは『老子』第一章（帛書『老子』では道篇冒頭、漢簡『老子』では下篇冒頭）の「道可道、非常道、名可名、非常名……」であろう。(269) これは一體何を言おうとし、またなぜ冒頭に置かれたのであろうかと考える場合、右の平岡說を借りると大變分かりやすい。恐らく『老子』はその冒頭で自ら「經」書であることを高らかに宣言したのであろう。つまり、おのれの唱える「道」を常識的な「常道」を遙かに超える唯一無二の「道」として自己定立したのである。そうすると、この第一章を述作したことは、『老子』經典化と無關係ではあるまい。ところが、楚簡『老子』にはこの第一章相當部分が含まれないのであるから、これが經典化以前のあるいはその途上のテキストであったのであろうとの推測が、これのみによっても十分可能なのである。

第二節　『荀子』解蔽篇に見える「道經」の語

『老子』經典化過程の考察を進めるに當たり、もうひとつ確認しておかなければならないものに、『荀子』解蔽篇に見える「道經」の語がある。

これまで、この「道經」については、從來、次のように解釋されてきている。

○今虞書有此語、而云道經。蓋有道之經也。孔安國曰、危則難安、微則難明、故戒以精一信執其中。引此以明舜之治、在精一於道、不蔽於一隅也。（楊倞『荀子注』）

○郝懿行曰、道經蓋古言道之書。今書大禹謨有此。乃梅賾所采竄也。唯允執其中一語、爲堯授舜、舜授禹之辭耳。（王先謙『荀子集解』。傍點は引用者による。以下同じ。）

○古人引書者、或曰先王之令、或曰西方之書、或曰傳、或曰道經。何也。先儒皆疑古文尙書、後人集古語以補者多。且人心・道心、亦頗道家者流之語也。（久保愛『荀子增注』）

○道經未詳何書。梅頤古文尙書有此語。蓋取乎此。此語本旨不可知也。荀子所引之意、言凡人之治心、以危懼之誡、道人之養心、以微眇之幾。引以證上文。或疑道經道家之書。此篇曰道、曰道人。皆謂其道也。此獨稱道家之書哉。（猪飼彥博『荀子補遺』）

○『道經』—書名であろうが、傳來・內容とも不明。道について論じたものであろう。（金谷治譯注『荀子』下三八三頁　岩波書店　一九六二）

○書名であるらしいが、傳來も內容も不明。道についての論という意味であろう。（金谷治・佐川修・町田三郎『荀

子下』 一八三頁 集英社 一九七四年）

○《道經》可能是一種古書的名字、現已无可查考。（北京大學『荀子』注釋組『荀子新注』中華書局 一九七九年）

ここに「經」の語が使われていることによるのであろう、その詳細は不明としながらも、どうやら郝懿行（一七五五～一八二五）あたりからこれが書名とされて今日に及んでいたことが分かる。その意味では定説化しているといってもよいであろう。

ところが、これに對し藤井專英『荀子思想論考』（書籍文物流通會 一九六一年）は、その第二章「道經考」において、『荀子』中の「經」字の用例を網羅的に検討したうえで、この「道經」についての定説を覆して、以下のように解明を試みている。すなわち、

○注意すべき事は荀子中に於て經字の用例（傍點引用者、以下同じ。）を見ると、悉く徑卽ち道（或は其の用言の意）に用ひられて居り、後代に於けるやうなテキストの意には全然使はれて居ない事である。（一五頁）

○誦經とは決して所謂テキストを讀む事とは考へられず、徑卽ち道を書いた文獻の、その人の道の趣旨を口ずさむ事であり、……隨て道經（解蔽）とは、殊に……大略篇の禮經がテキストではなく、禮の徑（道）卽ち具體的な既成禮式そのものを斥してゐるのと同樣に、道經といふも、荀子の經字用例に照らし、且、無上に推尊してゐる詩、書を、詩經、書經と呼ぶ事が絶無である事と考へ併せて、それは決して文獻を斥してゐるのでない事は明白である。しかし茲に問題として殘るのは「曰」といふ字のある事であるが、解蔽篇の此の句の前後は甚だ讀み難く、恐らく相當の錯簡誤寫に依つて、此のやうな姿になつたのであらう事は想像に難くない。（一六頁）

○荀子の古典引用形式を詳細検討して「道經曰」を見る時、「故道經曰（傍點は原著者）」とあるから上文を纏め

る爲に引用したのであり、「道經曰云々、故人心譬云々（傍點は原著者）」と續けて說明してゐる形は彼の引用文の基本形式に則つてゐる。然るに莫大な數に上る彼の引用文中、唯の一度も「某經曰」といふ言葉を見出さない現實は、道經とはテキストでない事は勿論の事、「曰」には「經」字があるべきではないとも言ひ得るのであり、それだけに經は徑卽ち具體的な人の道を斥してゐると考へなければならない。（二二一～二二二頁）

この解釋は、同氏著『荀子』（明治書院『新釋漢文大系』）にも見ることができ、そこでは次のように述べている。

○「道經」について。甚だ難解であるが、これだけは確かである。（一）道は後世の道家・道德經・道敎などの道とは全く無緣のものであって、「人の道」以外の何者でもないこと。（二）經は後の經典という經とは全く無緣のもので、極めて通俗的な短い言葉であること。……詩經・書經と銘打った用例は絶無である。尤も、禮經（大略第十五節）という語があるが、經典の意ではない。（六四二頁）

以上の藤井說によれば、『荀子』に見える「道經」は、帛書『老子』のいわゆる「道」篇や漢簡に記される「老子上下經」とは何らの關係もないばかりか、道家系の文獻を意味するものでさえないと言わなければならない。この意味で先に引用した平岡氏の「百代に通行すべき天地閒の常道を「經」と稱していた」との指摘が思い合わされよう。つまり「……經」とあってもそれを直ちに書名とみなす必要は全くないのである。

また同時に、儒家系の經典であったはずの「詩」や「書」ですらそこでは『詩經』とか『書經』とかと稱されることがなかったとの指摘から推しても、『老子』が北大漢簡のように經典としての稱呼を得ていくのは、荀子より後の

こととしなければならないだろう。

このことは、『老子』が先秦文獻においては「老子曰……」「老聃曰……」として引用されるばかりで、「道德經曰……」とか「老子經曰……」のように、それが經典であることを明らかにした形で引用されることはなかったことが、氏の説を裏附けてもいる。

ここに至ってようやく『老子』がどのような過程を經て經典化していったかを考察することが可能なるわけであるが、なおそれに先だって『老子』成立についての先行學説を一通り振り返っておきたい。

第三節　『老子』形成をめぐる先行學説

これに關しては、專ら、「非一人一時」説が定説となっている。

例えば武内義雄『老子原始』は、「五千文は老子の自著に非ず」として、1「辭意の重見するもの」あること、2「文體一律ならざるある」こと、3「その時と地とを異にせる別人たらざるべからざる」こと、4「語詞が一定の用法なく任意に使用せられ居る」こと、5「前後矛盾の言も少なからざる」ことの、五つの理由を擧げて論證する。ついで、「五千言中の法家言」、「五千言中の縱横家言」、「五千言中の兵家言」の項を設けて、それぞれ具體的に論證を進めていく。そうして、「五千文成立の時代」として、次のように言う。


齊國の固有文化は、……太公・管・晏を理想とし權謀功利を尚びしが、威・宣の世に他國文化の將來せらるるに及びて、茲に一轉機を劃せり。……獨り齊國固有の思想が轉化せるのみならず、宋・魯の學術も齊に入るに及び

ては、その國情に化せられてその舊面目を改めたるものあるが如し。孟子の儒が轉じて公羊春秋の學となり、蜎淵（又作環淵）・捷子（又作接子）の道家が愼到の法家となりて韓非の先河をなせる、亦たその一例なるべし。然り而して老子五千文中、法家言・縱横家言・兵家言を存して、黃帝書と類似せるもの多きは、老子の編纂がこれら諸書の後にあることを暗示するものにして、その中、韻文と散文とが錯雜するは、口承によりて傳われる資料と文獻によりて傳へられたる材料とが混在せるによるなるべし。（武内前掲書七九頁、傍點引用者、以下同じ）

要するに、『老子』は齊の稷下の學を取り込みながら形成されたことを、主に思想史研究の視點に立って言うのである。

また、津田左右吉『道家の思想とその展開』も同様に、『老子』が一人一時の作では決してないことを繰り返し論じる[270]。例えば、

○今の「老子」には後に加へられた部分が少なからず（傍點引用者、以下同じ）含まれてをり、また重複や混亂が多いにかゝはらず、その多數の章句に共通な思想や表現法があつて、そこに一種特有な空氣が釀成せられてゐ、それを支配する根本の調子とでもいふべきものが存在する……。（一二頁）

○「老子」に天下を取る法を説いてゐるところのあるのは、後にいふやうに、最初の原本にあつたものかどうか疑はしくないでもないが、その術として説いてあるところは「老子」の根本精神と一致してゐるから、よし後の添加であるとしてもそれはほゞ同時代のこととしなければならぬ……。（一四頁）

○「老子」に見えるやうな思想が一朝にして忽然と現はれるはずは無く、後に説くやうに、それには種々の淵源

があらうと思ふ……。（二一〇頁）

○思想上、不調和に感ぜられる語句の混在してゐることである。例へば「我有三寶、持而保之、一曰慈、二曰儉、三曰不敢爲天下先、」（六十七章）といふが如きは、仁と義と禮とすべての名とを退ける態度と同じであらうか。「天道無親、常與善人」（七十九章）といふのは善悪を無視する思想の傾向とは一致しないのではあるまいか。二十九章・四十八章・五十七章などに天下を取ることを說いてあるのも、また無爲を尙ぶ全體の考へ方と少しく調子が合はないのではなからうか。三十二章の「天地相合以降甘露、民莫之令而自均、」をいひ、五十四章の子孫の祭祀をいひ、身と家と鄕と國と天下を順次に列記して說くが如きも、讀んでやや異樣の感が起りはしまいか。有名な「萬物負陰而抱陽、沖氣以爲和、」（四十二章）も、そのすぐ前の「道生一、一生二、二生三、三生萬物」とは必ずしも緣が無く、「老子」の全體から見ても孤立した思想である。……七十七章に「天之道」に對して特にそれとは反對な「人之道」を立ててあるのも、他のばあひに「天之道」を說いて人はそれに從ふべきものとしてゐるのと（その思想は調和しないものではないが）その態度は矛盾してゐる。二十章の衆人と我との背反するところを强調して述べてゐるのも、世に對して孤峭みづから高しとする點において、柔を說き屈を說いてゐる全體の精神と一致しないではないか。或はまた、二十二章・二十三章・五十四章などの一部分、及び八十章などのやや散文的な筆致は、多く見る警句的な文體と表現の法が違ひすぎてはゐないであらうか。八章及び二十二章の「夫唯不爭」云々が上の句を受けたいひかたながら、意義の上でさうなつてゐないのは、句の位置が混亂したのか、後人がみだりにそれを加へたのか、いづれかであらうが、かういふ例が他にもあるべきことも、また注意せられよう。それから、八十章の「甘其食、美其服、安其居、樂其俗、隣國相望、鷄犬之聲相聞、民至老死、不相往來」は、『莊子』胠篋篇に見えてゐるが、或はこれから取つて「老子」に插入したのではあるまいかとも思はれる。……

十三章の「故貴以身爲天下、若可寄天下、愛以身爲天下、若可託天下」と『莊子』の在宥篇に見える同じ文句との關係であつて、これも或は「莊子」の方がもとではあるまいかと疑はれる。……八十一章に「善者不辨、辨者不善、」とあるのは、辨者の流行した戰國末でなくては書かれないことではあるまいか。……例えば「失道而後德」（三十八章）と「孔德之容、唯道是從」（二十一章）、及び「道者同於道、德者同於德」（二十三章）との閒に不調和な點があり、「上仁爲之而無以爲、上義爲之而有以爲」（三十八章）といふのと、上に引いた「大道廢有仁義」といひ「絕仁棄義、民復孝慈、」といふ考へ、または「天地不仁、……聖人不仁、……」（五章）といふのとも、その閒に幾らかの隔たりがあるやうに見え、「善者吾善之、不善者吾亦善之、」（四十九章）と「善之與惡、相去若何、」（二十章）と、或はまた「善人之寶、不善人之所保」（六十二章）と「天下……皆知善之爲善、斯不善已、」（二章）とが十分に一致せず、またこの四十九章の言に無爲を主張する根本の精神と齟齬するところがある……。（二一八～三〇頁）

○少しづつの文字の差異があるのみで同じやうな思想が同じやうな表現法によつて幾度も反復せられてゐたり、またさしたる矛盾でないにしても十分に一致しない思想の混在してゐたりすること……。（三二頁）

などと、すべて指摘の如くであるかどうかは別にしても、思想研究の視點から、『老子』の思想や論理の內在的な矛盾を取り出して示すことによって、武内氏と同様『老子』が「非一人一時之作」であることを論證しようとしている。

次いで『老子』の研究に正面から取り組んだのが、木村英一『老子の新研究』である。その第二篇「老子の成立」第一章「老子の成立と先秦漢初の古書」では、

大體に於いて、戰國末から秦に亙る頃、卽ちおそらく荀卿在世當時から荀卿の死を隔てる事あまり遠くない頃までには、何等かの形の老子の書が既に存在してゐたらしく思はれる。……その老子の書は、今本道德經の原形とは必ずしも同じものであつたとは思はれない。その理由としては、……。
1、今本道德經中の語の少なくとも一部は、荀子の時には未だ老子の語とされてはゐなかつた……。
2、荀子の作者が見た老子の書が、今本道德經の原本と同一であつた事を證し得る積極的な理由は、結局一つもない……。
3、荀子の作者が見た老子も、やはり原老子であつた可能性が大きい……。
4、解蔽篇に「道經曰……」として引用されてゐる言葉は、今の道德經にはないものである……當時既に老子の書以外に道家の經典があつたか、或いは老子の書自體が經典であつて、この語は老子の書中の語であつたかのいづれかであらう。そして若し後者ならば、當時の老子の書は道德經と同じものではない事になる。（八四～八五頁）(271)

このように、木村氏は、先秦から漢書にかけての傳世諸文獻と對照することで、すなわち外在的な證據を悉く捜集することによって、『老子』が「非一人一時之作」であることを論證することに努めていると言ってよいであろう。(272)もちろんこの他にも、『老子』の成立を論じた研究は多々あるが、以上先學の主要な、しかも三者三樣の觀點に立っての分析考察から明らかな如く、『老子』は「非一人一時之作」であって、時間をかけて形成されたことはもはや疑う餘地がないのである。

次に、『史記』老子傳の記述、特に老聃についての傳記はどのように解釋されてきているのであろうか。

武内前掲書は、本傳第二段落の孔子問禮傳説について、まずそもそも「孔子南宮敬叔とともに周に適けりといふ史記の記事は信ずべからず」（一四頁）として、さらに孔子が問禮後に老聃の偉大さを弟子を前に語ったとする記事と合わせて「世家問禮の記事とともに道家後學が虛造せる架空の談にして實事にあらず」（一五頁）と斷じ、續く第三段落の『老子』テキストの成立を述べるところでは、「後の道家者流が別れて數派となれる後、各派所傳の老聃の言を會萃して一書となせるべし……亦た後世虛造の傳説にして信ずべからず」（同）と結論する。つまり老聃出關傳説について「老聃西遊して關に至り關尹喜の爲めに書を著すてふ傳説の妄は推して知るべし。論じて此に至れば、『史記』老子傳大部分は疑ふべきもの多く、……」（一九頁）と、『史記』老子傳のほとんどが史實に非ずと結論するが、なぜそのような虛構が司馬遷によって史實らしく加工されて記錄されるに至ったのかについての踏み込んだ考察はない。

津田前掲書も、事情はほぼ同じく、『史記』老子傳について、

史記のこれら記載はいづれも思ひおもひに造作せられた離ればなれの説話であつて、すべて戰國末以後に造作せられたものである。史記の編者は、種々の書から別々にかういふいくつもの説話を取つてきて、序次もなくそれらを配列したのである。……「老子」の著者としての老聃に關する史記の老子傳の記載が上記の如き性質のものであるとすれば、老聃については信ずべき事跡の殆ど何ものもない……（一七頁）

と、武内氏と同樣の判斷を示す。[273]

木村英一氏も、

この傳は司馬遷が漢初に傳へられてゐた種々の老子に關する傳聞を修正したものに違いない。ところで總じて言へば、これらの傳聞はいづれも事實らしくない傳說ばかりであつて、これらの記事から歷史人物としての老子の傳記を組み立てることは、殆んど不加能と思はれる。（一〇頁）

と、『史記』の老子傳がほぼ全文に渉って信ずべき內容を持たないことを言う。さらに個々の段落については、孔子問禮故事を記す第二段落を「周末・秦・漢初」に「種々假託せられて生じた傳說」と斷じ、次いで老子出關故事を記す第三段落を「中心的偶像觀念としての老子とその學の典據的經典としての道德經」について「一般に尊信されながら」「種々巷閒に傳へられてゐるだけで、何ら明らかな定說がなかつた」ために、「事實上不明である所の道德經の權威の由來を正統化しやうとして、この第三段の樣な說話が發生した」（同一二～一三頁）のだろうと結論する。

このように、木村氏も武內氏や津田氏と同樣に、老子傳は何ら史實を傳えるものではなく、むしろ司馬遷の時代に、既に老子が偶像化し、同時に文獻としての『老子』も『道德經』として經典化を終えていたとするのである。

こうした見解はこれまで疑古派の立場からの說とされ、先ず何よりも『史記』老子傳の記事に依據する所から『老子』研究は始まるとするいわゆる信古派の立場とは相容れないものであった。それ故本書第八章で『史記』老子傳に見られる老聃長壽說と老子出關說話を單純に虛構として退けるだけでなく、そうした虛構がなぜ發生したのか、換言すればそこに込められた意圖を探ることも必要であろうと考察したのである。これをひとまず「釋古」の立場と稱しておきたい。

第四節　「道」の哲學の展開が促した『老子』經典化

新出土資料が相繼いでわれわれの前に姿を現したことで、この問題は、單なる『老子』テキストの形成史という視點からだけではなく、いかなる思想が『老子』の形成を促したのかという視點を持つことがより重要になってきた。

前節で述べたように、『老子』が一人一時の作ではないこと、すなわち比較的長い時間軸の上で複數の思想家の手によって形成されてきたことについては、もはや疑いの餘地はない。それは、あたかも地層が形成されるのとよく似ている。地層も樣々な自然條件がはたらいて、その都度、その年代特有の堆積物をその地層の中に殘して積み重なっていく。大地とはそうしたいくつもの地層が重層してできあがったものである。『老子』の形成もそのような視點を持って觀察することが重要であろう。ところがこれまでの信古と疑古の論爭は、そうした視點を缺いて地層があたかも單層構造であるかのように、文獻の成立の問題に取り組んできたのである。その意味では、釋古とは、地層を單層構造として見ることをせず、初めから重層構造として見て、その上でそれぞれの層が堆積した年代を個別に讀み取っていく作業を伴うものでなければならない[274]。

特に本章では、『老子』における「道」の哲學が重層している點に注目し、この點からの『老子』經典化過程を追っていくことにする。

（1）「道」の哲學の重層構造とは

本書第四章第四節「『恆先』における「恆」の意義」において、道家の「道」と關聯させて論じた際に、『老子』に

おける「道」の哲學が重層していることを次のように要約して述べておいた。

『老子』には宇宙生成論が語られており、その際の宇宙生成の始原、つまり本體を意味する語としても「道」が用いられている。そこで『老子』における「道」の意味を整理すると、およそ三通りとなる。

①人の生き方や政治のあり方の規範としての「道」。

②天地萬物の生成化育の理法としての「道」。

③宇宙生成の始原・本體としての「道」。

傳統的な「道」の意味は①であり、そこに道家が②の意味を附け加えたのであり、わけても③の意味は『老子』に特有のものであることに注意しなければならない。

ところで②と③の形成の前後關係であるが、②③が同時に形成されたか、もしくは①に近い意味を持つ②が先行し、これを③の形にして宇宙論にまで敷衍したと考えるのが妥當であろう。

そうであれば『老子』における「道」の概念は、道家が宇宙生成論までも取り込んで完成させた獨特かつ究極的な性質を持つ形而上學の根底をなすのであって、他の語を持ってきて「道」を説明することはできても、この「道」の語を他のいかなる語によっても代替させることのできない最重要概念であると言わねばならない(275)。

では、このような重層構造を持った「道」の哲學は楚簡『老子』に見出すことができるであろうか。

楚簡『老子』における「道」の用例を今本『老子』のそれと對照して見たのが、本書第一章である。そこでは、「楚簡『老子』には「道」についての哲學的思索が乏しい」として、概略次のように述べた。

もちろん楚簡『老子』にも「道」についての言及は少なくない。けれども、今本『老子』の、「道可道、非常道。名可名、非常名。無名天地之始、有名萬物之母。故常無欲以觀其妙、常有欲以觀其徼。此兩者同出而異名、同謂之玄、玄之又玄、衆妙之門。」（第一章）、「道沖而用之、或不盈。淵兮似萬物之宗。挫其鋭、解其紛、和其光、同其塵、湛兮似或存。吾不知誰之子、象帝之先。」（第四章）、「視之不見、名曰夷。聽之不聞、名曰希。搏之不得、名曰微。此三者不可致詰。故混而爲一、其上不皦、其下不昧、繩繩不可名、復歸於無物、是謂無狀之狀、無物之象。是謂惚恍。迎之不見其首、隨之不見其後。執古之道、以御今之有、能知古始。是謂道紀。」（第十四章）、「大道氾兮。其可左右、萬物恃之而生、而不辭、功成不名有。衣養萬物而不爲主、常無欲可名於小、萬物歸焉而不爲主、可名爲大、以其終不自爲大、故能成其大。」（第三十四章）や、既に引いた「孔德之容、惟道是從、道之爲物、惟恍惟惚、惚兮恍兮、其中有象、恍兮惚兮、其中有物、窈兮冥兮、其中有精、其精甚眞、其中有信、自古及今、其名不去、以閲衆甫、吾何以知衆甫之狀哉、以此。」（第二十一章）、「道生一、一生二、二生三、三生萬物、萬物負陰而抱陽、沖氣以爲和、……」（第四十二章）、「道生之、德畜之、物形之、勢成之、是以萬物莫不尊道而貴德、道之尊、德之貴、夫莫之命、常自然、故道生之、德畜之、長之育之、亭之毒之、養之覆之、生而不有、爲而不恃、長而不宰、是謂玄德。」（第五十一章）などのように、「道」についての宇宙論的生成論的、言い換えれば「道」の形而上學が『老子』の「道」の哲學を特徴づけているのであるが、こうした言及は楚簡『老子』には殆ど見られず、せいぜい甲本第一八號簡に「道恆亡名」、同第一三號簡に「道恆亡爲也」、同第三七號簡に「返也者、道〈之〉動也。弱也者、道之用也。」とあるのに止まる。このことは、楚簡『老子』から今本『老子』に至る間に、「道」の哲學が深化したことを意味するのであろう。「道」が「無名」「無爲」であることは、そのままでは「道」の形

而上學を説いていることにはならない。「道」の擬人化とは言えても、これを例えば宇宙生成論として解釋するのは行き過ぎであろう。とすれば第三七號簡の記述はどうかということになるが、これも「道」の融通無碍なるはたらきをいうものに他ならないと言えよう。つまり存在の根據としての「道」の意味は全くないということである。

すなわち、先の今本『老子』に見られる「道」の三層構造のうち、楚簡『老子』には明らかに②は認められるものの、特に今本『老子』に特有とも言うべき③は全く認めることができない。

このように今本『老子』は宇宙生成の始原に「道」を置いているのであるが、こうした發想はどのようにして導かれたのであろうか。このことを考察するうえで極めて有效な手がかりをもたらしたのが、上博楚簡『恆先』であった。『恆先』は、宇宙生成のプロセスを、十分に完整しているとは言い難いものの論じているからである。詳細は本書第四章に讓るが、その要點は、

1、『恆先』では、「恆」を萬物の始元的存在として規定した後、そこからやがて「氣」が自ら發生したことを言い、その「氣」から天地萬物が生成されていくプロセスにおいて、「氣」にすべてを委ねていて、「恆」は關與していないと斷言すらしている。從って、この點において「恆」が「道」と同義であるとは言えない。……『恆先』は萬物の生成化育を語る時に「道」ではなく「氣」の用語を用いている。「恆」は『老子』の「道」と同等たり得ないこと、換言すれば『恆先』の「恆」は『老子』の「道」のうち②の意味はなく、③の意味と共通するに過ぎない。では、『老子』の「道」の②の意味を擔うのは何であろうか。そこで問題にしなければならないのは

「氣」の語である。實は『恆先』の宇宙生成論においては、「恆」に次いで重要な位置を占めているのが、この「氣」なのである。

2、『恆先』における「恆」と「氣」のいずれを『老子』の道と關聯づけて解釋しようとしても、整合的には解釋できない。『老子』の「道」は宇宙未生以前の根源的實在であると同時に、宇宙萬物を產み育んだ「母」なる存在なのである。ところが、『恆先』の「恆」も「氣」も、單獨ではそうした意味は全く持たないのであるから、結局『老子』の「道」の思想を用いて『恆先』を解釋することは斷念しなければならない。

3、楚簡『老子』丙本の一部『太一生水』の宇宙生成論（天地生成論）や『恆先』の宇宙生成論などが先行したのであるが、これらが道家の主要概念である「道」と整合的な關係を取ることができなかったために、『老子』において「道」の思想を中核に据えてこの宇宙生成論が再構成された、と考えるべきであろう。

4、宇宙生成論と『老子』の「道」の思想は本來無關係であったと考えるべきである。

5、『老子』の「道」の思想は、「道」の思想史という觀點に立つ限り、宇宙生成の始原を單に「恆」と稱してその理法的性格に言及していない『恆先』よりもさらに後出のものでなければならないと結論できる。

このように、『老子』の「道」の哲學のうち③は、老子に特有と考えられてはいたものの、それは獨立して既に存在した宇宙生成論を取り込んで完成したことを知るのであるが、しかもそうした取り込みがなされたのは、楚簡『老子』の述作より後のこととしなければならないことであった。

さらに『老子』の「道」の哲學を考察する際に、等閑視できないのが「水」との關聯である。これは主に「道」の比喩的實在として語られることが多い。そこで、次に「道」と「水」との關係を探ることで、『老子』經典化過程の

一端を探っていく。

（2）「道」の哲學のアナロジーとしての「水」

この問題を考察する上で、有益な材料を提供しているのが『太一生水』である。この『太一生水』は、本書第二章で論じたように、獨立したテキストではなく『老子』丙本と一體のテキストとして扱うべきである。

詳細な論證はそちらに讓るが、『太一生水』は、要するに、「大一」と「水」をいわば「同出異名」の究極の實在として、そこから萬物が生成されていくプロセスを論じており、それはまさしく今本『老子』における③宇宙生成の始原・本體としての「道」と同じ構造と論理が取られていたのであった。もちろん、これは『太一生水』に特有のものであって、楚簡『老子』甲乙丙本には見られない。このように考えていくと、「水」は單なる「道」の比喩的表現に止まらず、「道」そのものの現實態であるとの理解も可能である。その意味で『老子』中の「水幾於道」（第八章）は、まさに「水」のはたらきそれ自體が「道」そのものであるとの見方に立つことも可能なわけで、ここに、『老子』に見える「水」の哲學のルーツを求めることができる。なお、この第八章部分「上善若水、水善利萬物而不爭、處衆人之所惡、故幾於道。」は、楚簡『老子』には含まれていない。

次に、「水」の哲學は、さらに①人の生き方や政治のあり方の規範としての「道」の譬喩としての役割をも擔うこととなる。それが柔弱謙下の處世觀である。これは、『老子』の母性原理を根本とする世界觀とのアナロジーにつながっていく。すなわち

是古（故）大一售䞣（藏）於水、行於時、逆而或□□□□壖（萬）勿（物）母。罷（一）块（缺）罷（一）浧（盈）、

以忌（紀）爲墡（萬）勿（物）經。……天道貴溺（弱）、雀（爵）成者以益生者、伐於㢣（强）、責於……

と、『太一生水』が、「大一」を「萬物母」「萬物經」と規定した後、「天道貴弱、爵成者以益生者、伐於强、責於……」と處世上の教訓のごときことを述べているところに、まさしく『老子』の思想との一致を確認できる。

なお、ここで母性原理を立てるところは、楚簡『老子』とも共通し、「水」の性質のアナロジーを用いた「謙下」思想は、楚簡『老子』甲本に、

江海（海）所以爲百浴（谷）王、以其能爲百浴（谷）下、是以能爲百浴（谷）王。聖人之頟（在）民前也、以身後之、其頟（在）民上也、以言下之。其頟（在）民上也、民弗厚也、其頟（在）民前也、民弗害也。天下樂進而弗詀（厭）。以其不靜（爭）也、古（故）天下莫能與之靜（爭）。

として見えているが（今本では第六十六章に相當する）、

天下莫柔弱於水、而攻堅强者莫之能勝。以其無以易之、弱之勝强、柔之勝剛、天下莫不知莫能行。（第七十八章）

のように、「水」そのものの「柔弱」な性質がそのはたらきにおいては至って强大であるとする發想は、楚簡『老子』には見えない。

このように見ていくと、戰國中期においては、今本『老子』に相當するようなテキストは未だ存在せず、楚簡『老

子』甲・乙・丙本や『太一生水』篇などが一本にまとめられて、さらにそこに新たに書き加えられたり、また書き換えられたりして、やがて今本のような體裁を整えていったのであろうと推測できた。その意味で、『老子』經典化過程において、郭店楚簡『太一生水』・上博楚簡『恆先』及び同『凡物流形』などの楚地出土文獻が果たした役割の極めて大きいことを知るのである。

第五節　「執一」思想が促した『老子』經典化

（1）『老子』における「一」の用例とその意味

既に本書第三章で檢討したように、上博楚簡『凡物流形』には「執一」思想が說かれているところに大きな特色がある。このことと『老子』經典化との間にどのような關係があるのであろう。楚簡『老子』には見出すことができなかった「一」が、今本には次のように見えている。

○載營魄抱一、能無離乎。專氣致柔、能嬰兒乎。滌除元覽能無疵乎。愛民治國、能無知乎。天門開闔、能無雌乎。明白四達、能無爲乎。（第十章）

○聖人抱一爲天下式、不自見。故明。不自是、故彰。不自伐、故有功。不自矜、故長。夫唯不爭、故天下莫能與之爭。（第二十二章）

○昔之得一者、天得一以淸、地得一以寧、神得一以靈、谷得一以盈、萬物得一以生、侯王得一以爲天下。（第三十九章）

ここに見える「一」は、單純に數詞としての「一」としてではなく、全體性、完全性、包括性、統一性、更には原初性等をすべて内包しているある特殊な概念であると解するべきである（『老子』中にも數詞としての「一」の用例もある。例えば、第十一章「三十輻共一轂當其無有車之用……」、第二十五章「故道大天大地大王亦大域中有四大而王居其一焉……」、第六十七章「夫我有三寶持而保之一曰慈二曰儉三曰不敢爲天下先……」などであるが、それらは當然ここに問題にしようとする「一」とは區別されなければならない）。

しかもこれら「抱一」「得一」は、これによって天下を治めることができることを言うのであるから、明らかに一種の政治論として理解すべきである。しかもその「一」は、第十四章「視之不見、名曰夷。聽之不聞、名曰希。搏之不得、名曰微。此三者不可致詰。故混而爲一、……」などにも見えて、「道」と同義にも扱われている。更に、第四十二章「道生一、一生二、二生三、三生萬物」の「一」は、③宇宙生成の始原・本體としての「道」とほぼ同等の意味を與えられていると理解することができる。(276)

以上によって見れば、『老子』におけるこの「一」の概念は極めて重要な意味を持っているにもかかわらず、「執一」の語に限っては見えない。ところが、帛書『老子』甲本・乙本及び漢簡『老子』は、今本第二十二章相當部分において、「抱一」ではなく「執一」に作っている。つまり、帛書『老子』及び漢簡『老子』は、當時の思想界において廣く使われていた「執一」概念をそのまま取り込んでいたことが分かる。それがなぜ今本に至って、その意味からすればほぼ同意義であるにせよ、「抱一」に書き換えられねばならなかったのかは黄老思想の衰退と關聯していると考えられるが、少なくとも帛書『老子』竝びに漢簡『老子』述作時に、それまで楚簡『老子』にはなかった「一」乃至「執一」の思想が新たに取り込まれたことは疑いのない事實である。

ところでこの「執一」の思想を積極的に掲げていたのは、本書第九章でも述べたように、黄老道家であったと考えてよい。そこで『老子』と黄老思想を結ぶ接點として、この「執一」の思想を位置づけた場合、『老子』經典化過程においてどのようなことが考えられるであろうか。

（2）『凡物流形』に探る『老子』が黄老思想から取り込んだ思想

詳細は、本書第三章に譲るが、ここに要點だけを記せば、上博楚簡『凡物流形』には、今本『老子』に取り込まれていったと考えられる箇所が三箇所ある。その第一は、

①聞之曰、「能執一則百物不失。如不能執一則百物具失。」如欲執一、仰而視之、俯而察之、毋遠求、度於身稽之。得一圖之、如并天下而抯之。得一而思之、若并天下而治之。此一以爲天地旨。是故一咀之有味、嗅〔之有臭〕、鼓之有聖、欣之可見、操之可操。握之則失、敗之則高、賊之則滅。執此言、起於一端。（第二一～二三號簡）

ここに特徴的に見られる思想は、

1、天下を治めるための必須條件として「執一」が説かれている。

2、「一」は、天地萬物の根本原理であり、治世の根本原理である。

3、「一」は、人が自在に操作できず、依存する（＝「執一」）ことのみが可能である。

これらは、いずれも「一」の壓倒的偉大さを言うものである。こうした「一」の性格は、當然『老子』における「道」に近いことが推測されるので、以下に兩者を比較してみると、「視之不見、名曰夷。聽之不聞、名曰希。搏之不

得、名曰微。此三者、不可致詰。故混而爲一。其上不皦、其下不昧、繩繩不可名、復歸於無物。是謂無狀之狀、無物之象。是謂惚恍。迎之不見其首、隨之不見其後。執古之道、以御今之有。能知古始、是謂道紀。」（第十四章）では、「道」を視覺・聽覺・觸覺など五感による認識を超越した存在としたうえで、それを「一」に言い換えて說明している。一方、本篇における「一」は、先に見たように、視覺・聽覺・觸覺で認識することは可能であるけれども、それを自在に操ることはできないといっている。本篇における「一」の超越性は、『老子』の「道」と同樣であると見なせるが、その性質には相當に隔たりがあると言わねばならない。このように兩者は極めて近似したことを述べながら、相違點があることにも注意する必要がある。

その第二は、

②聞之曰、「執道、坐不下席、端文、圖不與事、先智四海、至聽千里、達見百里。」是故聖人居於其所、邦家之危安存亡、賊盜之作、可先智。

これを『老子』第四十七章「不出戶、知天下。不窺牖、見天道。其出彌遠、其知彌少。是以聖人不行而知、不見而名、不爲而成。」と比較してみると、兩者の表現は相當に異なっているけれども、「その場を動くことなく、居ながらにして萬事を見通すことができる」ことを言うところに明らかな共通性がある。また、本篇は「執道」していればとして述べているのに對し、『老子』では直接そのようなことを言う語句はないが、「道」を實踐する聖人について述べているわけであるから、この點でも思想上の共通性を指摘することは十分可能である。しかも本篇における「執道」概念も政治思想として理解されるべきであることが知られ、その意味で、先に檢討した「執一」概念とさして大きな

違いのないことが知られるのである。やはりここでも同様なことを述べながら相違點があることに注意すべきであろう。

その第三は、

③聞之曰、「一生兩、兩生參、參生女（母）、女（母）成結。」是故有一、天下亡不有。亡一、天下亦亡。一又、亡〔目〕而智名、亡耳而聞聲。卉木得之以生、禽獸得之以鳴。遠之施天、近之施人。是故執道、所以修身而治邦家。

この一節は、「道生一、一生二、二生三、三生萬物。」（第四十二章）を明らかに彷彿とさせる。しかし、これが『老子』と根本的に違うのは、『老子』は「道生一」と説き起こして、「一」を超えてさらに「道」に遡っていることである。

右は共通して「聞之曰」とあることから間違いなく引用句であることが分かるのであるが、『老子』第四十二章から引用したのであれば、當然「道生一」が冒頭にあるはずである。この一句を省いて引用する理由はどこにもないであろう。にもかかわらずこの一句が見えないのは、そもそも本篇の引用は『老子』からのものではなかったからに他なるまい。なお、この③は『老子』との近似性が最も顯著な部分である。

これら①②③はすべて、『老子』第十四章、第十七章、第四十二章との比較對照が可能な箇所であるが、楚簡『老子』にはそのどれも含まれていない。それのみならず、先にも指摘したように「抱一」の語が見える第十章及び第二十二章、「得一」の語が見える第三十九章も楚簡『老子』には含まれていない。また『凡物流形』が「聞之曰」として聞き書きとしている箇所は、その行文から見ても、『老子』からの引用とは考えられず、別に依據する文獻があったと思われる。言い換えれば、『老子』が、「聞之曰」として示されている傳承からその內容を一部書き變えて本文に

取り込んだ可能性が考えられるということである。

それではこの『凡物流形』を、思想史上にどのような性格を持った文獻として認定すべきかが問題となるが、王中江氏は、詳細な分析と考察とに基づいて、これを黄老學の文獻であるとの結論を導き出している（同氏著拙譯「『凡物流形』における「一」の思想構造とその位置」（『出土文獻と漢字文化圏』汲古書院　二〇一一年）參照）。從ってよいと思われる。とすれば、『老子』はその經典化過程の最も遲い段階、すなわち『莊子』天下篇述作以後、帛書『老子』及び漢簡『老子』述作以前において、『凡物流形』などの黄老思想の文獻から、上述した「執一」をはじめとするいくつかの思想を取り込んだのだと考えるべきであろう。

（3）「一統天下」の趨勢が促した『老子』經典化

最後に、戰國中期から末期にかけての一統天下の趨勢が『老子』經典化に與えた影響を見ておきたい。これは主に『老子』の政治思想を分析することによって知ることができるであろう。

（ア）愚民政治

『老子』に愚民政治を説いていると解釋できる章のあることは夙に指摘されている。ところが、これが『老子』全體の思想の中に體系づけて解釋することが困難な問題であったために、『老子』の主要な思想として取り上げられることは少なかった。管見では、板野長八『中國古代社會思想史の研究』（研文出版　二〇〇〇年）所收の「老子の無」（原載『オリエンタリカ』第二號　一九四九年）及び「商鞅の變法をめぐる老子と孟子」（原載『史學研究』第一六二號　一九八四年）が、この問題を集中的に分析考察して、東洋的專制主義の前提にある思想であると結論しているのを知る程

度である。(277)

板野氏は次のように言う。

しからばこのように民が聖人に歸一し、聖人に絶對服從することを、自ら化し、自ら然ることとすることが可能であるのは何故であるか。それは民に自主性がなく、從って民が無智であり、逆に聖人が凡ての民に對應しうるからである。「古之善爲道者、非以明民、將以愚之。民之難治以其智多。故以智治國國之賊、不以智治國國之福。」（六五）とあるのは前の場合であり、「聖人無常心以百姓心爲心。善者吾善之、不善者吾亦善之。德善、信者吾信之、不信者吾亦信之。德信。聖人在天下惵惵《ママ》爲天下渾其心。百姓皆注其耳目、聖人皆孩之。」（四九）とあるのは後の場合である。かくの如く、聖人は民に對して絶對であり、民は聖人に對して何ら自主性を有しない。（傍點引用者。以下同じ）（一四頁）

板野氏が指摘するように、第六十五章に「將以愚之（＝民）」とあり、第四十九章に「聖人皆孩（＝幼兒。無知蒙昧の比喩的表現）之（＝百姓）」と明言されていて、これらが逆説でも何でもなく、あからさまな愚民政治であることを疑う餘地は全くない。この他にも、

不尚賢使、民不争、不貴難得之貨、使民不爲盜、不見可欲、使民心不亂。是以聖人之治、虚其心、實其腹、弱其志、强其骨、常使民無知無欲、使夫智者不敢爲也。爲無爲則無不治。（第三章）

は、愚民政治を説く典型的な箇所である。武内義雄『老子の研究』は「愚民政治を主張したもので愼到の主張に一致するから、おそらくは老聃の語でなかろう。」（全集第五巻　二六八頁）と、老子の思想とは認めていないのであるが、もちろんこれも『老子』の思想の重要な一部であることは言うまでもない。

愛民治國、能無知乎（第十章）

については、武内前掲書は「愚民政治を教えるもので、老子の思想から離れて法家の思想となる。」（二八〇頁）と、ここでも、その内容が愚民政治であることを認めて、老子の思想ではないとしている。

知其白、守其黑、爲天下式、爲天下式、常德不忒、復歸於無極、（第二十八章）

について、武内氏は、「この一節も愚民政治を説いたらしく見える。ただ守黒と愚民とは多少意味も異なるが、要するに智を斥けて愚を執ることになる。……この一節は老子の言が愚民政治を主張する愼到に傳わって、添竄されたものであろう。」（三一七頁）と言って、やはり愚民政治は老子本來の思想ではなく愼到のものであるとしている。なお前引の第六十五章部分について、武内氏は「全體として愚民政治を高調しているからこの章は老聃の語ではなく愼到あたりの言であろう。」（三七六頁）と本章と同様な判定をしている。

なおこの他、

天地不仁以萬物爲芻狗聖人不仁以百姓爲芻狗（第五章）

も、百姓を藁人形同然に扱うと述べている點、愚民政治に通じる内容であると考えられる。これについて武内氏は愚民政治とはしていないものの、「老子の言というよりは道家から派生した法家者流の説」（同二七一頁）としている。

このように、『老子』中に愚民政治の主張が含まれていることは全く否定できない事實なのであるが、今ここに引いた第三章・第五章上段・第十章・第二十八章・第四十九章・第六十五章は、いずれも楚簡『老子』には含まれていない。この事實をどのように解釋すればよいであろうか。武内氏が、第三章・第二十八章・六十五章はいずれも愼到の思想であり、第十章及び第五章上段は法家の思想であるとして、どれも老子オリジナルの思想ではなかろうと見ていることと見事に符合している。武内氏の言うように愼到もしくは法家の思想としてよいかはなお詳細な分析を必要とするであろうが、少なくともこれら愚民政治を説く成分は、楚簡『老子』述作以後の經典化過程において取り込まれたと考えるべきである。(278)

この愚民政治は、板野氏の指摘を待つまでもなく、同時に專制政治に通じる思想である。そこで、節を改めて『老子』における專制政治の成分を取り出してそれが『老子』に含まれていることの思想史的意味を考察することとする。

（イ）專制政治

小國寡民、使有什伯之器而不用、使民重死而不遠徙、雖有舟輿、無所乘之、雖有甲兵、無所陳之、使人復結繩而用之、甘其食、美其服、安其居、樂其俗、隣國相望、鷄犬之聲相聞、民至老死不相往來。（第八十章）

小國寡民の Utopia 理想郷を説くとされるこの章は、『老子』全八十一章中とりわけ突出して知られているのであるが、ここで改めて詳しく分析してみたい。

板野氏は、この章について次のように分析して言う。

> ここには自給自足の生活を營む小地域の社會が、他を侵すことも他から犯されることもなく、さらに又他と交通することもなくして平和を持續しながら點在している。老子の理想社會をこれらの小國に求めるのが一般である。しかし、老子はかかる小國が大國に併呑されることを當然とするものであったことはすでに述べた。すなわち大國が小國を取り小國が大國に仕えるのは各々その欲するところを得るゆえんであった。それは各々が自ら化し、自ら然ることであり、無爲の道の樣相に他ならない。すなわち老子は右の如き小國が大國に併呑され支配されながら、しかも小國が大國の支配を意とせずしてそれを自ら然るものとすること、あたかも民が王者の支配下にありながらそれを自ら然るものとするが如き國家を理想としていたのである。しかうしてそこにおいては、民は一見全く自由なるが如くにしてしかも聖人王者に對して何ら獨自性を有しない如く、小國は自給自足し全く自由なるが如くして、しかも封鎖的な境地にあって他より孤立し、なんらかの獨自性もなんらの積極性も有しない。ここに國家ないし大國の專制的支配が見られる。（板野前掲書二一一～二一二頁、傍點引用者）

この第八十章は、例えば第六十章「治大國、若烹小鮮」と同じ文脈の上で解釋しなければならないはずである。そこでかれこれ合わせ考えるならば、老子が第八十章で描いたのは、あくまでも聖人による一統天下を前提としての、

その下での小國家、言い換えれば自治的鄉村社會の描寫に他ならない。もっとも、領域國家すら超えて一統天下が構想されるに至った戰國中期から末期にかけての時代狀況の中で生まれた上古の邑制國家の如き小規模な共同體の描寫が、ある種の理想鄉の描寫として解釋されたとしてもあながち誤りではなかろうが、いずれにせよ民がそうした自治的鄉村社會を自らの手で作り出すといっても、それは聖人が無爲の治を行うからそれが可能となるのであって、統治者が無用もしくは不在でよいと言うものではない。その意味で、決して無政府主義を說くものなどでは勿論ない。

そこでもう一度、第三章に戻ってみると、そこでは「使民無知無欲」と言っていることが注意されよう。民がみずから無智無欲になるのではなく、聖人、すなわち統治者によって無智無欲にさせられるに過ぎない。强大な統治者の下でこそ、被治者は理想の生き方を實現できると言うのであるから、やはり專制政治の典型をそこに見ることができると言う他はない。

そうすると第三章ばかりか第八十章、更には第七十四章などに使役の意味の「使」字が使われていることが見過ごせなくなってくる。

○不尙賢、使民不爭。不貴難得之貨、使民不爲盜。不見可欲、使民心不亂。是以聖人之治、虛其心實其腹、弱其志强其骨。常使民無知無欲、使夫智者不敢爲也。爲無爲則無不治。（第三章）

○民不畏死、奈何以死懼之。若使民常畏死、而爲奇者、吾得執而殺之、（第七十四章）

○小國寡民、使有什伯之器而不用、使民重死而不遠徙、雖有舟輿、無所乘之、雖有甲兵、無所陳之、使人復結繩而用之、甘其食、美其服、安其居、樂其俗、隣國相望、鷄犬之聲相聞、民至老死不相往來。（第八十章）

これらはすべて、「民」の自發性によって自ずからそうなるのではなく、聖人＝統治者が民にそのようにしむけることを言っていると分かる。點線部分には使役の意味の「使」字がないが、文脈から判斷してこれらもすべて聖人＝統治者がそのようにしむけていることには變わりがない。

なお、ここに引用した第三章・第七十四章・第八十章もやはり楚簡『老子』には含まれていないのであるが、これは先の愚民政治を説く部分と不可分の思想であることからしても、この事實が決して偶然ではないことは明らかである。楚簡『老子』抄寫以後に新たに取り込まれた思想成分と見る他はない。

こうした思想成分を『老子』に取り込んだのはいかなる思想、いかなる學派であろうか。『老子』が描き出すこの專制政治の性格がこわもての强權的專制政治でないことは一目瞭然である。專制政治といっても、『老子』が目指すそれは、いわば「柔弱謙下」によって天下に君臨する聖人、民からすれば君臨されているとも氣がつかないほどであり、その意味で言えば「柔弱」な專制政治すなわち「Soft Despotism」とも稱すべきものなのである。これこそが、先に檢討した「執一」を説く黄老道家の政治思想の本質と言えるものであろう。

むすび

老子は道家を代表し、孔子は儒家を代表する。老子・孔子いずれも、中國思想を代表する雙璧的存在であり續けてきたと言ってよい。その意味で、中國思想史においては、老子を源流とする道家思想と孔子を源流とする儒家思想の二つの流れが滔々と時代を超えて流れているとするのがごく一般的な理解である。

こうしたある意味で圖式化されたStereotypeな理解は、中國思想史を概念的に説明したり、また理解したりする

場合に、最も手っ取り早く分かり易いことは確かである。しかもこうした理解の枠組みは、既に十分中國思想史學においてかなり定着しており、この通念を否定する必要もないであろう。確かに、中國思想史は儒家と道家があたかも糾える繩のように展開してきたことは事實だからである。

だが、これを思想史的事實であるとしてそのまま信じてしまうことには愼重でなければならない。始めに老子有りき、或いは『老子』有りきではないのである。これまで述べてきたように、『老子』は思想の歴史の過程で、比較的長い時閒をかけて時代の要請に呼應するように形成されてきたのである。老子なる人物は、あくまでも道家・道教を表象する存在としてある時期から君臨したに過ぎない。そうであるから『史記』老子傳に立てられる老聃（李耳）をそのまま道家の始祖とすることにはとりわけ愼重でなければならない[279]。まして、『老子』の著作權は老聃にあるとしてはならない。著作權ということで言えば、關尹にこそ認めるべきかも知れないが、しかしそれも必ずしも正しい見方ではない。關尹以後も『老子』はその經典化を完了させるまで片時も外部からの取り込みを止めなかったからである。

その意味で言えば、『老子』の思想が道家乃至黄老道家の思想的バックボーンをなすものとして當初から存在していたのでは決してなく、事實は全くその逆で、道家乃至黄老道家が自らの思想的據り所とするために『老子道德經』なる經典を產みそして育てたのである。それ故に、『老子』は、春秋末期から戰國末期に至る閒の數百年閒に及ぶ時閒軸の中を、楚地と齊地という空閒軸をそこに交差させながら、多くの思想成分を取り込んで經典として完成に至ったものと推定できる[280]。先學が度々指摘するように、その內容において雜然とした印象を免れ得ないのはそのためなのである。

『老子』經典化の過程は、ちょうど戰國中期から末期にかけての一統天下を目指す思想が次々と現れた時期と一致

する。當時の思想家たちは競って一統天下を實現するための處方箋を書いていたといってもよい。『莊子』天下篇も、『荀子』非十二子篇も、『公羊傳』の大一統思想も皆そうであり、義兵の思想もやはり一統天下を目指したところにその思想的意義が發揮されたのである。(281) 時代は下るが、始皇帝による「焚書坑儒」の政策、武帝による儒學一尊の政策、いずれも一統天下を實現しもしくはこれを盤石とするための政策であった。これこそが、戰國中期から秦漢期にかけての思想史的現實であったとしなければならないであろう。

つまりその意味では、『老子』經典化も最終的にはこの一統天下を實現するための方法論乃至それが實現した後の統治論として要請されたものと考えてよいであろう。從って當然そこには政治思想が多く含まれていること、しかもそれが「道」を根底に置く專制統治システムの構築を目的とするものであったとしても何の不思議もない。(282) ところで、經典化を終えた『老子』は、テキストとしてほぼ安定するが、それでもまだ章立てなどについては、今本と同じ體裁を取るには至ってはおらず、それが確定したのは、やはり劉向によってである可能性が高い。

古代中國思想において、その中心的位置を占めたのは何と言っても政治思想である。その政治思想は、愛民主義・因民主義・民本主義などと言われるような、被治者である民を重視している點に特色を見出し得るものの、その根本原理はやはりdespotism（專制政治）であったことは疑いない事實である。『老子』の思想とてその例外ではないことは、これまで論證してきたとおりである。但し、板野氏が言うように初めから『老子』の中にそうしたdespotismが組み込まれていたと見るべきではなく、本來は處世哲學書としての性格を持っていた『老子』が、黃老思想の中に取り込まれていった結果、政治哲學書としての性格を濃厚に持つこととなったと考えるべきであろう。もちろんそれは『老子』經典化過程の最終段階において一氣になされたと考えられる。(283)

注

序

（1）『孫子』の孫臏著作説や『老子』漢代成立説などはその典型例であろう。

（2）但し、近年の出土資料研究の隆盛により、僞物も出現してきているために、愼重な扱いが求められる。「辨僞」が必要とされる所以である。

（3）秋山陽一郎「『老子』傅奕本來源考」は、傅奕本の來源には項羽妾本・安丘望之本・河上丈人本があると推定している（『漢字文獻情報處理研究』四　二〇〇三年好文出版）。この傅奕本について、古くは武内義雄『老子の研究』・島邦男『老子校正』など參照。

（4）「老子二（同柱下史李耳撰　漢文時河上公注）、ゝゝ一（王弼注）、ゝゝ二（周文帝注）、ゝゝ二（玄宗御注）、ゝゝ論贊二、ゝゝ德論略一、ゝゝ讃義六（周弘正撰）、ゝゝ指歸十三（後漢嚴㷉撰）、ゝゝ十條略一（燕居士撰）、ゝゝ發題私記一（同撰）、ゝゝ述義十（賈大隱撰）、ゝゝ義疏八（梁武帝撰）、ゝゝ義記六（同弘正撰）、ゝゝ義疏八（王弼）、ゝゝゝゝ四（周文帝）、ゝゝ疏四（張君相撰）、新撰ゝゝ義記十一（无名先生撰）、ゝゝ要抄一、ゝゝ抄文一、ゝゝ疏六（玄宗御製）、ゝゝ私記ゝゝ无生十二……」とある（古典保存會影印發行『日本國現在書目錄』一九二五年。なお、「ゝゝ」は「老子」の略、丸括弧内は原文に施された割り注）。

（5）拙論「現代日本における『老子』の受容—加島祥造氏の著作を中心に—」（『國文目白』第五一號　二〇一二年）參照。

（6）『莊子』天下篇は關尹と老聃（老子）を竝び稱している。

（7）『史記』老莊申韓列傳には、申子、韓非は「黃老」を學んだとある。「黃老」とはいうまでもなく黃帝と老子である。

（8）『淮南子』要略篇に道應訓を解說して、「老莊の術を考驗した」とある。「老莊」とはいうまでもなく老子と莊子である。

（9）『後漢書』巻七桓帝紀に「論に曰く、前史桓帝……華蓋を設けて以て浮圖・老子を祠るを稱す……」とあり、同巻四十二楚王英の傳記には「晩節更に黃老を喜び、浮屠の爲に齋戒祭祀することを學ぶ」とある。「浮圖」・「浮屠」いずれも「佛」の音

寫で釋迦を指している。以後、老子は道教の神々の一人として太上老君の名で信仰の對象となっていく。老子が神格を得ていく過程は楠山春樹『老子傳說の研究』（創文社　一九七九年）に詳しい。

第一章

(10) 裘錫圭「郭店《老子》簡初探」・陳鼓應「從郭店簡本看《老子》尚仁及守中思想」・王博「關於郭店楚墓竹簡《老子》的結構與性質―兼論其與通行本《老子》的關係」などは皆そうした觀點からの論である（陳鼓應編『道家文化研究』第十七輯 郭店楚簡專號　生活・讀書・新知三聯書店　一九九九年）。但しこうした中にあって池田知久「尚處形成階段的《老子》最古文本―郭店楚簡《老子》」は、その題名に見る通り、當時はなお『老子』五千言は形成途上にあったものと斷定した（同前所收）。

(11) 荊門博物館編『郭店楚墓竹簡』（文物出版社　一九九八年）前言に「一九九三年冬郭店一號楚墓が出土した時、既に盗掘に遭っていたが、幸いにも八百餘枚の竹簡がなお殘存していた」とあるのによれば、確かにそうした可能性を否定することはできないであろうが、『老子』の竹簡だけが盗掘者によって持ち去られたとは考え難い。いずれにせよ、我々にとって現在見ることのできる竹簡が研究資料のすべてであることは閒違いない。

(12) 彭浩氏「望山・包山・郭店楚墓的發掘與楚文化」（一九九九年六月、日本・東京における第四四回東方學者會議シンポジウム「楚簡より見た先秦文化の諸相」）參照。

(13) とはいえ、崔仁義氏のようなテキスト整理もあって、文物出版社のテキスト整理が完善というわけではなかろうが、それでも、竹簡の多くが盗掘などにより失われた後に殘った斷簡であると考えねばならない理由はなさそうである。

(14) 雷敦龢（Edmund Ryden）「郭店《老子》一些前提的討論」は、その考え得る理由として三つの可能性を擧げている。1、盗掘者が持ち去ったか或いは破壞してしまった。2、今日見るような『老子』はまだ存在していなかった。3、『老子』中から意圖的に拔粋した。雷氏はこのうち3の可能性が高いとみる。それは楚簡と同時に「東宮之帀（師）」と讀める漆耳杯が出土していることから、被葬者は楚王の太子の教育係であったのではないかと推理し、從ってこれらいわゆる郭店楚簡は太子

のための教科書だったから、難解な部分は除かれて理解しやすい箇所だけが抜粋されたのではないかと推測する（陳鼓應編『道家文化研究』第十七輯　郭店楚簡專號　生活・讀書・新知三聯書店　一九九九年）。しかし、彭浩「郭店一號墓的年代與簡本《老子》的結構」は、この「東宮之帀（師）」の刻銘は、墓主の所有物であることを意味するものではなく、東宮專屬の職人が作製したことを意味するに過ぎず、從ってその漆耳杯及びその他の副葬品から推測できるのは、「未だ爵位を持たぬ、道・儒の學説を好む貴族」であったとする（陳鼓應編『道家文化研究』第十七輯　郭店楚簡專號　生活・讀書・新知三聯書店　一九九九年）。

(15) 王博前掲論文は、甲・乙・丙三本はそれぞれ主題毎に五千言から拔粹され再編集されたとして、甲本は二つの主題を持ち、一つは治國、もう一つは道と修道であり、乙本は修道を主題としその核心方法は損、丙本は治國を主題としその核心方法は自然無爲であるという。この見解には、裘錫圭・陳鼓應氏も贊同している。しかしこの點については單なる印象に過ぎないとも言えるのであるが、圖らずも王氏のこの分析は本章第二節の考察と關聯してくるのである。

(16) 澤田多喜男「帛書『老子』考―書名〈老子〉成立過程初探」（『中國―社會と文化』第四號、一九八九年）は、この『老子』という書名の成立は漢初文帝期を遡ることができないとしているが、もちろん書名とは別に傳世本『老子』と同じ内容のテキストが古くから傳わっていたことは間違いない。

(17) 『出土資料研究』第二號、一九九八年參照。

(18) この點については、注12のシンポジウムの席上筆者が彭浩氏に直接問いただしたのであるが、彼は、きっぱりと考古學に基づく年代判定に誤りはあり得ないと斷言した。

(19) 池田知久「郭店楚簡『窮達以時』の研究」（『郭店楚簡の思想史的研究　第三卷』二〇〇〇年一月）に詳しく述べられている。

(20) 王葆玹「試論郭店楚簡各篇的撰作時代及其背景―兼論郭店及包山楚墓的時代問題」（『中國哲學』第二〇輯「郭店楚簡研究號」三六六～三八九頁、一九九九年一月）參照。

(21) 郭店楚墓の下葬年代はともかくとしても、郭店楚簡『老子』の述作年代は、その思想内容から見れば、やはり荀子以前と

見て差し支えないように思われる。

(22) 中國では發掘當初から、彭浩氏を筆頭にこの立場に立つ研究者が壓倒的に多い。やはり何と言っても中國社會における『老子』五千言の存在感の大きさから逃れられないのである。これこそ長年に亙り當地に深く根附いてきた道教の傳統の重みというものであろう。

(23) 拙著『齊地の思想文化の展開と古代中國の形成』（汲古書院　二〇〇八年）第四部第四章「銀雀山漢墓竹簡『晏子』の資料的價値について」參照。

(24) 『老子』が楚において原型が形成され、齊において今本の體裁をなしたのではないかということについては、前掲拙著第三部第四章「今本『老子』の形成と管子學派」參照。

(25) 確かに荀子は戰國末期の思想家として諸學融合的な性格を持つとされてはいるものの、その一方で非十二子篇に見るように他派に對する嚴しい批判が際立っていることでも知られる。またそれに呼應するかのように、戰國末から漢初にかけて述作されたとされる『莊子』外雜篇中のいくつかの篇における儒家批判も、それに劣らず相當に嚴しいものであったことは周知の通りである。

(26) 前掲拙著において、『管子』中では「道」と「一」の概念が極めて緊密な關係にあることを指摘している。こうしたことは『管子』に限らず、『莊子』においても見られるところである。それだけに、郭店楚簡『老子』中に「一」の概念が見えないことに注意しなければならない。

(27) 福永光司『老子』（朝日選書　一九九七年）・金谷治『老子』（講談社學術文庫　一九九七年）・蜂屋邦夫『老子』（岩波文庫　二〇〇八年）などは、いずれもこの「無有」は「水」を指すとしている。

(28) 「萬物草木之生」も「嬰兒」の側に分類できよう。

(29) 福永前掲書八四頁參照。

(30) 金谷前掲書三八頁參照。

(31) 金谷氏は、帛書乙本および傅奕本によって「道」に作るのがよいとしている（金谷前掲書五八～五九頁）。楚簡本・漢簡本

はいずれも「士」に作っているので今原文のままとする。
(32) 福永前掲書一二二～一二四頁參照。
(33) 金谷前掲書六〇頁參照。
(34) 福永前掲書一四四～一四五頁參照。
(35) 福永前掲書一八四頁參照。
(36) この句は楚簡『老子』・帛書『老子』甲乙本いずれにも含まれないが、漢簡『老子』には含まれる。楚簡『老子』抄寫以後に附加されたものであろうか。
(37) 金谷前掲書九一頁參照。
(38) 福永前掲書一七頁・蜂屋前掲書一四二頁參照。
(39) 金谷前掲書一〇四頁參照。
(40) 福永前掲書二二九～二三三頁參照。
(41) 金谷前掲書一一二頁參照。
(42) 福永前掲書二五五～二五七頁參照。
(43) 金谷前掲書一二三頁參照。
(44) 因みに、第六章が二五字、第十八章が二六字、第七十一章が二八字である。
(45) 福永前掲書二八〇頁參照。
(46) 福永前掲書二八〇～二八一頁參照。
(47) 金谷前掲書一四〇頁參照。
(48) 武内義雄全集第五巻所收『老子の研究』三三七頁參照。
(49) 木村前掲書四〇九頁參照。
(50) 福永前掲書二八四頁參照。

(51) なおこれとの關係で見落とすことができないのは、『管子』にも「道」と「德」が緊密に關係附けられていると同時に、「道」の形而上學が見られるという事實である。

(52) 福永前掲書三五一頁。

(53) 金谷前掲書一七二頁。

(54) 「含」には、『說文』に「含、嗛也」とあるように、口の中に入れて外からは見えないようにおおい隱す意味がある。

(55) 「若（如）偸」二字、楚簡本・帛書本共に殘缺しているが、漢簡本は、「如揄（偸）」に作っているので、それで補うことができる。

(56) 福永前掲書二八七頁參照。「建言」は全十二句からなり、初めの三句は「昧」・「退」・「纇」が、次の三句は「谷」「辱」「足」が、その次の三句は「偸」「渝」「隅」、最後の三句は「成」「聲」「形」とそれぞれ押韻されている。なお、金谷前掲書は「手本となる格言」（一三六頁）と解說する。

(57) 帛書『老子』乙本及び漢簡本『老子』はいずれも「是以建言有之曰……」としていることからも、これが當時既に成立していた「建言」と名附けられた成句ないし諺語からの引用であることが分かる。しかし、この「建言」が『老子』とどのような關係にあったのかは未詳と言うより他ない。なお池田知久『郭店老子の新硏究』（汲古書院　二〇一一年）は「建言」について、奚同『老子集解』の「建言當是古載籍名」との說を引いて、「打ち立てられた言葉、格言の意であるが、實際には書名であろう。」（二六五頁）とする。

(58) 例えば福永氏は、「……〈身〉から〈天下〉に及ぶ道の效用性の說明は、儒家の〈修身、齊家、治國、平天下〉の主張を容易に想起させる。」（前掲書三四五頁）としているのはその通りであろう。

(59) 市原亨吉・今井淸・鈴木隆一『禮記』大學篇　四三七頁（集英社全釋漢文大系一四　一九七九年）參照。

(60) 池田前掲書は、「之」字について「端的に言えば道である」としたうえで、「其德」については、「そのような「道」の働き・機能・作用を言う」と解說する（二九七頁）。「德」をあくまでも「道」のはたらきと見た上で、ここに兩者の緊密な關係が示されていると見るのである。

259　第一章

(61) 木村前掲書第三篇第三章道德經の正文とその國譯、四四六頁參照。

(62) 金谷前掲書一七〇頁參照。

(63) 池田前掲書は、『禮記』大學篇の「修身→齊家→治國→平天下」を倫理・政治の圖式として押さえた上で、『老子』第五十四章のこの箇所が「明確に『禮記』大學篇と類似の思想に反對したものである」とする。（二九八頁）

(64) 金谷前掲書一七〇頁參照。

(65) 蜂屋邦夫『老子』（岩波文庫　二〇〇八年）二四八頁參照。

(66) 大學篇は「身」に始まり「天下」に及ぶ點で、倫理と政治を一貫させたところに特色を持つが、『管子』では「家」から始まっていることからも明らかな如く、倫理思想を持っていない。

(67) 福永前掲書三七一頁參照。

(68) 福永前掲書三七一頁參照。

(69) 池田知久『郭店楚簡老子の新研究』（汲古書院　二〇一一年）が「……〈積德〉は、この思想と表現をオリジナルかつ多量に使用した『荀子』から來たものと考えるべきである。その上、『老子』においては〈德〉はいわゆる道德・倫理の意ではなく、究極的根源的な實在としての〈道〉の働き・作用の意であるから、それを客語としつつ〈重積〉という動詞を用いるのはあまり『老子』にふさわしくない。それゆえ『老子』にとって〈重積德〉という思想は外來の思想であろうということにも注意を拂う必要がある」（二三五頁）と言っているのが參照される。

(70) 福永前掲書九五頁參照。

(71) 福永光司『莊子　外篇』（朝日新聞社　一九六六年）一七五頁參照。

(72) 福永前掲書二〇八頁參照。

(73) 金谷前掲書一〇〇頁參照。

(74) 福永前掲書四一一頁參照。

(75) 金谷前掲書二〇九頁參照。

(76) 全釋漢文大系『老子』三一九頁參照。但し高亨氏がそのように考えるのは「德」字についての考證の結果ではなく全く別な觀點からの推定である。高亨『老子正詁』參照。
(77) 福永前揭書四四五頁參照。
(78) なおこの「孔德」の語は『莊子』天地篇にも見え、そこでは「定義的な解說」がなされる（福永前揭書一六四頁參照）。
(79) 金谷前揭書七九頁參照。
(80) 金谷前揭書八〇頁參照。
(81) 王弼は「孔とは空なり。惟だ空なるを以て德と爲す。然る後に乃ち能く動作して道に從う。恍惚とは形無く繫がざるの歎。形無きを以て物を始め、繫がざるを以て物を成す。萬物は以て始まり以て成りて、而も其の然る所以を知らず。故に曰く、恍たり惚たり、其の中象有り。」と解釋して、本章の「德」概念が道を根源として萬物が生成していく樣として捉えている。まさに「道」のはたらきとしての「德」である。
(82) 金谷前揭書七九〜八〇頁參照。
(83) 蜂屋前揭書九八頁參照。
(84) 金谷前揭書一二八〜一二九頁參照。
(85) 蜂屋前揭書一七八〜一七九頁參照。
(86) 武内義雄全集第五卷所收『老子の研究』三三四頁參照。
(87) 木村前揭書二一頁參照。
(88) 漢簡本は「道生之、德畜之。物刑（形）之、埶（勢）成之。是以萬物尊道而貴德。道之尊、德之貴、夫莫之爵而恆自然。故道生之畜之、長之育之、亭之孰之、養之復之。故生而弗有、爲而弗恃、長而弗宰、是謂玄德。」に作り、帛書『老子』甲本は「・道生之而德畜之。物刑（形）之而器成之。是以萬物尊道而貴□（德）。□（道）之尊、德之貴也、夫莫之時而恆自然也。・道生之畜之、長之遂之、亭之□（孰）之、□□□□（養之復之）。□□（生而）弗有也、爲而弗寺（恃）也、長而弗宰也、此之謂玄德。」に、同乙本は「道生之、德畜之。物刑（形）之而器成之。是以萬物尊道而貴德。道之尊、德之貴也、夫莫之爵

也、而恆自然也。道生之畜□□□□（之長之遂）之、亭之毒之、養之復□（之）。□□□□□□□□□□（生而弗有、爲而弗恃、長而）弗宰、是胃（謂）玄德。」にそれぞれ作っている。特に帛書甲本が後半部において「道生之畜之、長之遂之、……此之謂玄德。」として、「道」の生成化育のはたらきを「玄德」と言うとしている。

(89)『莊子』胠篋篇に、「然れども田成子は、一旦にして齊君を殺して其の國を强めり。强む所の者は、豈に獨り其の國のみならんや。幷せて其の聖知の法と與に之を强めり。故に田成子は强賊の名有りて、而も身は堯舜の安きに處り、小國敢へて非とせず、大國も敢へて誅せず、十二世齊國を有つは、則ち是れ乃ち齊國を竊みて、與に其の聖知の法を幷せて、以て其の强賊の身を守りしか。」とあるのがそれである。

(90) 武内義雄「鬼谷子を讀む」（全集第六巻二九四～三〇四頁）參照。

(91) 楚簡『老子』甲本にも、「玄同」を含む第五十六章に相當する文章はある。「玄同」という語は、老子の思想を端的に表現する用語だったのであろう。ただそれをどのように敷衍するかに違いが現れたと思われる。

(92) 武内前揭書三九二頁參照。

(93) 戰國時代において黃帝を最も尊崇したのは齊であった。姜氏から齊を簒奪した田氏（宋を故國とする）は、自らの權威の據り所として黃帝を祭り上げ、威王（在位前三五八～前三二〇）の時には、祭器を鑄て、その銘文に「皇祖黃帝……」と刻したことはよく知られている（郭沫若『十批判書』、淺野前揭書一八八～一八九頁參照）。つまり、この「黃帝銘」も戰國中期以降の齊において述作された可能性が高いと言える。

ところで『說苑』敬愼篇所引「黃帝銘」中の「熒熒不滅、炎炎奈何。涓涓不壅、將成江河。緜緜不絕、將成網羅。靑靑不伐、將尋斧柯」は、『老子』との關聯はなく、『周書』もしくは『周書陰符』として引用されることがある（『戰國策』魏策一、『史記』蘇秦傳）。また『逸周書』和寤篇、『六韜』守土篇にもほぼ同樣な語が見えている。『周書陰符』とは、蘇秦が齊地に赴いて縱橫家としての策略を鬼谷子から學んだ際に持ち歸って、後に六國の相印を帶びるまでになったと言われる傳說の書である。もちろんその內容は權謀術數の極意を說くものであったろう。『六韜』はこれも『太公六韜』の別名を持つようにその述作はやはり齊地であった。

『老子』と『周書陰符』との關聯で言えば、第四十七章「不出戶知天下、不窺牖見天道、其出彌遠、其知彌少、是以聖人不行而知、不見而名、不爲而成」も忘れてはいけない。これについて、武内氏は「『鬼谷子』本經陰符篇に、〈不出戶而知天下、不窺牖而見天道、不見而命、不行而至〉という文を典引しているが、これおそらくはこの章の古い形で、……而してこの章は鬼谷子に典引されている點から推測すると、これおそらくは周書陰符の語で老子の言ではあるまい。その思想から見ても術策家の言に見える」（前揭書三四八〜三四九頁）と言う。なお、この第四十七章も楚簡『老子』には見えない。

ここに『老子』が、その先後關係は後に改めて考察するとしても、『周書』を介して縱橫家などの術策と少なからぬ關聯を持っていたことはまず間違いない。また、『黃帝銘』といい、『周書陰符』といい、『六韜』といい、いずれも齊地と密接な關聯を持ち、しかも、戰國中期以降の黃老思想の展開が齊地を中心としていたこと等を考え合わせると、間接的ながら『老子』と齊との關係も見えてくるであろう。

なお天瑞篇にはもう一箇所黃帝書を引用したところがある。すなわち、

形動不生形而生影、聲動不生聲而生響、無動不生無而生有。

とあるのがそれである。こちらの方は、今本『老子』にはない。そうすると、前者も、『老子』からの引用でありながら何らかの理由でこれを「老子書曰」とせずに「黃帝書曰」としたのではなく、もともと「黃帝書」にあったものを引用したと見るべきである。というのも、續く黃帝篇では

老子曰、而睢睢、而盱盱、而誰與居。大白若辱、盛德若不足。

老聃曰、兵彊則滅、木彊則折。柔弱者生之徒、堅强者死之徒。

というように、老子ないし老聃言も引用されているからである（なお、前者は、第四十一章、後者は第七十六章とほぼ同文である）。

天瑞篇に、

其在嬰孩、氣專志一、和之至也。

とあるのも、『老子』もしくは「黃帝書」からの引用としていないにもかかわらず、氣志を專一にして柔弱を極めることによっ

て、かの嬰兒のように優れた德を身に備えようとする發想はそのまま第十章の「專氣致柔能嬰兒乎」と同じであり、こうした嬰兒の柔弱なる様としての「和之至也」という表現も第五十五章に見えている。この第五十五章部分は、楚簡『老子』にも見えている。

要するに、黃帝言とされるもののうちの相當部分が『老子』と共通しているということに注目せざるを得ない。しかも、それらは皆楚簡『老子』にはない部分ばかりであった。

老聃言を記したとされる『老子』が存在したように、黃帝言を記したという「黃帝書」も確かに存在したであろう。もちろん、黃帝自身が殘したとは考えられないから後人の假託である。『老子』と『黃帝』は同時に存在したのである。しかし、『老子』が齊の稷下にもたらされ、それを契機にいわゆる黃老思想が形成されていく過程で、黃帝書の一部が『老子』中に取り込まれていったとは考えられまいか。もちろんこのとき原『老子』の中に新たに取り込まれていったのは『黃帝書』だけではない、『周書陰符』のごとき、權謀の書の中からも取り込まれていくことがあったのである。このことについては本書第六章參照。

第二章

(94)　文物本その他は本篇を「太一生水」と稱しているが、竹簡には「大一生水」となっているので、本來は「大一生水」と稱すべきと思うが、今は、文物本の命名に從って表記しておくこととした。

(95)　その［說明］に、「其形制及書體均與《老子》丙相同。原來可能與《老子》丙、今合編一册。篇名爲整理者據簡文擬加」（一二五頁）とある。

(96)　熊十力『乾坤衍』參照。

(97)　津田左右吉「上代支那に於ける天及び上帝の觀念」（一九二二年）は、①仰ぎ見られる天（＝目に見える天、青い空）、②人間らしい天（＝人格神というより單なる槪念の擬人化）、③理法としての天（＝抽象的道德的政治的意義。公平無私、人の德を助ける）、④人爲に對する自然としての天の四種に分類し、馮友蘭『中國哲學史』（一九三〇年）は、①物質之天（＝卽

與地相對之天）、②主宰之天（＝卽所謂皇天上帝、有人格的天、帝）、③運命之天（＝乃指人生中吾人所無奈何者、如孟子所謂「若夫成功則天也」之天是也）、④自然之天（＝乃指自然之運行、如荀子天論篇所説之天也）、⑤義理之天（＝乃謂宇宙之最高原理、如中庸所説「天命之爲性」之天是也）の五種に分類し、張立文『中國哲學範疇發展史』（一九八八）は、①指人們頭頂上蒼蒼然的天空……屬于自然之天（馮氏の①④）、②指超自然的至高無上的人格神。……屬于主宰之天（馮氏の②③）、③指理而言、有以理爲事物之客觀規律。……屬于義理之天（馮氏の⑤）の三種に分類しているが、ほぼいずれも同様な解釋を示していると言ってよい。

(98)　魏啓鵬『楚簡《老子》柬釋』（萬卷樓　一九九九年）にそうした見解がある。

(99)　こうしたことが、本篇が佚書になっていったことと關係があるのかどうかは後考を待ちたい。

(100)　池田知久『郭店楚簡の研究（一）』「大一生水」譯注參照。なお、本書は「太一生水」とは稱さずに「大一生水」と稱している。多くの示唆を得た。

(101)　郭店楚簡中の「陰陽」の語の用例はこの『太一生水』のみである。この外には僅かに「陰」の語が、『語叢四』に「利木陰者、不折其枝」として見えているだけであることから、陰陽思想の影響そのものはさして大きくなかったと考えられる。

(102)　「神明」についての考察は、管見では、許抗生「初讀《太一生水》」（陳鼓應主編『道家文化研究』第一七輯　郭店楚簡專號一九九八年八月）・李零「讀郭店楚簡《太一生水》」（同所收）・趙建偉「郭店楚墓竹簡《太一生水》疏證」（同所收）などがある。

(103)　中國思想において「類推法」による思考が傳統的特色をなしていることについては、拙論「中國古代の天人論管見」（日本倫理學會編『倫理學論集三〇』一九九五年一〇月）參照。

(104)　D・ハーパー氏が、「大一（太一）」を人格神として後世、形象を與えられていき、畫像石などにその形跡を確かめることができるとして、本篇も「太一」神の天地創造の神話として解釋できることを言うが、その可能性は高い。郭店楚簡國際學術シンポジウム（二〇〇〇年一一月　日本女子大學）における Donald Harper 氏報告「The Nature of Taiyi in the Guodian Manuscript “Taiyisheng shui”: Abstract Cosmic Principle or Supreme Cosmic Deity? 郭店竹簡《太一生水》太一的性格：

抽象的宇宙原則或者宇宙最大神」に詳しい。後に、池澤優氏の翻譯により「郭店楚簡『太一生水』における太一の性格―抽象的な宇宙の理法なのか、宇宙の至上神なのか―」と題して『楚地出土資料と中國古代文化』（汲古書院、二〇〇二年三月）に収載。

（105）「宇宙生成論」という語は廣く用いられており、例えば池田前揭書などにも見える。

（106）楚簡『老子』と今本『老子』との道をめぐる注意すべき相違點については第一章を參照。

（107）この『太一生水』と今本『老子』との近似性にいち早く注目した論文には、管見では、陳鼓應「《太一生水》與《性自命出》發微」（『道家文化研究』第一七輯　郭店楚簡專號　一九九九年八月）などがある。

（108）「《太一生水》淺議」（簡帛國際學術研討會資料　二〇〇〇年八月）參照。またこれに對し裘錫圭氏は、これを三つの章に分かち、第一～八號簡を太一生水章、第一〇～一三號簡を名字章、第九・一四號簡を天道貴弱章と名附けている。「《太一生水》〝名字〟章解釋―兼論《太一生水》的分章問題」（『古文字研究』第二二輯所載）參照。

（109）池田知久監修『郭店楚簡の研究（一）』三一～三二頁參照。

（110）北方で發達した「天」の思想は父性原理であったことと好對照をなしていることにも注意したい。

（111）前揭拙論參照。

第三章

（112）ここは、「凡過正一、以失其他（者也）」と釋讀されている。

（113）『大漢和辭典』では、「執一」の項に、「①ひとつをとり守る。意を專らにする。〔荀子、堯問〕執一無失。②一事だけを固く守って變通を知らない。〔孟子、盡心上〕執中無權、猶執一也。〔集注〕執中而無權、則膠於一定之中而不知變、是亦執一而已矣。③天理を把握すること。〔呂覽、有度〕執一而萬事治。〔淮南子、人閒訓〕執一而應萬。」と解說する。これは辭典という性格上そうした說明にならざるを得ないのであって、ここで考察すべきは、①②③それぞれの意味で解說される「執一」の用例に通底する思想を明らかにすることである。

(114) この「執一」について、手近なところでは、小林勝人『孟子』下三五三頁（岩波文庫　一九七二年）が「ただひとつの立場だけを主張する」と解釋し、宇野精一『孟子』四七〇頁（集英社　一九七三年）が「一事を固執する」と解釋している。これではこの「執一」概念を思想史の文脈の中で解釋したことにはなるまい。

(115) 拙稿「上博楚簡『凡物流形（甲本）』譯注」參照（出土資料と漢字文化研究會編『出土文獻と秦楚文化』第五號　二〇一〇年）。以下、本章における『凡物流形』の引用はすべて拙稿による。

(116) 帛書『老子』甲乙本竝びに漢簡『老子』は、すべてこの箇所を「是以聖人執一以爲天下之牧」としている。今本は明らかにそれを書き換えている。本書第九章參照。

(117) 第四十一章「大器晩成。大音希聲。大象無形。道隱無名。夫唯道、善貸且成。」とあるのを參照すれば、「大象」とは「道」を指していることが分かる。「……爲者敗之、執者失之。是以聖人無爲、故無敗。無執、故無失。」（第六十四章）や「天下神器、不可爲也。爲者敗之、執者失之。」（第二十九章）などのように、「執」と言う語には否定的なニュアンスも時に見られるが、語としての「執」が忌避されたわけではない。

(118) 第三十五章「執大象……」の句は、丙本に見えており、「大象」を「道」の意義に解することができる。

(119) 『管子』勢篇に類似する文があるものの「裕德無求」となっており、「執一」の語は見えない。なお、『管子』勢篇と帛書『十大經』の成立時期であるが、内容的には『國語』越語下との關聯も指摘でき、三者閒には複雜な影響關係のあったことが窺われる。從って、戰國時代中期より後の述作であろうと推測できるが、相互の前後關係はなお未詳である。

第四章

(120) 熊十力『乾坤衍』（一九六一年）に「天帝與氣兩件魔物、在中國哲學思想界混亂幾千年」とある（湖北教育出版社版『熊十力全集』第七卷五一四頁參照）。

(121) 例えば、吳根友「上博楚簡《恆先》篇哲學探析」（簡帛研究網站　二〇〇四・五・八）、郭剛「上博楚簡《恆先》之〝恆先〞〝恆氣〞窺探」（簡帛研究網站　二〇〇四／六／六）、竹田健二「『恆先』における氣の思想」（淺野裕一編『竹簡が語る古

代中國思想―上博楚簡研究―』汲古書院　二〇〇五年）他參照。
（122）本章では、既にこの方面について體系的な研究成果を斯界に提供した小野澤精一等編『氣の思想』（東京大學出版會　一九七八年）等を參照しつつ論を進めていく。
（123）曹峰「従〝自生〟到〝自爲〟―《恆先》政治哲學探析」（簡帛研究網站　二〇〇五・一・四）參照。
（124）劉信芳「上博藏竹書《恆先》試解」（簡帛研究網站　二〇〇四・五・一六）、郭梨華「〈恆先〉及先秦道家哲學論題探究」（『出土簡帛文獻與古代學術國際研討會』國立政治大學中國文學系等主辦　二〇〇五年一二月二～三所收）參照。
（125）趙建功「以《易》解《恆先》六則」（Confucius 2000　二〇〇六・三・六）參照。
（126）小野澤精一前掲書總論（三～一一頁）（東京大學出版會　一九七八年）から要約して引用した。
（127）『恆先』は「氣」字を「𣱛」に作っている。
（128）『恆先』に見える氣は後者の意味に近い。また、澤田多喜男氏は「この中國人にとって牢固として動かすべからざる思考、すなわち氣を萬物の生成の基礎にすえる思考は、戰國時代の中頃にはほぼ確立していたと考えられる」（小野澤精一前掲書八二頁）と同様なことを述べる。當然ながら『恆先』の氣論も、こうした「思考」の產物である。
（129）栗田直躬「上代シナの典籍に見えたる「氣」の觀念」（『中國上代思想の研究』（岩波書店　一九四九年）所收）、小野澤精一前掲書三九頁等參照。
（130）天文訓については、楠山春樹『淮南子』（上）（明治書院　一九七九年）一三〇～一三三頁參照。
（131）曹峰前掲論文參照。
（132）李零「《恆先》說明」、廖名春「上博藏竹書《恆先》簡釋」、李銳「《恆先》淺釋」、陳麗桂「〈恆先〉的斷句與義理詮釋」、趙建功「《恆先》意解」など「恆（恆先）＝道」說を取る者が多い。
（133）淺野裕一「『恆先』の道家的特色」（淺野前掲書所收）參照。氏は『老子』の道の思想との違いをいくつか例示している。
（134）淺野前掲書二〇九頁參照。
（135）『說文』「道」の項參照。それには「所行道」とある。

(136)『恆先』には「天道」とか「天行」という語句が見えているが、いずれも『老子』中の「天道」とほぼ同じ意味に解してよい。すなわち、「自然界の動きを通して知られるその法則性」（金谷治譯注『老子』一五二頁）、「具體的には太陽や月や星などの運行とその軌道をさすのであろう」（小川環樹譯注『老子』九三頁）を意味するのであって、宇宙生成論とは無關係である。

(137) 栗田直躬前掲論文によれば、おおむね氣は生命力の觀念を源とし、その特色として、物理的（生理的）性質、非合理性、無目的であること、個性のない汎通性及び道德性の缺如等があり、禽獸と人間とを通じて生の原理としての觀念が成立していた、とされる。

(138)「濁氣生地、淸氣生天。氣信神哉。云云相生、信盈天地。」とあるのを參照。

(139) 栗田前掲書九五頁參照。

(140) 楚簡『老子』には、「道」の語は見えるものの、現行本『老子』に見られるような、これを中心とする宇宙生成論がないことについては、第一章參照。

(141) 陳鼓應註譯『黃帝四經今註今譯』（臺灣商務印書館　一九九五年）四七〇頁參照。

(142) 楠山前掲書一三二頁參照。

第五章

(143) 例えば他に、金谷氏の「『莊子』の最後の篇で、全體の總序として有名である。篇名は初めの二字をとった。先秦の諸思想を列記して論評を加え、莊周哲學をそこに位置づけるのがその內容である。一種の哲學史的な著作であると共に、また著者の立場を貫く哲學的な著作であるともいえる。」（『莊子』第四册　一九七頁　岩波文庫　一九八三年）もあるが、福永氏のそれと違わない。『新釋漢文大系』・『全釋漢文大系』も參照のこと。

(144) 福永光司『莊子　外篇雜篇』（朝日新聞社　一九六七年）。

(145) 池田氏は、同樣に『呂氏春秋』も道家による思想統一の構想下にまとめられた文獻と見て、特に不二篇において「老耼貴柔、孔子貴仁、墨翟貴兼、關尹貴淸、子列子貴虛、陳駢貴齊、陽生貴己、孫臏貴勢、王廖貴先、兒良貴後」と、老耼を先頭

に置いていることに注目する。なお、これは時間軸に沿って配列したものと思われる。但し、これを前漢初期の後期道家が著したものとすることには、本章に以下論じるように、些か疑問である。

（146）これと全く同じ意圖のもとに述作されたのが『荀子』非十二子篇である。これは儒家側からの思想統一の動きであったと考えられる。

（147）前掲拙著第五部「統一中國への胎動」參照。

（148）弘文堂、一九二六年。

（149）東洋文庫、一九二七年。なお原題は『道家の思想とその開展』であった。

（150）創文社、一九五九年。

（151）道家系出土文獻とは、古くは、帛書『老子』甲本・乙本、それから凡そ二〇年後に湖北省荊門市郭店楚墓から出土した楚簡『老子』甲本・乙本・丙本、『太一生水』、さらに出土地點は不明ながら上海博物館藏戰國楚竹書と名附けられたうちの『恆先』『凡物流形』などがそれである。

（152）天下篇作者が「古……」と言っているのは老聃に對してであって、後に述べるように、關尹は決して「古……」と言うべきではないであろう。なぜならここに登場する宋銒・尹文・彭蒙・田駢・愼到らは、關尹も含めて戰國時代中期に活躍した思想家達であり、後述するように、天下篇作者もその時代からそれほどはかけ離れてはいまいと考えるからである。なお、福永氏は、天道篇と同樣、「思想界に統一の機運の活發化する秦漢初の時期」（『莊子　外篇』一一七頁）と推定するが、「思想統一の機運」は既に戰國時代中期以降の趨勢であると考えるので、その述作時期は、戰國時代中期から漢初の閒ということになろう。しかも天下自らが「天下大亂」と言っているように、漢初ではあり得ない。やはり戰國時代の後半期としなければなるまい。

（153）『太一生水』の思想については本書第二章參照。

（154）通行本第二十二章「聖人抱一」はその代表的な箇所であるが、馬王堆本には甲本・乙本とも「聖人執一」とある。この「執一」の語は傳世文獻にもしばしば見られ、上博簡『凡物流形』では、この「執一」思想が集中的に論じられていることか

らも、この新出土文獻が當然『老子』經典化のプロセスとも關聯してくることは疑い得ないであろう。本書第三章參照。

(155)「江海（海）所以爲百浴（谷）王、以其能爲百浴（谷）下、是以能爲百浴（谷）王。聖人之才（在）民前也、以身後之。其才（在）民上也、以言下之。其才（在）民上也、民弗厚也。其才（在）民前也、民弗害也。天下樂進而弗詀（厭）。以其不靜（爭）也。古（故）天下莫能與之靜（爭）。」（楚簡『老子』甲本二～五號簡第六十六章相當部分）。

(156)「大成若夬（缺）、其甬（用）不弊（敝）。大浧（盈）若中（盅）、其甬（用）不寡（窮）。」（楚簡『老子』乙本第一三～一四號簡第四十五章相當部分）。

(157) 郭店楚簡の整理者は、本來は內篇の一部として扱うべきであるのに、內容が今本と全く違っていることを根據にこれを切り離し、『太一生水』と命名して道家系の別な文獻として處理してしまった。しかし、その思想內容について分析していくと、紛れもなく老子の思想として扱って差し支えないことが改めて證明されたのである。本書第二章參照。

(158)「是以聖人居亡（無）爲之事、行不言孷之（教）。萬勿（物）复（作）而弗忖（始）也、爲而弗志（恃）也、成而弗居。天〈夫〉唯弗居也、是以弗去也■。」（楚簡『老子』甲本一六～一八號簡第二章相當部分）。

(159)「道亙（恆）亡名、僕（樸）唯（雖）妻（細）、天陞（地）弗敢（臣）、侯王女（如）能獸（守）之、萬勿（物）牐（將）自賓（賓）■。天陞（地）相合也、以逾（輸）甘零（露）。民莫之命（令）天〈而〉自均安。訂（始）折（制）又（有）名。名亦既又（有）、夫亦牐（將）智（知）止、智（知）止所以不訂（殆）。卑（譬）道之才（在）天下也、猷（猶）少（小）浴（谷）之與江海（海）。■」（楚簡『老子』甲本一八～二〇號簡第三十二章相當部分）。

「衍（道）亙（恆）亡爲也、侯王能守之、而萬勿（物）牐（將）自憝（爲）。憝（爲）而雒（欲）复（作）、牐（將）貞（鎭）之以亡名之𣪊（樸）。夫亦牐（將）智（知）足、智（知）以朿（靜）、萬勿（物）牐（將）自定。■」（楚簡『老子』甲本一三～一四號簡第三十七章相當部分）。

「以正之（治）邦、以𢦏（奇）甬（用）兵、以亡事取天下。虗（吾）可（何）以智（知）其肰（然）也。夫天多期（忌）韋（諱）、而民爾（彌）畔（叛）。民多利器，而邦慈（滋）昏。人多智（知）天〈而〉𢦏（奇）勿（物）慈（滋）记（起）。法勿（物）慈（滋）章（彰）、䂓（盜）悬（賊）多又（有）。是以聖人之言曰、我無事而民自福（富）。我亡爲而民自𧈪（化）。我好

青（靜）而民自正。我谷（欲）而民自樸乚。」（楚簡『老子』甲本三二號簡第五十七章相當部分）。

（160）注152及び156參照。

（161）「長古之善爲士者、必非（微）溺（妙）玄達、深不可志（識）、是以爲之頌（容）。夜（豫）虐（乎）奴（若）冬涉川、猷（猶）虐（乎）其奴（若）愄（畏）四叟（鄰）、敢（嚴）虐（乎）其奴（若）客、觀（渙）虐（乎）其奴（若）懌（釋）、屯虐（乎）其奴（若）樸、坉虐（乎）其奴（若）濁。竺（孰）能濁以朿（靜）者、牐（將）舍（徐）清。竺（孰）能庀以迬者、牐（將）舍（徐）生。保此衍（道）者不谷（欲）竘（尙）呈（盈）。」（楚簡『老子』甲本八～一〇號簡第十五章上・中段相當部分）。

「至虛、亙（恆）也。獸（守）中、筥（篤）也。萬勿（物）方（旁）复（作）、居以須復也。天道員員，各復其屋（根）■。」（楚簡『老子』甲本二四號簡第十六章上段相當部分）。

なお、第三十七章及び第五十七章相當部分は、注156を、また第四十五章相當部分は注153を參照。

（162）「其安也、易朱（持）也。其未兆（兆）也、易悬（謀）也。其毳（脆）也、易畔（判）也。其幾也、易後（散）。爲之於其亡又（有）也。絧（治）之於其未亂。合□□□□□□末、九成之臺甲□□□□□□□□足下。■」（楚簡『老子』甲本二五～二七號簡第六十四章上段相當部分）。

「爲之者敗之、執之者遊（失）之。聖人無爲、古（故）無敗也。無執、古（故）□□□。新（愼）終若訂（始）、則無敗事喜（矣）。人之敗也、亙（恆）於其䖈（且）成也敗之。是以□人欲不欲、不貴戁（難）得之貨。學不學、復衆之所沘（過）。是以能付（輔）壖（萬）勿（物）之自肰（然）、而弗敢爲。」（楚簡『老子』丙本一一～一四號簡第六十四章下段相當部分）。

「酓（含）悳（德）之厚者、比於赤子、蟲（蛣）蠆蟲它（蛇）弗蓋（螫）、攫鳥猷（猛）獸弗扣、骨溺（弱）菫（筋）秫（柔）而捉固。未智（知）牝戊（牡）之合然惹（怒）、精之至也。終日虐（乎）而惪（嚘）、和之至也、和曰県〈祟（常）〉、智（知）和曰明。賹（益）生曰羕（祥）、心皇（使）既（氣）曰係（强）、勿（物）壓（壯）則老、是胃（謂）不道。■」（楚簡『老子』甲本三三～三五號簡第五十五章上・中・下段相當部分）。

「智（知）之者弗言、言之者弗智（知）。閔〈閉〉其逸（兌）、賽（塞）其門、和其光、迵（同）其新（塵）、劊其纇、解其紛、

是胃（謂）玄同。古（故）不可得天〈而〉新（親）、亦不可得而疋（疏）。不可得而利、亦不可得而害。不可得而貴、亦可不可得而戔（賤）。古（故）爲天下貴。■」（楚簡『老子』甲本二七〜二九號簡第五十六章相當部分）。

(163) 注152參照。

(164) 『列子』仲尼篇には「關尹喜曰、在己無居、形物其著、其動若水、其靜若鏡、其應若響。故其道若物者也。物自違道、道不違物。善若道者、亦不用耳、亦不用目、亦不用力、亦不用心。欲若道而用視聽形智以求之、弗當矣。瞻之在前、忽焉在後。用之彌滿六虛、廢之莫知其所。亦非有心者所能得遠、亦非無心者所能得近。唯默而得之而性成之者得之。知而忘情、能而不爲、眞知眞能也。發無知、何能情。發不能、何能爲。聚塊也、積塵也、雖無爲而非理也。（なお、波線部分は、關尹言ではなく仲尼篇全體の結論部であるとの解釋もある）」と、さらに詳細な關尹言が見えるが、傍線部分が一致しているだけで、その内容は大きく異なっているうえに、『老子』との關聯を窺わせる部分はない。

(165) ⑭は老聃言ではなく、天下篇作者による老聃評と見るべき箇所であるが、先の關尹言の場合と同様、老聃思想の特色を概括しているものであるため、老聃言に準じて扱うこととした。

(166) 楚簡『老子』甲本三六號簡第四十四章相當部分に「婪（厚）售（藏）必多𧴩（亡）。」とある。

(167) 楚簡『老子』甲本三六號簡第四十四章相當部分に「甚簑（愛）必大賈（費）」とある。

(168) 注156參照。

(169) 「紿（治）人事天、莫若嗇。夫唯嗇、是以杲（早）、是以杲（早）備（服）是胃（謂）……不＝克＝則莫智（知）其亙〈亟（極）〉、莫智（知）其亙〈亟（極）〉可以又（有）郕（國）。又（有）郕（國）之母、可以長……長生舊（舊＝久）視之道也。■」（楚簡『老子』乙本一〜三簡第五十九章相當部分）。

(170) 楚簡『老子』甲本三八號簡第九章相當部分に「湍而羣之、不可長保也。」とある。

(171) 楚簡『老子』丙本四號簡第三十五章相當部分に「往而不害」とある。

(172) 『列子』仲尼篇でも關尹言が引かれているものの『老子』中の思想と直ちに關聯を指摘できるほどの近似性が認められない。これに對して、天下篇中の關尹言が『老子』中、とりわけ楚簡本に見出し得たことは重要である。

(173) 漢代に、儒者により、『老子』が「家人言」と批判されたことを想起させるほどである（『史記』儒林傳「竇太后好老子書、召轅固生問老子書。固曰、此是家人言耳。太后怒……」參照）。

(174) 關尹と老聃の時代差は優に一五〇年を超える。この時間の矛盾を解消するために「蓋老子百有六十餘歳、或言二百餘歳、以其脩道而養壽也」（『史記』老子傳）といった一見荒唐無稽な説話が構想されたと考えることもできる。本書第八章參照。

(175) 『史記』孟荀列傳にも、「愼到、趙人。田駢・接子、齊人。環淵、楚人。皆學黄老道德之術、因發明其指意。故愼到著十二論、環淵著上下篇、而田駢・接子皆有所論焉。騶奭者、齊諸騶子、亦騶衍之術以紀文。於是齊王嘉之、自如淳于髡以下、皆命曰列大夫、爲開第康莊之衢、高門大屋、尊寵之、覽天下諸侯賓客、言齊能致天下賢士也。」と、稷下學士についての言及がある。

(176) この事實は、天下篇の作者も、齊地の稷下で活躍した黄老道家に近い人物であったことを示唆している。

(177) 『史記』老子傳の老子出關説話で、關令尹喜が老子から「上下篇」からなる「道德之意五千言」を授けられたとあるが、この關令尹喜なる人物も關尹を元にして虚構された架空の人物であったと思われる。そうしてこの説話は、關尹が老聃説を繼承した結果、『老子』が天下に廣まったことを暗示するある種の暗喩であろう。

(178) 齊地において『老子』の形成が進んだことは、拙論「今本『老子』の形成と管子學派」（『齊地の思想文化の展開と古代中國の形成』（汲古書院　二〇〇八年）參照。

第六章

(179) 『莊子』中では、內篇の齊物論篇一例、大宗師篇二例、外篇の在宥篇五例、天地篇二例、天道篇一例、天運篇二例、繕性篇一例、至樂篇二例、山木篇一例、田子方篇一例、知北遊篇八例、雜篇では、徐無鬼篇六例、盜跖篇三例、天下篇一例の計三六例見える。知北遊篇・徐無鬼篇に集中して見える他は、外雜篇に多出している。

(180) 『管子』では、法法篇に一例、五行篇に四例、任法篇に二例、封禪篇に一例、桓公問篇に一例、地數篇に二例、揆度篇に一例、國准篇に一例、輕重戊篇に二例の計一五例。『列子』では、天瑞篇に三例、黄帝篇に四例、周穆王篇に三例、湯問篇に一例、

例、力命篇に二例の計一三例である。これを例えば先秦の代表的儒家文獻である『論語』『孟子』『荀子』では皆無であること、法家の代表的文獻『韓非子』では揚權篇・十過篇・外儲説左上篇・五蠹篇に各一例ずつ計四例に過ぎないことと比較すれば、「黄帝」語とそれを收載する文獻との閒には一定の傾向があることは歴然としている。

(181) 先秦から漢代にかけての黄老思想研究にとって、馬王堆帛書のいわゆる黄帝四經の發見は、畫期的であったことが知られる。これ以後、黄老思想研究が活氣を呈したのは周知の通りである。

(182) 馬王堆漢墓からいわゆる黄帝四經、『老子』甲乙本などが發見されるまでは、傳世文獻のみで研究するほかはなかった。郭沫若『中國古代の思想家たち』（岩波書店　一九五三年、原題は『十批判書』）は、黄老思想についての明確な定義はないが、「稷下の黄老學派の批判」の章で、「齊の宣王は〈遠くは黄帝を祖とし〉ようとするが、これはまさしく、黄老の術が、黄帝から始まったといおうとする主要な原因であろう。黄老の術で、私たちが注意してよいことは、それが實際に齊に植え付けられ、齊で發育し、齊で盛んになった」（二二八頁）の書き出しで、いわゆる稷下學士について論じているので、郭沫若は、黄老思想は、戰國時代中期、齊宣王の時代に、齊地に始まったと見ているようである。

ところがこれに對し、金谷治『秦漢思想史研究』（日本學術振興會　一九六〇年）は、「無爲清靜を標榜する一種の政術として、道家思想の現實的實踐的な一派……〈黄老〉を政術だと見るのは、早く兒玉獻吉郎博士にもはっきりした見解があった。」とか、「黄老はもと天下始めて定まり百姓の未だ安集せざるの際、無爲を以て天下を經紀せんとする政治的な異議を有する稱呼」（一五一～一五二頁）と、秦漢天下統一成立の前後に起こった政治思想であるとし、またその形成年代については「戰國最末期よりは前にさかのぼれないのではなかろうか」（一七七～一七八頁）とか、「〈黄老の術〉が發生した時期がいかに早くとも戰國最末にあるらしい」（一八一頁）とし、それが發生したのは「戰國最末期の齊の國において、黄帝の名を利用して新しい裝いを凝らした政治的道家によって生み出されたもの」（一八六頁）とし、その創始者は樂巨公であろうとして、「樂巨公は增大する秦の勢力に強い反感を持って齊に逃れたのであるが、その地で道家思想にもとづく無爲清靜の政術を鼓吹して秦の法術主義に對抗することとなった。そこで、齊の地に盛んな黄帝の名を利用してその政治技術としての性格を強めるとともに、また自説の權威づけとしてここに〈黄老〉なる一派を創唱した」（一八四頁）と言う。

（183）馬王堆帛書發見以後のものに、淺野裕一『黃老道の研究』（創文社　一九九二年）がある。氏は、「およそ前二百五・六十年頃には、既に齊で學派としての黃老道が成立していた……そしてこの時期の黃老道は、後の漢代に流行したものと同樣、既に黃帝書と『老子』とが一括される樣式を備えていた」（一九五頁）と、戰國中期の齊地において既に成立していたと、ほぼ郭沫若と同樣な說を立てる。この他、陳麗桂『戰國時期的黃老思想』（聯經出版事業公司　一九九一年）、同『秦漢時期的黃老思想』（文津出版社　一九九七年）、丁原明『黃老學論綱』（山東大學出版社　一九九七年）等參照。

（184）尤も、『老子』は春秋末期の思想家老聃が關令尹喜の求めに應じて著作したものという『史記』の傳說を信じるならば、これら黃帝言などは明らかな虛構に過ぎないこととなろう。本書ではこの『史記』の傳說を虛構としながらも、しかしそれは單なる虛構ではなく、『老子』經典化のプロセスを物語る重要な虛構、言わば暗喩というべきものとして見るのである。本書第八章參照。

（185）『老子』の政治思想をDispotism（專制政治）であるとする見解は、例えば、板野長八「老子の無」などがある（『中國古代社會思想史の研究』研文出版　二〇〇〇年　原載『オリエンタリカ』第二號　一九四九年一一月）。

また、『老子』中の專制主義として解釋し得るものとして次の諸章が參照されよう。

・不尙賢、使民不爭、不貴難得之貨、使民不爲强、不見可欲、使民心不亂。是以聖人之治虛其心、實其腹、弱其志、强其骨、常使民無知無欲、使夫智者不敢爲也。（第三章）

・天地不仁、以萬物爲芻狗。聖人不仁、以百姓爲芻狗。（第五章）

・太上下知有之、其次親而譽之、其次畏之、其次侮之。……功成事遂、百姓皆謂我自然。（第十七章）

・古之善爲道者、非以明民、將以愚之、民之難治、以其智多。故以智治國、國之賊。不以智治國、國之福。（第六十五章）

・小國寡民、使有什伯之器、而不用、使民重死、而不遠徙、雖有舟輿、無所乘之、雖有甲兵、無所陳之、使人復結繩而用之、甘其食、美其服、安其居、樂其俗、隣國相望、鷄犬之聲相聞、民至老死、不相往來。（第八十章）

特に、第三章の「使」、同じく第八十章の「使」の主體は共に聖人＝統治者であり、民は客體である。つまり『老子』が理想とする天下は、民の主體性或いは自主性に委ねられるとしても、それはあくまでも聖人＝統治者がそうせしめる結果とし

て、受動的に實現するに過ぎないものなのである。ここに、專制主義というべき一面が看取できる。本書終章參照。

(186) 本書第三章で、孟子が「執一」を「執中」と共に批判していた（『孟子』盡心篇參照）ことから、戰國中期に「執一」を政治の要諦として唱える一群の思想家がいたらしいことを述べた。またこれに對し、孟子自身は仁義禮智など具體的な德目を政治の要諦として標榜していたことはよく知られる。『荀子』非十二子篇によれば、「子思が唱え孟軻がこれに和」したと言われる「五行（＝仁・義・禮・智・聖）」の說というのも、こうした「一」の思想に對抗するものであったと考えることができる。

なおこれに關聯して、『淮南子』齊俗訓中に「故聖王執一而勿失、萬物之情測矣、四夷九州服矣。夫一者至貴、無適於天下。聖人託於無適、故民命繫矣。爲仁者、必以哀樂論之、爲義者、必以取豫明之。目所見不過十里、而欲遍照海內之民哀樂、弗能給也。」と、「執一」の重要性を說く一方で、儒家の仁義を治世の根幹に置くことの限界を述べているこの一節は、まさしく孟子の仁義王道思想と道家の「執一」の思想とが漢初に至っても對比的に論じられていた證左であることを指摘しておきたい。

(187) 第一が、本論で問題にする知・無謂爲・狂屈・黃帝ら四人による架空の對話。第二が、齧缺・被衣の對話。第三が、舜・丞の對話。第四が、孔子と老聃の對話。第五が、東郭子と莊子の對話。第六が、婀荷甘・神農・弇堈弔・泰清・無窮・無始六人の對話。第七が、光曜と無有の對話。第八が、大馬という名工の說話。第九が、冉求と仲尼の對話。第十が顏淵と仲尼の對話。實在の人物を登場させたり、道家の主要概念を擬人化させたり、傳說上の人物を登場させたり、どれも寓言であることには違いがない。黃帝以外は、道家の主要概念の擬人化であることから、黃帝の登場する第一の說話は、黃帝を主人公として、道家思想によって潤色されたものである。

(188) 下線部③は第三十八章に相當する。これは『韓非子』解老篇冒頭でも取り上げられていることから見ても、解老篇述作時、『老子』中において極めて重要な位置を占めていたことは間違いない。周知のように、帛書『老子』は、今本とは逆に、道篇よりも德篇が前に置かれているために、第三十八章部分が冒頭に置かれている。つまり「道德」ではなく「德道」だったのである。そうしてこれを傍證したのが韓非子解老篇であった。このために、司馬遷『史記』が「老子修道德……於是老子廼

著書上下篇言道德之意五千餘言而去……」と言っているけれども、この記述は帛書『老子』の構成と合致していないことが明らかとなったわけである。ただ、解老篇はこの帛書とも若干異なっており、「故曰、失道而後失德、失德而後失仁、失仁而後失義、失義而後失禮。……夫禮者、忠信之薄也而亂之首乎。」に作っており、わずか一字の違いながら意味は大きく異なってくる。こうした違いがなぜ生じたのかについては明らかにし難いが、解老篇作者の改作というのではなく、もともとそのような表現のテキストからの引用であった可能性もある。言うまでもないことであるが、『老子』經典化の過程には様々な經路のあったことが窺えるのである。

(189)『莊子』においてもこの「貴一」の語はこの一例のみである。

(190) 楚簡『老子』に「一」の概念が見えないことについては、本書第一章參照。

(191) 本書第三章參照。

(192) 福永前掲書六三九頁參照。

(193) 福永前掲書六四〇頁參照。

(194) 福永前掲書六五〇頁參照。

(195) 福永前掲書六五〇頁參照。

(196) 福永前掲書六五八～六七二頁參照。

(197) 本書五章參照。

(198) 武内義雄全集第六巻（角川書店　一九七八年）、原載『支那學』第一卷第四號（一九二〇年）。

(199)「尹文先生揖而進之于室、屛左右而與之言曰、昔老聃徂西也而告予曰、有生之氣、有形之狀、盡幻也。」とあるのがそれで、老聃が西の彼方に去る間際に尹文先生に告げた言葉とされているが、『老子』には含まれないうえ、『史記』老子傳では尹文ではなく關尹ということになっている點でも食い違っている。架空の説話であろう。

(200)「秦人逢氏有子、少而惠、及壯而有迷罔之疾。聞歌以爲哭、視白以爲黑、饗香以爲朽、嘗甘以爲苦、行非以爲是。意之所之、天地四方水火寒暑、無不倒錯者焉。楊氏告其父曰、魯之君子多術藝、將能已乎。汝奚不訪焉。其父之魯、過陳、遇老聃、因

告其子之證。老聃曰、汝庸知汝子之迷乎。今天下之人、皆惑于是非、昏于利害。同疾者多、固莫有覺者。且一身之迷、不足傾一家。一家之迷、不足傾一鄉。一鄉之迷、不足傾一國。一國之迷、不足傾天下。天下盡迷、孰傾之哉。向使天下之人、其心盡如汝子、汝則反迷矣。哀樂聲色臭味是非、孰能正之。且吾之言未必非迷、而況魯之君子、迷之郵者、焉能解人之迷哉。榮汝之糧、不若遄歸也。」とあるのがそれで、老聃は、「身→家→鄉→國→天下」という具合に同心圓狀に範圍を廣げていく過程で迷妄がいつしか迷妄として認識されなくなることを皮肉を込めて論じている。これはちょうど第五十四章で「修德」について「修之於身、其德乃眞。修之於家、其德乃餘。修之於鄉、其德乃長。修之於國、其德乃豐。修之於天下、其德乃普。故以身觀身、以家觀家、以鄉觀鄉、以國觀國、以天下觀天下。吾何以知天下然哉。以此。」と段階的に論じているのを想起させる。

(201)「老聃語關尹曰、天之所惡、孰知其故。言迎天意、揣利害、不如其已。」とあるのがそれで、第七十三章「天之所惡、孰知其故……」部分が老聃言としてそのまま引かれている。

(202)「楊朱曰、……老子曰、名者實之賓。而悠悠者趨名不已。名固不可去、名固不可賓邪。今有名則尊榮、亡名則卑辱。」とあるのがそれで、この老子言は『莊子』逍遙遊篇中の許由言と同じ。その一方、今本『老子』中には含まれない。なお『老子』における「名」についての言及は第一章「道可道非常道、名可名非常名。」に止まらず、第三十二章「道常無名」・第三十七章「無名之樸」・第四十一章「道隱無名、夫唯道善貸且成。」・第四十四章「名與身孰親」などがあり、「無名」をよしとするなど「名」について總じて否定的な言及が目立つ。ところが、本篇での老子言は、實質を伴わない名聲は求めるべきではないことを言うのみで、名聲それ自體を全面的に否定しているわけではないように見えることから、『老子』の「名」の思想とはやや異なるようである。

(203)「陳大夫……曰、老聃之弟子、有亢倉之者。得聃之道、能以耳視而目聽。……亢倉之曰、傳之者妄。我能視聽不用耳目、不能易耳目之用。」とあるのがそれで、老聃の弟子亢倉之（『莊子』雜篇に庚桑楚篇があり、その冒頭に「老聃之役、有庚桑楚者、偏得老聃之道」とある「庚桑楚」のことであろう）は、耳目を用いることなく視聽することができるということで、『呂氏春秋』重言篇に言う「聖人聽於無聲、視於無形。詹何・田子方・老聃是也」に相當する。そしてこの亢倉子が老聃から學

んだという「道」は、第四十七章「不出戶、知天下。不窺牖、見天道。其出彌遠、其知彌少。是以聖人不行而知、不見而名、不爲而成。」の内容と無關係ではあるまい。これに類する語が上博楚簡『凡物流形』中に見えることも注意しておきたい。『凡物流形』も、老子經典化の過程において一定の役割を果たしたと考える。本書第三章參照。

（204）この點については、本書第一章參照。

（205）黃帝篇は、『莊子』から取ったと見ることのできる內容が多い。特に達生篇が最も多く、他に逍遙遊篇・田子方篇・人閒世篇・應帝王篇・列禦寇篇・寓言篇・山木篇・齊物論篇など多數に及ぶ。これら諸篇の述作年代はそれぞれ異なるが、おおむね戰國時代末期を下ることはないであろう。

（206）『孔子家語』觀周篇にもほぼ同文が見える。卽ち、「古之愼言人也。戒之哉。無多言、多言多敗。無多事、多事多患。安樂必戒、無所行悔。勿謂何傷。其禍將長。勿謂何害。其禍將大。勿謂不聞。神將伺人。焰焰不滅、炎炎若何。涓涓不壅、終爲江河。綿綿不絕、或成網羅。毫末不札、將尋斧柯。誠能愼之、福之根也。口是何傷、禍之門也。强梁者不得其死、好勝者必遇其敵。强憎主人、民怨其上。君子知天下之不可上也、故下之。知衆人之不可先也、故後之。溫恭愼德、使人慕之。執雌持下、人莫踰之。人皆趨彼、我獨守此。人皆或之、我獨不徙。內藏我智、不示人技。我雖尊高、人弗我害。誰能於此。江海雖左、於百川以其卑也。天道無親、而能下人。戒之哉。」

（207）『孔子家語』には「內藏我智、不示人技。我雖尊高、人弗我害」とある。

（208）『莊子』天下篇の「道術」論こそはそれを目指したものである（池田知久『道家思想の新研究――『莊子』を中心として』七四七～七四八頁（汲古書院　二〇〇九年））及び本書第五章參照。

（209）『文物』（二〇一一年第六期）參照。

第七章

（210）「竇太后好黃帝・老子言、帝及太子諸竇不得不讀黃帝・老子、尊其術。」この「不得不……」はこの他『史記』中には、「紂愈淫亂不止。微子數諫不聽、乃與大師・少師謀、遂去。比干曰、爲人臣者、不得不以死爭。迺强諫紂。紂怒曰、吾聞聖人心

有七竅。剖比干、觀其心。」（殷本紀）、「臣聞、明主立政、有功者不得不賞、有能者不得不官、勞大者其祿厚、功多者其爵尊、能治衆者其官大。故無能者不敢當職焉、有能者亦不得蔽隱。」（范雎蔡澤列傳）等に見える。またこうした用法は現在でもほとんど變わることなく使われているようである。そのことを示すのが、同じく點校後記に「各家句讀往往大有出入、我們擇善而從、有時也不得不自作主張。」と見えている。いずれも、自分の意志で能動的にするのではなく、自分が置かれた立場がそれを必要とする、つまりしなければならないというニュアンスの表現なのである。從ってこの場合も、彼らが竇太后の勸めによって積極的に讀んだというよりは、竇太后の宮中での權勢を無視できない、あるいは彼女の面子を潰さないために澁々讀んだという解釋もできるわけである。竇太后のせいで『老子』を讀まなければならない彼らの困り果てた顔が目に浮かぶであろう。

　このように見てくると、竇太后の時に黄老思想はもはやそのピークを過ぎつつあったという解釋も可能になるのではあるまいか。そうして、この延長線上で起こったのが轅固生による「『老子』家人言」發言事件である。これも一種の舌禍事件と言えるのであるが、實はこの時も、轅固生を死罪にしようと息巻いていたのは竇太后だけのようで、景帝などは彼に同情してこっそり死地から救い上げたのである。しかも、轅固生が九死に一生を得たのは景帝の差し金であったことを知った竇太后であったが、これ以上の追及はあきらめてしまった。その後、轅固生はいよいよ重用されて、やがて續いて卽位した武帝にも仕えたのは『史記』にも明らかな通りである。次の注（211）も併せて參照されたい。

（211）『漢書』儒林傳ではその時の經過が次のように述べられる。「竇太后好老子書、召問固。固曰、「此家人言耳。」太后怒曰、「安得司空城旦書乎。」乃使固入圈擊彘。上知太后怒、而固直言無辜、乃假固利兵。下、固刺彘正中其心、彘應手而倒。太后默然、亡以復辠。後上以固廉直、拜爲清河太傅、疾免。武帝初卽位、復以賢良徵。」轅固生が『老子』を「家人言」であると言い放っても、それに怒り狂ったのは竇太后一人で、景帝は冷靜であり續けたばかりでなく、景帝始め宮中での轅固生に對する評價はその後も依然として高かった。

（212）但し、武帝卽位後もしばらくは竇太后の實權は小さくなかったようである。すなわち、「元年漢興已六十餘歲矣、天下乂安、薦紳之屬皆望天子封禪改正度也。而上鄉儒術、招賢良、趙綰・王臧等以文學爲公卿、欲議古立明堂城南、以朝諸侯。草巡狩

封禪改暦服色事未就。」（武帝本紀）ということで、武帝は早速儒術を前面に押し立てた政治に取り組むのであるが、竇太后はこうした儒家官僚を嫌っており、どうにかして追い出したいと考えていたようである。しかし、武帝の始めたことなので外戚の身でおいそれとは口出しできない。そこで、些細な口實を設けて彼らを自殺に追い込んでしまったという。それが、これに續く「會竇太后治黄老言、不好儒術。使人微得趙綰等姦利事、召案綰・臧・綰・臧自殺、諸所興爲者皆廢。」の一節である。この間の事情は魏其武安侯列傳にもう少し詳しい。すなわち「太后好黄老之言、而魏其・武安・趙綰・王臧等務隆推儒術、貶道家言。是以竇太后滋不說魏其等。及建元二年、御史大夫趙綰請無奏事東宮。竇太后大怒、乃罷逐趙綰・王臧等、而免丞相・太尉、以柏至侯許昌爲丞相、武彊侯莊靑翟爲御史大夫。魏其・武安由此以侯家居。」とある。彼らは儒者の立場から道家言を貶めていたのである。だがこれによっても、武帝初年には既に黄老道家に批判的な者が一人や二人に止まらなかったことが分かる。

（213）金谷治『老莊的世界─淮南子の思想─』（平樂寺書店　一九七二年）七頁參照。

（214）括弧〔　〕内の漢數字は楠山春樹『淮南子』（明治書院　新釋漢文大系　一九八二年）に附された段落番號に基づく。

（215）この他『莊子』から取られたと思われるのに、〔十六〕中山公子牟と詹子の重生問答說話（襄王篇）、〔十八〕齊桓公と輪人の問答說話（天道篇）、〔三十七〕强跖とその手下の問答說話（胠篋篇）、〔三十九〕顏回仲尼の坐忘問答說話（大宗師篇）などがある。なお、『淮南子』と『莊子』の引用關係については楠山春樹「淮南子より見たる莊子の成立」（『道家思想と道教』平川出版社　一九九二年）參照。

（216）高誘注に「道之所行、物動而應、考之禍福以知驗符也。故曰道應」とある。

（217）なお愼子言も唯一例引用されるがこれは佚文である。愼子、すなわち愼到は齊宣王時の稷下學士の一人で、田駢・接與・環淵らとともに「黄老道德之術」を學んだとされる（『史記』孟子荀卿列傳）。また『莊子』天下篇では、「彭蒙・田駢」とともに取り上げられ、その思想は一定の評價を與えられるものの「關尹・老聃」には及ばなかったとされる。『漢志』は法家に分類する。莊子との思想的關聯は分からないことが多い。金谷治「愼到の思想について」（『金谷治中國思想論集』中巻　平川出版社　一九九七年）參照。

(218) いわゆる黄帝四經における黄帝像と比べてみるとその違いは一目瞭然であろう。

(219) 『莊子』在宥篇にも「昔者黄帝始以仁義攖人之心……」とあり、これに續く廣成子との問答では黄帝は「……餘將去女、入無窮之門、以遊無窮之野。」と、教えを受けようとやってくる黄帝を遮っているように、必ずしも黄帝が至上の存在とはされていない。これは知北遊篇においても同樣なことが言えそうである。すなわち、知北遊篇では第一の說話に知と無爲謂・狂屈・黄帝の四人が登場して「道」の認識のしかたをめぐって議論が繰り廣げられるのであるが、黄帝自身も「道」を認識する上での境地において無爲謂・狂屈には及ばないことを自ら述懷しているのである。

(220) 太公望呂尙については、前揭拙著第二編第一部第一章「太公望が殷攻略に凝らした戰略」參照。

(221) 『史記』齊太公世家に「周西伯昌之脫羑里歸、與呂尙陰謀修德以傾商政、其事多兵權與奇計、故後世之言兵及周之陰權皆宗太公爲本謀。」とあるのは、まさにそのことを物語っている。

(222) 『漢書』儒林傳にもほぼ同文が見える。なお、この黄老家の黄生と儒家の轅固生との閒でなされた論爭は、景帝による「食肉毋食馬肝、未爲不知味也。言學者言湯武受命、不爲愚」との仲裁で「遂罷」とある。當時においても漢室の正統性に直結する微妙な問題であったようだ。

(223) 黄子といい黄生というも恐らく通稱で、名も傳わらず、辛うじて「黄」という姓のみ傳わったのであろう。もっとも彼が黄老道家であったから黄某と稱したのだとすれば、「黄」という姓すら架空のものであった可能性がある。しかし、皇帝の御前に出て議論することができたのであるから、彼の社會的地位や評價は相當に高かったことは閒違いない。
一方の轅固生は、『詩經』を治めて博士となった人物で、『老子』好きの竇太后の面前で、『老子』の書など「家人言」に他ならないときっぱり言い放ったことで知られることはすでに述べた通りである。なお、「家人言」について、『史記』索隱は、「服虔云、如家人言也。案老子道德篇近而觀之、理國理身而已、故言此家人之言也」と解說する。ここに言う「理國理身」とは、「治國治身」と同じ意味で、後世河上公注の立場がそれであったとされていることからすれば、轅固生のそうした發言はあながちに偏見に滿ちたものではなく、正鵠を射ていたのであろう。

(224) 楠山譯には「一度は同化した物（民）が頭をもたげようとしたならば、私は無名の樸（素樸の政治）によって、これを抑

制するであろう。」とある。つまり民衆が従順にならず反抗してくれれば「無名之樸」に據って鎭壓するというのである。

(225) 第三十四章のこの部分は、次のように解釋されている。
福永光司『老子』（朝日新聞社　一九九七年）は「もしも萬物がその德に化しながら、なお欲情を起こすとすれば、わたしはそれを「無名の樸」――荒木のように名を持たぬ無爲の道によって鎭めよう。」（二五一頁）
金谷治『老子』（講談社學術文庫　一九九七年）は、「自然な全體の秩序からはみ出して勝手な動きをしようとするものがあれば、それは刑罰で取り締まったりするのではなくて、「無名」の、名附けようのない、名をこえた「道」の素樸なありようを持ち出して、被治者のすべてを無欲の狀態にみちびくのだ……」（一二三～一二四頁）
楠山春樹『老子を讀む』（PHP文庫　二〇〇二年）は、「いったんは無知無欲の治に服從しながら、再び欲望を起こす者が出てくれば、私はそれを無名の樸［に象徴される無欲の教え］によって鎭めようと思う。」（一六八頁）
蜂屋邦夫『老子』（岩波文庫　二〇〇八年）は、「萬民が感化されて、それでも欲望を持ち始めるようならば、名を持たない樸によってそれを鎭めるのだ。」（一七三頁）
どの譯文も、「無名の樸」の解釋に苦心しているが、それでも分かりにくいことは否めない。

(226) 本書終章參照。

(227) 『漢書』巻四十四淮南王傳に「初、安入朝、獻所作內篇、新出、上愛祕之。」とある。

(228) 楠山前掲書は「『老子』に卽していうと、人の死を司るのは天であるのに、それを人が行えば、却ってその人に災禍が及ぶことになるとして、人を處刑して平然たる酷政を戒める趣旨。ここでは適材適所の要をいう句と解している。」（六一五頁）と言う。

(229) 楠山前掲書は「物語との關係はよくわからない。「致虛極、守靜篤」を尹需の「學御」にうちこむさまとし、「吾以觀其復也」を、夢に秋駕を受けたこととに對應させたものであろうか。國譯は一應『老子』に卽して述べた」（六七三頁）と言う。

(230) 楠山前掲書は「卑弱謙下の處世術を述べるものであって、ここでは曹君の傲慢が破滅を招き、釐負起の謙讓が保身の因となったことの教訓とする。」（六三二頁）と解說する。

(231) 王弼注本・河上公注本などは皆道應訓所引と同様「功成……」に作っている。
(232) 楠山前掲書は、『老子』の解釋としては「必ずしも一般的であるとは言い難い」（六二七頁）と言う。
(233) 楠山前掲書は「道應訓では、「坐忘」に對應するものとして、この二者を引用しているので、譯文はできる限りその方向で述べた。」（六五九頁）と、譯出に工夫したことを記している。
(234) 楠山前掲書は「『老子』に卽していえば、「至柔」は水、「至堅」は金石の類。ここでは、「昭昭」が「戶牖」によって遮られるのに對して、「神明」の「四通竝流」して、まことに自在なるさまを、この句の中に見出しているのであろう」（六六八頁）と言う。
(235) 『莊子』齊物論篇の「有始也者、有未始有始也者。有未始有夫未始有始也者。有有也者。有無也者。有未始有無也者。有未始有夫未始有無也者。俄而有無矣。而未知有無之果孰有孰無也。」が參照される。
(236) 秋月觀暎「黃老觀念の系譜」（『東方學』一〇號　一九五五年）に詳しい。

第八章

(237) こうした方法は決して目新しいものではなく、これまでも數多くの研究者によってなされてきた。古くは『古史辨』第六冊下篇收載高亨「史記老子傳箋證」（一九三五年）、同譚戒甫「史記老子傳考正」（一九三七年）などがあり、わが國においては楠山春樹『老子の人と思想』第一章「『史記』老子傳の成り立ち」（汲古書院　二〇〇二年）はその傳記を詳細に吟味している。
(238) 武內義雄『老子原始』は、本傳第二段落のいわゆる孔子問禮傳說について、まずそもそも「孔子南宮敬叔とともに周に適けりといふ史記の記事は信ずべからず」（一四頁）として、さらに孔子が問禮後に老聃の偉大さを弟子を前に語ったとする記事と合わせて「世家問禮の記事とともに道家後學が虛造せる架空の談にして實事にあらず」（一五頁）と斷じ、續く第三段落の『老子』テキストの成立する傳記は、「後の道家者流が別れて數派となれる後、各派所傳の老聃の言を會萃して一書となせるべし……亦た後世虛造の傳說にして信ずべからず」（同頁）と結論する。つまり老聃出關傳說について「老聃西遊して關に

至り關令尹喜の爲めに書を著すてふ傳說の妄は推して知るべし。論じて此に至れば、『史記』老子傳大部分は疑うべきもの多く、……」（一九頁）と結論している。

津田左右吉『道家の思想とその展開』も、事情はほぼ同じく、『史記』老子傳について、

史記のこれら記載はいづれも思ひおもひに造作せられた離ればなれの說話であつて、すべて戰國末以後に造作せられたものである。史記の編者は、種々の書から別々にかういふいくつもの說話を取つてきて、序次もなくそれらを配列したのである。……「老子」の著者としての老聃に關する史記の老子傳の記載が上記の如き性質のものであるとすれば、老聃については信ずべき事跡の殆ど何ものもない……（一七頁）

と、武內と同様の判斷を示す。

次いで木村英一『老子の新研究』では、

この傳は司馬遷が漢初に傳へられてゐた種々の老子に關する傳聞を修正したものに違いない。ところで總じて言へば、これらの傳聞はいづれも事實らしくない傳說ばかりであつて、これらの記事から歷史人物としての老子の傳記を組み立てることは、殆んど不可能と思はれる。（一〇頁）

と、史記の老子傳がほぼ全文に亙って信ずべき內容を持たないことを言う。さらに個々の段落については、孔子問禮說話を記す第二段落を、「周末・秦・漢初」に「種々假託せられて生じた傳說」と斷じ、次いで老子出關說話を記す第三段落を、「中心的偶像觀念としての老子とその學の典據的經典としての道德經」について「一般に尊信されながら」「種々巷閒に傳へられてゐるだけで、何ら明らかな定說がなかつた」ために、「事實上不明である所の道德經の權威の由來を正統化しやうとして、この第三段の様な說話が發生した」（一二～一三頁）のだろうとする。

更に楠山春樹『老子の人と思想』（汲古書院　二〇〇二年）は、年來の『老子』研究の「最終的見解」（五頁）として、孔老會見（孔子問禮）譚を中心とする老聃傳說が、實は「曾子問」篇の所傳にヒントを得て虛構されたのだ、と考えている。つまり匿名老子の傳說を模索する人々が、孔子の師としての傳承を持つ、ほとんど唯一の人物である「曾子問」篇の老聃に着目し、この人物こそ老子であると宣傳し、さらに道家風の脚色を施した、ということである。……ともあ

れ匿名老子には、まず初めて老聃という稱呼が與えられることとなったが、一方、老子（老聃）の傳記は、もっぱら孔子の師であるという物語を柱に虚構されることとなった、と考えられる。（一一～一二頁）

と述べて、從來の孔老會見譚虚構説について、それがどのような經路を經て虚構されたかを明らかにしようとする。更に楠山前掲書は、孔子世家に記す孔子の「適周問禮」譚についても、「始めから虚飾に滿ちており、事實とは到底考え難い」（一五頁）として、「〈老子傳〉が問禮の地を周としたのは、孔子に〈適周問禮〉譚のあったことに誘われてのことと考えられる。そして〈周守藏室之史〉という官職は、おそらくそれにふさわしく設定された、という次第なのであろう」（同頁）と述べる。すなわち、『史記』老子傳は、まず『禮記』曾子問篇の孔子老聃説話を手がかりに孔子問禮譚が虚構され、次いで孔子に「適周問禮」譚があるのを根據に孔子會見の地が「周」に設定され、そしてこれにより老聃の職業は「周守藏室之史」とされることとなった、と老子傳が虚構されていくプロセスを述べている。

(239)　『史記』老子傳には孔子が老子と初對面の印象を龍にたとえている説話が、また同孔子世家には老子が孔子との別れに臨んで教訓を述べている説話が、それぞれ記録されている。孔子は諸侯竝の「世家」にその傳記が記されて破格の待遇となっているのは周知のことであるが、その孔子すら老子に面會を求めて禮の教えを受け、その印象を弟子に龍のようだと語るところは、かの孔子においてすら老子は特別な存在であることを强調する。このように、『史記』においては孔子と老子の存在が思想界の雙璧として際立つ存在と見なされていたことは特筆に値しよう。これが孔老問答という虚構を產み出した思想史的背景なのであろう。

(240)　本書第五章參照。

(241)　津田前掲書は、この傳承は漢代に流行した養生思想が反映したものと考えているが、老子が養生思想に結びつけられるのは更に時代が下ると見るべきであろう。少なくとも漢初の頃は老子は黃老思想という政治思想を代表する人物とされていたはずである。

(242)　本書終章參照。

(243)　楠山前掲書は、この部分について興味深い解釋を示している。すなわち「司馬遷が、ことさらに後半部を附記したことに

ついては、どうも黄老に對する好意が潜んでいるように思われる。……思うに司馬遷は、歴史家の立場として、さずがに太史儋即老子説をそのまま受容することには躊躇を覺えたことであろう。しかし彼には、黄老思想に好意を寄せる一私人としての立場もあった。その意味で「世その然るや否やを知る莫し」の言は、まさに苦澁の筆致であったのではないか。」（二九頁）と記すが、假にそうした好意があったとしても、このように結論づけてよいか疑問が残る。

(244) 本書第五章參照。

(245) 本書終章參照。

(246) 楠山前掲書二二一頁參照。

(247) 同孟荀列傳にも、

　愼到、趙人。田駢・接子、齊人。環淵、楚人。皆學黄老道德之術、因發明其指意。故愼到著十二論、環淵著上下篇、而田駢・接子皆有所論焉。鄒奭者、齊諸鄒子、亦鄒衍之術以紀文。於是齊王嘉之、自如淳于髡以下、皆命曰列大夫、爲開第康莊之衢、高門大屋、尊寵之、覽天下諸侯賓客、言齊能致天下賢士也。

と、稷下學士についての言及がある。なお、ここに言う「齊王」が誰を指すか明確ではないが、田敬仲完世家によれば、宣王であろう。

(248) 錢穆『先秦諸子繫年』「附諸子生卒年世約數」六一九頁參照。

(249) 齊稷下學宮は、齊威王（前三五六～前三二〇年在位）・宣王（前三一九～前三〇一年在位）・湣王（前三〇〇～前二八四年在位）の時代が全盛期であったとされる。

(250) 楠山前掲書は「太史儋を老子に擬すること自體が、實は黄老派の唱道による、と考えざるを得ない」（二七頁）という。

(251) 本書終章參照。

(252) 傳世本は「大道廢有仁義、慧智出有大僞、六親不和有孝慈、國家昏亂有忠臣。」（第十八章）及び「絶聖棄智、民利百倍。絶仁棄義、民復孝慈。絶巧棄利、强賊無有。」（第十九章）にはっきりとした儒家批判が讀み取れる。一方、楚簡『老子』では、丙本に、傳世本第十八章に相當する部分が「故大道廢、安有仁義。六親不和、安有孝慈。邦家昏□、安有正臣。」として

見え、甲本に、同第十九章に相當する部分が「絶知弃辨、民利百倍。絶巧弃利、强賊亡有。絶僞弃慮、民復孝慈。」として見えている。傳世本の儒家批判と楚簡本の儒家批判の閒に懸隔がないと見るべきではなく、具體的に儒家の德目である「慧智出有大僞」の句を新たに加え、「正臣」を「忠臣」に置き換え、「知」「辨」を「聖」「智」置き換え、「僞」「慮」を「仁」「義」に置き換えている點などを見ても、やはり傳世本がより踏み込んだ儒家批判を行っていることは間違いない。

(253) 「苦」には苦しい・苦いなどの地名としては全くふさわしくない意味があり、「厲」も同様に、「危うい」（『廣雅』釋古）・「悪い」（『集韻』等）・「病む」（『論語集解』）の他、「疫病」（『禮記』壇弓下篇注）・「疫病にかかって死ぬ」（『管子』五行篇注）、また「癘」に通じ（『史記』索隱等）、古代もっとも恐れられていた病氣の意味で用いられることがあり、地名としてふさわしくないと言えばこれほどふさわしくない語はないであろう。

第九章

(254) 本書第一章參照。

(255) 原文は以下の通り。「凡有地牧民者。務在四時。守在倉廩」。

(256) 權修篇中の「牧」の用例は、

①「欲爲天下者、必重用其國。欲爲其國者、必重用其民。欲爲其民者、必重盡其民力。無以畜之、則往而不可止也。無以牧之、則處而不可使也。遠人至而不去、則有以畜之也。民衆而可一、則有以牧之也。」

②「民之不牧者、非吾民也。凡牧民者、以其所積者食之。不可不審也。」

③「凡牧民者、使士無邪行、女無淫事。士無邪行、教也。女無淫事、訓也。教訓成俗、而刑罰省數也。凡牧民者、欲民之正也。欲民之正、則微邪不可不禁也。……凡牧民者、欲民之有禮也。欲民之有禮、則小禮不可不謹也。……凡牧民者、欲民之有義也。欲民之有義、則小義不可不行。……凡牧民者、欲民之有廉也。欲民之有廉、則小廉不可不修也。……凡牧民者、欲民之有恥也。欲民之有恥、則小恥不可不飾也。……凡牧民者、欲民之修小禮。行小義、飾小廉、謹小恥、禁微邪、此厲民之道也。民之修小禮、行小義、飾小廉、謹小恥、禁微邪、治之本也。凡牧民者、欲民之可御也、欲民之可

御、則法不可不審。」

(257) 法法篇中の「牧」の用例は、

上不行君令、下不合於鄉里、變更自爲、易國之成俗者、命之曰、不牧之民。不牧之民、繩之外也。繩之外誅。

(258) 問篇中の「牧」の用例は、

問鄉之良家其所牧養者、幾何人矣。

(259) この他、『管子』中の「牧」の用例は以下の通り。

①「有道之君、上有五官、以牧其民、則衆不敢踰軌而行矣。」（君臣上）
②「先王善牧之於民者也、夫民別而聽之則愚、合而聽之則聖。」（同上）
③「有道之君者執本、相執要。大夫執法、以牧其羣臣。羣臣盡智竭力、以役其上。」（君臣下）
④「牛馬之牧不相及、人民之俗不相知。」（侈靡）
⑤「不然、則强者能守之、智者能牧之。」（同上）
⑥「不欲强能、不服智而不牧。」（同上）
⑦「管子對曰。凡牧民者、必知其疾、而憂之以德、勿懼以罪、勿止以力。愼此四者、足以治民也。桓公曰、寡人睹其善也、何爲其寡也。管仲對曰、夫寡非有國者之患也。昔者天子中立、地方千里。四言者該焉。何爲其寡也。夫牧民不知其疾、則民疾。不憂以德、則民多怨。懼之以罪、則民多詐。止之以力、則往者不反。來者鷙距、故聖王之牧民也不、在其多也。」（小問）
⑧「桓公曰、善哉。牧民何先。管子對曰、有時先事、有時先政、有時先德、有時先恕。」（同上）
⑨「當此時也、民富且驕。牧民者厚收善歲、以充倉廩。」（同上）
⑪「牧民者、發倉廩山林藪澤以共其財、後之以事、先之以恕。」（同上）
⑫「夫善牧民者、非以城郭也。輔之以什、司之以伍。」（同上）
⑬「主牧萬民、治天下。」（形勢解）

(260)『韓非子』における「牧」の用例は以下の通り。
①「故曰、古之牧天下者、不使匠石極巧以敗太山之體、不使賁・育盡威以傷萬民之性。」（大體）
②「故明主之牧臣也、説在畜烏。」（外儲説右上）
③「此聖王之所以牧臣下也。」（説疑）
④「明主者、推功而爵祿、主牧萬民。治天下。」（人主）

(261)『管子』中に見える「牧」概念については、私も以前「『逸周書』の思想と成立について―齊學術の一側面の考察―」（『日本中國學會報』第三十八集　一九八六年）において論じたことがある。

(262) 拙著第三部第四章「今本『老子』の形成と管子學派」參照。また、齊地と黄老思想との關聯については、胡家聰『管子新探』（中國社會科學出版社　一九九五年）、丁原明『黄老學論綱』（山東大學出版社　一九九七年）などを參照。

(263)『勵耘學刊』第一輯（學苑出版社　二〇〇五年）所收。

終　章

(264) 乙本には、「德　參千卌一」「道　二千四百廿六」の篇題がそれぞれ記されている。但し、「經」の文字はない。甲本には、篇題らしき標記は皆無である。よって、帛書本が『道德經』と稱されていたとは斷言できないばかりか、甲本に至ってはその書名すら不明としなければならない。乙本から、甲本も同樣な名稱であったらしいことが推測できるだけである。馬王堆漢墓帛書整理小組編『馬王堆漢墓帛書　老子』（文物出版社　一九七六）が、甲本・乙本共々、「經」の字を補って「德經」「道經」と命名したうえで釋文を施しているのは問題である。なぜなら、馬王堆本と經典化を終えていたと思われる漢簡『老子』との閒にはやはり少なからざる相違があり、帛書本成立以後も更に經典化のプロセスは續いていたと見なければならないからである。つまり、『老子』經典化プロセスを解明する上で、この「經」字の有無は決定的に重要なのである。なお、それらの抄寫年代については、甲本は劉邦卽位以前、乙本は劉邦以降で惠帝文帝卽位以前であろうとしている（一一一頁參照）。池田知久『馬王堆出土文獻譯注叢書　老子』（東方書店　二〇〇六年）は、その目次で、甲本・乙本共に「德經」「道經」の

名稱を採用しているが、同様な理由から保留されるべきであろう。なお、それらの抄寫年代については、甲本については、前引整理小組の推定よりはやや晩く、惠帝期（前一九四年～前一八八年）乃至呂后期（前一八七年～前一八〇年）、乙本については、整理小組とほぼ同じで、それより凡そ二〇年ほど遲れて、文帝期（前一七九～前一五七年）の初年で、前一六八年までであろうと推定している（四四五～四四六頁參照）。

(265)『史記』老子傳に「老子脩道德、其學以自隱無名爲務。……見周之衰、迺遂去、至關。關令尹喜曰、子將隱矣、彊爲我著書。於是老子迺著書上下篇、言道德之意五千餘言而去、莫知其所終。」とあるのみで、「經」の語はない。

(266)澤田多喜男「帛書『老子』考」（注16）は、「司馬遷は老子の傳記では〈老子〉という名稱の書籍の存在には一言も觸れていない。「道德之意五千餘言」を述べたとされる「上下二篇」の書籍が『老子』だとも言っていない。また傳記中に記された老子の語った言葉で、『老子』と一致するものもない。さらに傳記の締めくくりの「太史公曰」でも、

老子所貴道、虛無、因應變化於無爲、故著書辭稱微妙難識。

と言い、《道篇》《德篇》を特に念頭に置いての文章とも受け取れない。」と言う（『老子考索』三九頁　汲古書院　二〇〇五年）。このように氏が安易に「道經」「德經」の語を用いていない點は卓見である。だが、引用後半部の「さらに傳記の締めくくりの……文章とも受け取れない。」と言うに至っては、些か印象に傾き過ぎている。

(267)劉歆『七略』には、「劉向定著二篇八十一章、上經三十四章、下經四十七章」とあったとされる。劉歆の『七略』は、現在逸して傳わらないが、例えば、董思靖『道德心經集解』序説（『道藏』所收）や謝守灝『混元聖紀』などに引かれる。澤田前揭論文及び韓巍「北大漢簡《老子》簡介」（『文物』二〇一一年第六期）參照。すなわち彼の父、劉向（前七七～前六）の手によって、『老子』は上下二篇、全八十一章の構成を持って完成したことが窺える。

(268)拙論「『管子』解考――形勢解を中心に――」（『日本女子大學紀要　文學部　第四四號　一九九五年）參照。

(269)但し漢簡『老子』は「名可名」を「名可命」に作っている。

(270)なお津田氏は、同書において『荀子』解蔽篇の「道經」について、「この篇には「虛一而靜」といひ、「至人」といひ「無爲」といひ、道家の術語を多く用ゐてあるところから考へると、この「道經」は道家の書ではないかと思はれる。「道經」と

いふ名が儒家の經典を指してゐるらしくないことも、またこの推測を助けるやうである。」（三四頁）と『老子』の形成に續いて現れた文獻として解釋しているようであるが、先に藤井説を引いて論じたように、取るべきではない。

(271) この4については、藤井説に從えば、そのいずれの假説も成り立たないのであるから保留しておかなければならない。

(272) ところがこれに對し、ほぼ一人一時の作と認めてよいとする研究者に小川環樹氏がいる。同氏譯注『老子』解説一四七頁に、「しかし私は『老子』の大部分をある一人の著者が書いたと考える。理由の一つは文體の齊一性である。思想的に矛盾と見える個所は少なくないし、いわゆる道家のことばとしてよりは、兵家の組の一節にふさわしいと思われる章（例えば第三十一章）もある。けれども、思想的には異質と見えようとも、用語と文體は前後を通じてほぼ一貫し、わずかの例外を除くと、その齊一性は明らかであって、どの部分においても、著者とその時代や地域の隔たりは感じられない。」（中公文庫　一九七三年）とあるが、これに先行する武内・津田・木村三家の説を覆すほどの説得力はないと言うべきであろう。

(273) 老子が百六十歳とか二百歳の長壽であったとされていることについては、「戰國末から道家に取り入れられた養生の思想の假託せられたものである」（一七頁）としているが、本論で述べるように筆者は異なる見解を持っている。

(274) 拙論「新時代の疑古と釋古」（第四回日中學者中國古代史論壇論文集『中國新出土資料の展開』　汲古書院　二〇一三年）參照。

(275) 宇野茂彦「上代の「道」概念の擴大について」（『日本中國學會創立五十年記念論文集』汲古書院　一九九八年）は、儒家や道家の「道」の意義を詳細に分析した後、「道は、道路が基本義であるが、次第に抽象的な用法が生じ、政治施策の倫理性と、その結果としての秩序を意味するやうになり、さらに倫理道德の意味は個人の生き方としての道になり、從つてそれは教へということにもなり、次いで人倫の個別の生き方を道ととらへ道を類別する。思索の對象が廣がり自然を視野に入れて、萬物偏在の道を考へ、それらの道を總體として見て天人を通じての道となり、さらに萬物の根元、本體を道と名附けることになつた。道の持つ法則性が絶對的なものと意識されて、理法としての道へとその概念を擴大したのである。」とまとめている。「道の概念の重層性」という表現はないが、拙論と同樣な解釋を示しておられる。

(276) 第四十二章では、一、二、三、萬とあることから、單純な數詞であるように見えるが、その思想的意味から推して考える

と、そのように見るべきではなく、やはり先に述べたような特殊な概念としての「一」に解釋すべきであろう。

(277)「東洋的專制主義」については、カール・ウィットフォーゲル（Karl August Wittfogol, 一八九六～一九八八）著・湯淺赳男譯『オリエンタル・デスポティズム――專制官僚國家の生成と崩壞』（新評論　一九九一年／新裝普及版　一九九五年）に詳しい。また石井知章『K・A・ウィットフォーゲルの東洋的社會論』（社會評論社　二〇〇八年）が參考になる。

(278)従ってこうした『老子』中の愚民政治傾向は黃老道家の思想として解釋されねばならないであろう。

(279)『史記』老子傳には、老聃の他、老萊子や大史儋の名が出てくるが、司馬遷自身が「或説」としてごく簡單に紹介しているに過ぎないことからも分かるように、老聃よりもさらに信憑性の薄い人物であることは間違いないが、その實在までも否定し去ることには愼重でなければならない。同樣な理由で、老聃なる人物を、道家の始祖としての歷史的實在性を抹消することまでは無論できず、『史記』老子傳が言うような『老子』が關令尹喜による老聃の口述筆記として完成した、つまり「一人一時之作」であるとして、老聃の思想卽ち『老子道德經』であるとして、兩者を一體的に見て道家の祖とすることはできないということである。

(280)『老子』經典化に齊地が深く關わったであろうことは、前揭拙著第三部第四章「今本『老子』の形成と管子學派」參照。

(281)前揭拙著第五部「統一中國への胎動」參照。

(282)黃老道家による『老子』經典化が漢初に一應の完成を見た後、恐らくは、後漢代、道教の發生を機に道教經典化に向けての新たなステージを迎えることになると思われるが、これについては別な機會に考察したい。

(283)帛書『老子』・漢簡『老子』における「執一以爲天下之牧」が今本のように「抱一爲天下式」に書き換えられたのは、道教の發生と共に『老子』に新たな生命を吹き込まれることとなり、宗教哲學書という新たなステージにおいて解釋されていったことと無關係ではあるまい。

補注　李學勤主編『清華大學藏戰國竹簡（伍）』（中西書局　二〇一五年）所收『湯王啻問』第五號簡では、「」と「」の字が同一簡中に見えている。いずれも「一」に釋される字であるが、明らかな使い分けがなされている。前者は「一月始

揚、二月……、九月顯章、十月乃成、民乃時生」の文脈で、人の受胎から出産までのプロセスの內の始めの一月を指して言っている。後者は「一悪一好」という句の中で使われており、單純な數詞の意味もないと同時に始めの意味もない。そこで前者の用法と『凡物流形』における用法であるが、それらの「一」中に共通して「始め」の意味が含まれているのは確實であろう。

あとがき

卒業論文で『老子』を取り上げて以來、早くも四〇有餘年が經過した。改めて過ぎゆく歳月の速さに驚くばかりである。この閒、私は一貫して古代中國思想史を研究對象としてきたのであったが、いくら讀んでもすっきりした理解が得られないのが、他ならぬこの『老子』であった。書物としての分量はさして大きくないにもかかわらず、書かれている内容が實に捉えどころのない内容だからである。それなのに、この『老子』を實に快刀亂痲を斷つが如く明快に論じている先輩學者を見ると、羨ましくもあり眩しくもあった。しかしその一方で本當にそんなにきれいに説明してしまえるのだろうかとの疑念も拭えなかった。

私には、『史記』老子傳の影響が餘りにも强すぎたためか、或いはしばしば目にする老子の畫像がいかにも仙人じみているせいか、いつの頃からか定かではないものの、老子というとどうしても白髮で長いひげを伸ばした仙人の風貌しか思い浮かばなくなってしまったのである。このような老子に對する一種の刷り込み現象を取り除くのはとても困難であった。しかし、そうした老子に對する先入觀を打ち破ってくれたのが、馬王堆帛書『老子』に始まる一連の新出土『老子』テキストであった。帛書『老子』だけではそれほどでもなかったが、郭店楚簡『老子』の出土が年來の老子に對する先入觀をすっかり取り除いてくれたと言ってよいであろう。

老子と孔子は中國古代思想を代表する雙璧、巨人である。儒家思想が孔子に源流を持つように、道家思想が老子に源流を持つとするのがある種の常識となっている。ところが、陸續と出土する新資料を詳しく見ていくと、『老子』も中國思想史上においては、他の思想と同樣、時閒軸の上に乘せて眺めるべきであることが實感できる。のみならず

そこに空開軸という新しい要素を取り入れることで、さらに立體的に老子とその書『老子』の成り立ちとその內容を理解することができることが分かった。こうして長い閒抱き續けてきた先入觀の呪縛からようやく解放されることができたのである。

はじめに『老子』有りきではない。『老子』は作られたのである。それが最終的に『老子道德經』という特別な名稱と地位を得るには長い時閒が必要であったに違いない。『老子』をその成立過程について硏究することは、とりもなおさずその經典化過程を硏究することでなければならないことにそのとき漸く氣附いた。ここから私の『老子』經典化過程の硏究というテーマが浮かび上がった。そうしてこう考えることによって、『老子』を經典とする必要があった、言い換えれば自己の思想をこれによって權威づける必要があった人々が當時居て、彼らの手によって經典化がなされたに違いないと氣附いた。その考えられる動機としては、單に自己の思想の優位性を他者に向けて喧傳することだけではもちろんなく、それによって戰國中期以降の天下統一の機運の中で、思想界における主導權を握って支配的地位に立とうとしたことにその目的があったに違いないと確信した。それは言い換えれば、『老子』經典化はどこまでも政治的動機が背後にはたらいていたと見なければならない。とすれば、それを主導したのはいわゆる黃老道家以外に考えられないではないか。黃老道家といえば、その發祥は齊とされる。ここであの齊の稷下學が浮かんでくる。

本書で論じてきたテーマに取りかかる遙か以前に、私は齊地の思想を代表する『管子』と『老子』の關係の緊密であることに氣附いて、兩者の關係を論じたことがあった。そのときはわれながら半信半疑であったが、硏究が進むにつれて、それは確信となったのである。だが、そのときはまだ新出土資料を使うことなど考えてもいなかったし、ましてそれが『管子』と『老子』を繫ぐ重要な文獻であることなどまったく思いもよらなかった。このように考えていくと、本書はまさしく新出土資料なくしては生まれ得なかったと斷言できる。それ故本書に收めた論文は、すべて郭

店楚簡『老子』出土以後に書いたものである。

以下に初出誌等を記しておく、

第一章は、「從《郭店老子》看今本《老子》的完成」と題して、中國・武漢大學にて開催された郭店楚簡國際學術研討會（一九九九年一〇月）における口頭發表を骨子としている。

第二章は、「大一生水」考釋——論述其與《老子》的關係——」と題して、中國・長沙にて開催された三國呉簡暨百年來簡帛發現與研究國際學術研討會（二〇〇一年八月）における口頭發表を骨子としている。

この後、右の二論文を一篇にまとめて、「郭店楚簡『老子』及び「太一生水」から見た今本『老子』の成立」と題して郭店楚簡研究會編『楚地出土資料と中國古代文化』（汲古書院　二〇〇二年）に載録したが、この度改めて二編の論文に分割した上、第一章は大幅な改訂を施した。

第三章は、「楚地出土文獻所見〝執一〟思想——以上博簡（七）《凡物流形》爲中心——」と題して、臺灣・嘉南藥理科技大學にて開催された二〇一〇經典教學與簡帛學術研討會（二〇一〇年七月）における口頭發表を骨子としている。なお、この後、谷中信一編『出土資料と漢字文化圈』（汲古書院　二〇一一年）に、「楚地出土文獻に見える「執一」の思想——特に上博楚簡（七）『凡物流形』を中心として——」と題して載録したが、本書收載に當たり題を改めたもの。

第四章は、「《恆先》宇宙論析義」と題して、中國・武漢大學にて開催された新出楚簡國際學術研討會（二〇〇六年六月）における口頭發表を骨子としている。この後、中國出土資料學會『中國出土資料研究』第一一號（二〇〇七年）に、「恆先宇宙論析義」と題して載録されたもの。

第五章は、「從《莊子》天下篇看《老子》經典化的過程」と題して、臺灣・玄奘大學中國語文學系暨東方人文思想

研究中心にて開催された第三屆東方人文思想國際學術研討會（二〇一一年六月）における口頭發表を骨子としている。この後に、中國出土資料學會『中國出土資料研究』第一六號（二〇一二年）に「『莊子』天下篇を通して見た『老子』經典化プロセス」と題して載録されたもの。

第六章は、「《老子》經典化過程（2）——以黃帝言論爲中心——」と題して、中國・蘭州市にて開催された第二屆簡牘學國際學術研討會（二〇一一年八月）における口頭發表を骨子としている。この後に、出土資料と漢字文化研究會編『出土文獻と秦楚文化』第六號（二〇一二年四月）に載録されたもの。

第七章は、新たに書き起こしたもの。

第八章は、「《史記・老子傳》：中隱含的事實」と題して、中國・洛陽にて開催された二〇一四年第四屆洛陽老子文化國際論壇（二〇一四年九月）における口頭發表を骨子としている。

第九章は、「北大漢簡《老子》の學術價值」と題して、臺灣大學文學院主催先秦兩漢出土文獻與學術新視野國際研討會（二〇一三年六月）における口頭發表を骨子としている。

終章は、「『老子』經典化プロセス素描——郭店楚簡『老子』から北大漢簡『老子』まで——」と題して日本・東京大學において開催された中國出土資料學會二〇一一年度大會（二〇一二年三月）における口頭發表、及び「老子經典化過程研究—從郭店楚簡『老子』到北大漢簡『老子』—」と題して、中國・北京大學にて開催された〝簡帛《老子》與道家思想〟國際學術研討會（二〇一三年一〇月）における口頭發表を骨子としている。

なお、本書收錄に當たり、いづれも可能な限り修訂を施した。

さて、最後になってしまったが、本書刊行までに受けた內外の同學の方々からの幾多のご支援とご鞭撻に對し心からの感謝の意をここに表明しておきたい。言うまでもないことではあるが、學問研究は一人では到底爲し得るもので

はない。特に中國思想史研究はこれまでの分厚い蓄積を無視しては成り立たない。とりわけ『老子』研究はその最たるものであろう。私のこのささやかな研究成果が、斯學のために幾分なりとも寄與することができるとすれば、望外の喜びである。また本書刊行に當たり、汲古書院前社長石坂叡志氏並びに同社編集部大江英夫氏にはひとかたならぬお世話になった。この場を借りて心から御禮申し上げる。

本書は、平成二七年度科學研究費研究成果公開促進費（學術圖書）の助成を受けていることを申し添えておく。（課題番號：一五HP五〇〇二）

二〇一五年一〇月

索　引

※斜體の數字はその項目が序文中にあることを示す。

人　名

サ行

タ行

ハ行

マ行

ヤ行

ラ行

ワ行

書　名

ア行

カ行

サ行

タ行

ナ行

ハ行

マ行

ラ行

事　項・國　名

サ行

タ行

ハ行

マ行

ヤ行

ラ行

著者略歴

谷中　信一（やなか　しんいち）

1948年東京生まれ。

早稲田大學高等學院教諭竝びに同文學部講師を經て、現在、日本女子大學文學部教授。

主な編著書に、『日本中國『管子』關係論文文獻目錄』（早稲田大學出版部 1989）、『晏子春秋』上・下（明治書院 2000〜2001）、『楚地出土資料と中國古代文化』（汲古書院 2002）、『齊地の思想文化の展開と古代中國の形成』（汲古書院 2008年、『齊地の思想文化と古代中國』と題する博士學位論文を刊行したもの）、『出土資料と漢字文化圈』（汲古書院 2011）などがある。

『老子』經典化過程の研究

二〇一五年一二月七日　發行

著　者　谷　中　信　一
發行者　三　井　久　人
整版印刷　富士リプロ㈱

發行所　汲　古　書　院
〒102-0072 東京都千代田區飯田橋二-五-四
電　話　〇三（三二六五）九七六四
ＦＡＸ　〇三（三二二二）一八四五

ISBN978-4-7629-6558-6　C3010